THOMAS KASTURA (Hrsg.)
Mörderischer Gardasee

MORDE UND AMORE Der Gardasee – Sehnsuchtsort im sonnigen Süden, Perle der Alpen, Touristenmagnet, Lieblingssee vieler Italien-Urlauber und inspirierend für Schriftsteller vom Altertum bis heute. Elf Krimiautoren haben die Koffer gepackt und sich gut umgesehen im Land, wo die Zitronen blühn. Was hat »Die Zeugin« an einem Pool in Torbole bemerkt, das besser geheim geblieben wäre? Wie süß kann ein Auftragsmord in Salò werden, wenn der Killer und seine Zielperson beide Eiscreme lieben? Wer ist »Lady Chatterleys letzter Liebhaber« und was hat er Düsteres in Gargnano vor? Die Geschichten nehmen den Leser mit auf eine Reise rund um Gardasee, jede spielt in einer anderen Ortschaft oder Region – und enthält zahlreiche Freizeittipps. Vergnügen und Verbrechen zwischen Riva und Sirmione, Limone und Bardolino.

Die Autoren: Richard Birkefeld, Angela Eßer, Sabine Fink, Uta-Maria Heim, Thomas Kastura, Michael Kibler, Tessa Korber, Beatrix Mannel, Günter Neuwirth, Manuela Obermeier, Friederike Schmöe.

THOMAS KASTURA (Hrsg.)

Mörderischer Gardasee

11 Krimis und 136 Freizeittipps

SPANNUNG

GMEINER

Immer informiert

Spannung pur – mit unserem Newsletter informieren wir Sie
regelmäßig über Wissenswertes aus unserer Bücherwelt.

Gefällt mir!

Facebook: @Gmeiner.Verlag
Instagram: @gmeinerverlag
Twitter: @GmeinerVerlag

MIX
Papier aus verantwor-
tungsvollen Quellen
FSC
www.fsc.org   FSC® C083411

Besuchen Sie uns im Internet:
www.gmeiner-verlag.de

© 2019 – Gmeiner-Verlag GmbH
Im Ehnried 5, 88605 Meßkirch
Telefon 0 75 75 / 20 95 - 0
info@gmeiner-verlag.de
Alle Rechte vorbehalten
3. Auflage 2019

Lektorat: Claudia Senghaas, Kirchardt
Herstellung: Julia Franze
Umschlaggestaltung: U.O.R.G. Lutz Eberle, Stuttgart
unter Verwendung eines Fotos von: © xbrchx / fotolia.com
Druck: CPI books GmbH, Leck
Printed in Germany
ISBN 978-3-8392-2394-9

SABINE FINK

DER SCHNÜFFLER
UND DIE VERLORENE TOCHTER

LIMONE

Wenn ich mich auf dieses Niveau herabließe, würde ich vermutlich irgendwann auf Öl stoßen.

Es kostet mich wirklich Überwindung, nicht die Melodie
des 50er-Jahre-Schlagers »Am blauen Gardasee« zu summen, nur weil das Gewässer zwischen den Tunneln am linken Fahrbahnrand immer wieder auftaucht.

Woher zum Teufel kenne ich die Schnulze eigentlich?

Der Wohnwagen vor mir kriecht die schmale Straße am
Westufer des Sees entlang. Ich brauche dringend Ablenkung.
Vor meinem geistigen Auge erscheint eine Kneipe am Alter
Markt, in der ich mir ein Kölsch als Belohnung für einen in
neuer Rekordzeit gelösten Fall gönne. Den nächsten Klienten, der meine investigativen Fähigkeiten dringend benötigt,
schon am Telefon, versteht sich.

Ich seufze inbrünstig.

»Wir sind gleich da, Darling«, informiert mich Georgina
und rückt ihre schlanken Glieder im Sitz zurecht.

Ich gebe lediglich ein unbestimmtes Brummen von mir.

Den Verkehr auf der Strecke zähfließend zu nennen, käme
einer Untertreibung gleich, denn anstatt sechs, sind wir nun
schon fast acht Stunden unterwegs. Am Morgen sind wir im
mittelfränkischen Langenzenn aufgebrochen, nachdem wir
einer herzlichen Einladung vom Tod gefolgt waren. Er ist

ein wirklich netter Kerl, mit dem ich mal auf der Kirchweih des beschaulichen Städtchens einen Mord aufgeklärt habe.

Ich unterdrücke ein Gähnen und erlaube mir, die A3 zu vermissen, auf der ich mit meinem BMW ein Dauerabo auf die linke Spur habe.

Gemächlich tuckert das Gespann durch den nächsten Tunnel.

Ungezählte weiße Tupfen aller Arten von Segeln heben sich malerisch vom blauen Seewasser ab.

Am blauen Gardasee …

In besagtem Schlager waren es allerdings Fischerboote, die allabendlich hinausfuhren, um durch die Fluten des Sees zu ziehen, und der Sänger konnte sich ganz der schönsten Träumerei und einem süßen Rendezvous mit Angelina piccolina hingeben.

Am blauen Gardasee … ach verdammt!

Jetzt habe ich einen Ohrwurm. Ich tippe mit den Fingern auf dem Lenkrad herum. Ohne mich anzusehen langt Georgina herüber und lässt ihre Hand an der Innenseite meines Oberschenkels entlanggleiten.

»Übermorgen fahren wir nach Pieve«, sagt Georgina, den Blick festgeklebt am Handybildschirm.

Mit gerunzelter Stirn sehe ich sie an. »So?«

»Wie James Bond über die Strada della Forra **1**. Du wirst sie mögen.«

Georginas Blick geht als sardonisch durch, doch momentan will ich gar nicht wissen, warum.

Der Wohnwagenfahrer schaltet noch einen Gang runter.

Ich seufze, bis sich meine Bauchdecke weit nach außen wölbt. Mein Arzt meint, ich soll das tun, wenn ich spüre, dass ich ungeduldig werde. Es sei gut für meinen Blutdruck. Doch statt *Ent*spannung fühle ich unangenehme Spannung an der Knopfleiste meines Hemdes. Dabei versichert mir meine

Reinigung stets, die Hemden würden keinesfalls einlaufen! Schnell lasse ich die Luft wieder raus.

»Warum nicht schon morgen diese Strada della Forra?«, erkundige ich mich.

Wegen eines Tunnels schiebt Georgina die Sonnenbrille von ihrer wohlgeformten Nase auf ihre blonden Haare. »Weil wir morgen schon etwas anderes vorhaben«, schnurrt sie und tätschelt meinen Bauch.

Mir fällt unwillkürlich der unsägliche Geschmack des Karlsbader Quellwassers ein, das ich mir nach der Lösung unseres Falls dort in Tschechien einverleiben musste, weil Georgina das zuträglich für meine Gesundheit hielt. Allein bei dem Gedanken daran schüttelt es mich.

»Jetzt links!«, kommandiert Georgina plötzlich.

Reflexartig gehorche ich und biege unmittelbar vor einem hupenden Fiat ab.

»Und nun?«, frage ich, nachdem ich neben einem unspektakulären, einstöckigen Bau zum Stehen gekommen bin. Unser Ziel Limone liegt augenscheinlich erst hinter dem nächsten Tunnel, außerdem erschließt sich mir nicht, warum dieses bungalowartige Gebäude mit dem großartigen Namen »Hotel Splendid Palace« vier Sterne haben soll.

Georginas perfekt manikürter Fingernagel pendelt in der Luft, als sie auf den Eingang zur Rezeption zeigt. »Wir können nicht direkt zum Hotel Palme, weil das mitten in der Altstadt von Limone **2** liegt. Wir parken hier. Von diesem Hotel aus werden wir mit dem Bus hingefahren.«

Im Inneren der Hotellobby überkommt mich eine Erleuchtung: Anstatt wie üblich in die Höhe erstreckt sich dieses Hotel mehrere Etagen nach unten in Richtung Seeufer. An einer Steilküste ergibt das natürlich Sinn, denke ich, während ich stehen bleibe, um durch die gegenüberliegenden Panoramascheiben die Aussicht auf den See zu bewundern.

Am blauen … ach verdammt!

Inzwischen hat Georgina die Rezeption fast erreicht, als sich ein untersetzter Mann mittleren Alters an ihr vorbeidrängt.

»Lass mich mal durch, Schätzchen«, sagt er mit einem Grinsen, das genauso schmierig ist wie seine Haare.

Ich ziehe scharf die Luft ein und setze mich vorsichtshalber in Bewegung. Ganz schlechte Idee, mein Guter!

Georgina tippt ihn von hinten an.

»Ich war zuerst da, Schätzchen«, knurrt er, während er sich nicht einmal umdreht, sondern ungeduldig nach dem Concierge schnippst, der gerade telefoniert.

Mit einem Schritt ist Georgina neben dem Dicken, fasst ihn mit ihrer Rechten in Höhe seines Ellbogens. Ihr Daumen drückt von innen in die Armbeuge, der Zeigefinger hält von außen dagegen. Diesmal ist es der Dicke, der scharf Luft holt und sein Gesicht zu einer Grimasse verzieht. Gezielt üben Georginas Daumen und Zeigefinger genau so viel Druck auf die Nerven aus, dass er nachgibt und zwei Schritte zurückgeht.

»Ladies first«, sagt sie mit ihrem süßesten Lächeln und wendet sich übergangslos an den Concierge, der gerade sein Gespräch beendet hat.

Mit einem warnenden Blick an den Dicken schiebe ich mich zwischen Georgina und ihn. Er gibt einen abfälligen Laut von sich und zieht sich mit verkniffenem Gesichtsausdruck zu einem Sofa zurück, auf dem eine brünette Frau sitzt. Auf ihrem Schoß ein Baby. Blass und verhärmt wiegt die Frau höchstens halb so viel wie er und starrt mit halb geöffnetem Mund Georgina an. Der Mann weist die Brünette barsch zurecht, worauf sie zusammenzuckt und vor sich auf den Boden starrt.

Als wir schließlich die Lobby verlassen, um das Auto zu parken und unser Gepäck zu holen, geht der Dicke zur

Rezeption. Dabei wirft er Georgina einen grimmigen Blick zu. Georgina kontert mit einem, der kochendes Wasser auf der Stelle zu Eis erstarren lassen würde. Der Frau, die das unruhig gewordene Baby umherträgt, huscht ein kaum sichtbares Lächeln über die Lippen.

*

Italien! O sole mio …

Schnell konzentriere ich mich auf den regen Betrieb am Fähranleger **3** direkt neben der Hotelterrasse, auf der wir bei strahlendem Sonnenschein gerade unser Frühstück genießen. Es hat mich gestern intensive Ablenkung und beinahe den ganzen Abend gekostet, um diesen verflixten Ohrwurm wieder loszuwerden, ich brauche keinen neuen!

Am blauen Gardasee … Ja, der alte tut es auch.

Ich beschließe, mir einen weiteren Cappuccino zu holen. Georgina stützt ihr Kinn auf die verschränkten Hände und sieht mich an.

Mir schwant Übles. Dabei plätschert das Seewasser so unsagbar friedlich gleich neben der Terrasse.

»Du hattest schon drei«, bemerkt Georgina.

Manchmal glaube ich, sie kann Gedanken lesen. Ich beuge mich vor und ergreife ihre Hand.

»Darling, wir haben Urlaub. Sollten wir den nicht in erster Linie … genießen?« Ich hebe einen Mundwinkel, um sie ganz subtil auf meine Pläne nach dem Frühstück aufmerksam zu machen, die mit Sicherheit einen längeren Aufenthalt auf unserem Zimmer einschließen.

Eine ihrer wohlgezupften Augenbrauen hat Aufwärtstendenz. »Nachher.«

Ich bewahre ein Pokerface, während mir wieder einfällt, dass sie bereits gestern erwähnte, sie habe Pläne für heute.

Wahrscheinlich war es ein Fehler, sich nicht erkundigt zu haben, worum genau es sich dabei handelt, um geeignete Gegenmaßnahmen ergreifen zu können.

»Wir können auch jetzt gleich …«, säusele ich daher, während ich einen Kuss auf ihre Handfläche hauche. Mir würde schon etwas einfallen, um sie von ihrem Vorhaben abzubringen. Ich muss nur etwas Zeit gewinnen. »Lass uns erst aufs Zimmer gehen.«

Ihr Blick richtet sich mit einer durchaus angenehmen Mischung aus Spekulation, Wohlbehagen und Herausforderung auf mich. Sie zieht meine Hand zu sich und beginnt sachte an meinen Fingerspitzen zu knabbern. Den angedachten Cappuccino verschiebe ich auf später und beglückwünsche mich. Ich gebe ein zufriedenes Brummen von mir.

»Gute Idee«, haucht sie. »Ich brauche nämlich andere Schuhe.« Sie lässt meine Hand los und lehnt sich zurück. Graziös schlägt sie ihre Beine übereinander, die in Sandaletten stecken, deren Absätze sowieso niedriger und dicker sind als für sie üblich und eigentlich bestens geeignet für einen Bummel durch die unebenen Straßen der Stadt.

Ich hadere noch damit, mich zu erkundigen, wofür genau sie andere Schuhe braucht, als sie mit einer Handbewegung, als verscheuche sie eine lästige Fliege, erklärt: »Für den Sentiero del Sole – der Weg in die Sonne 4. Und du solltest dir auch vernünftigere anziehen.« Vielsagend blickt sie zuerst auf meine glattbesohlten und polierten Schnürschuhe, dann auf mein restliches Outfit. Hemd und Tuchhose erscheinen ihr wohl unpassend, obwohl der Name des Weges eigentlich recht harmlos klingt. Eigentlich.

Georgina lächelt hintergründig. »Oder hast du einen anderen Vorschlag?«

Bevor ich jedoch in die Verlegenheit gerate, mich nach den Modalitäten dieses »Sentiero« zu erkundigen, um zu dieser

Frage wirklich Stellung beziehen zu können, ertönt neben uns ein leises Räuspern.

Die brünette Frau mit dem Baby steht vor uns. Das Kind steckt in einem Tragerucksack vor ihrer Brust und gibt lallende Laute von sich.

»Hallo«, sagt die Frau leise. Ihr Blick ruht nie länger als eine Sekunde auf einem Punkt.

»Niemand da, der uns stören könnte«, antworte ich nur zwei Sekunden später, denn aus reiner Gewohnheit scanne ich bereits die Gegend nach ihrem unfreundlichen Gatten.

Sie nickt kaum wahrnehmbar. Ihre Hände streicheln ganz zart den Rücken des Babys, das offensichtlich sehr zufrieden mit seiner Position im Tragesack ist.

Die Frau macht einen Schritt, als wolle sie plötzlich doch wieder gehen, hält inne und strafft ihren Rücken. »Würden Sie eine Weile auf Mila aufpassen?«, fragt sie mit dünner Stimme.

Ich kratze mich am Ohr. »Ähm, ja … sicher«, antworte ich gedehnt, obwohl ich mir alles andere als sicher bin. »Darf ich fragen, warum?«

»Ich … muss etwas erledigen.«

Georgina mustert die Frau, die mit zitternden Fingern die Schnallen des Babyrucksacks löst und das Mädchen herausholt. Sie drückt der Kleinen einen Kuss auf die Stirn und reicht sie Georgina.

Während meine Freundin das Mädchen unter den Achseln aufrecht von sich weg hält und ratlos scheint, was genau sie damit anstellen soll, hat die Frau schon den Babyrucksack sowie eine große Umhängetasche auf einem freien Stuhl deponiert.

»Wie heißen Sie?«, frage ich. »Und vielleicht lassen Sie uns besser Ihre Telefonnummer da.«

Die Frau presst kurz ihre Hand auf den Mund, dann eilt sie ohne ein weiteres Wort im Laufschritt von der Terrasse.

Die kleine Mila grinst Georgina an, gluckst zufrieden und kaut auf ihrer Faust herum. Mit unbewegter Miene setzt Georgina die Kleine auf ihren Schoß. Wir schauen uns an.

»Darling …«, sagt Georgina in einem Tonfall, der höchste Alarmbereitschaft signalisiert.

Was auch immer sie gerade sagen will, muss warten. »Bleib hier!«

Schon bin ich auf den Beinen und sprinte der Frau nach. Auf der kleinen Piazza Garibaldi, auf die man von der Terrasse aus gelangt, schaue ich nach rechts und links, doch die Frau ist nirgends mehr zu sehen. Da sie mit ihrem Mann im Hotel Splendid Palace wohnt, wende ich mich nach rechts, in ebenjene Richtung. Gleich hinter dem Hotel gabelt sich die Straße, und ich entschließe mich, zuerst am Bootsanleger zu schauen. Nichts. Ich nehme den anderen Weg, der sich nach wenigen Metern wieder teilt. Ich fluche. Dieses Gewirr an Gassen, die ich noch nicht einmal kenne, macht eine Verfolgung ziemlich schwierig. Unentschlossen bleibe ich stehen und streiche über meinen Kopf. Ich schaue hinauf zum wolkenlosen blauen Himmel und denke an meinen Fedora, den ich zum Frühstück auf dem Zimmer gelassen habe. Vielleicht sollte ich ihn holen, bevor ich einen Sonnenbrand kriege. Doch bevor ich mich dazu durchringe, auf die Terrasse zurückzukehren, tippt mich jemand auf die Schulter. Ich wirble herum.

Mit leicht säuerlicher Miene hält mir Georgina Babyrucksack samt Umhängetasche hin. Mit ihrem linken Arm stützt sie Mila, die sie wie einen Wäschekorb auf ihre Hüfte geklemmt hat – nicht, dass ich Georgina schon jemals mit einem Wäschekorb gesehen hätte.

»Zieh an.«

»Was?«

Georgina verdreht die Augen. »Den Tragesack. Oder glaubst du, ich schleppe die Kleine jetzt die ganze Zeit so herum?«

Mila nörgelt, windet sich gefährlich in Georginas Griff und schiebt zu allem Überfluss auch noch eine Unterlippe vor. Ich fürchte, das bedeutet nichts Gutes. Ich nehme Babyrucksack und Umhängetasche.

»Wir müssen die Mutter suchen«, sage ich überflüssigerweise.

»Natürlich müssen wir das«, erwidert Georgina in einem Tonfall, der mich spontan an den eines ungeduldigen Kindermädchens erinnert. Sie braucht jetzt beide Hände, um Mila daran zu hindern, herunterzufallen.

»Vielleicht nimmst du besser den Trage…«, beginne ich, verstumme allerdings, als Georginas Augen sich zu Schlitzen verengen.

Sie schaukelt Mila, als würde sie einen Cocktail schwenken, und gibt dabei Laute von sich, die möglicherweise beruhigend klingen sollen. Milas Wimmern wird nur wenig leiser.

Seufzend stelle ich die Umhängetasche ab und versuche, aus dem System der Trageriemen schlau zu werden. Nachdem ich es endlich geschafft habe und Mila vor meiner Brust verstaut habe, bemächtigt sich Georgina der Umhängetasche und marschiert los. Allerdings hat sie weder Altstadt noch Hotel im Auge, sondern hält zielstrebig auf ein kleines Kirchlein zu, das etwas oberhalb der Straße liegt. Mein gleichmäßiger Schritt scheint Mila zu gefallen, denn sie stellt das Wimmern wieder ein und tritt mir stattdessen munter mit ihren strammen Beinchen seitlich in den Bauch. Ich halte ihre Füße fest.

»Was machen wir denn hier?«, frage ich, während wir die Stufen hochsteigen.

»Das ist die Kirche San Rocco **5**«, informiert mich Georgina, die wahrscheinlich die gestrige Autofahrt dazu genutzt hat, nicht nur Google Maps zu inhalieren, sondern sämtliche Informationen über Limone auswendig zu lernen.

Statt mit den Beinen hat Mila nun angefangen mit den Armen zu rudern. »Aha«, antworte ich, während ich versuche, mein Gesicht vor ihren Händchen in Sicherheit zu bringen.

Durch die Doppelflügeltür betreten wir das mittelalterliche Kirchlein. Niemand sonst befindet sich im Innern, daher ist es wohl ein guter Platz, um erst einmal in Ruhe die Fakten zusammenzutragen. Da ich durch Mila gehandicapt bin, übernimmt Georgina den Part, die Umhängetasche gründlich zu durchsuchen. Sie enthält eine Art Survivalpack, bestehend aus einer Thermoskanne mit heißem Wasser, drei mit Pulver gefüllten und einem dicken Edding-Strich versehenen Fläschchen, der wahrscheinlich die Füllhöhe des Wassers anzeigen soll, einer kleinen Flasche mit Fencheltee, zwei Obstgläschen sowie Windeln und Feuchttüchern. Keine Telefonnummer, kein Name. Nichts.

»Die Frau kommt nicht zurück«, stellt Georgina fest.

Mila wedelt immer noch mit ihren Armen. »Gaaaaaa«, macht sie, sabbert ihre Faust an und streckt sie mir dann entgegen. Ich ziehe mein Gesicht so weit wie möglich zurück. Die kleine Hand öffnet sich und reckt sich mir so weit wie möglich entgegen.

»Oh«, sage ich und nehme ihre Hand. »Sieh mal.«

Ein halb verwischter schwarzer Punkt, der bei genauerem Hinsehen weder Dreck noch Leberfleck ist, sondern mit Filzstift aufgemalt wurde, prangt in der kleinen Handfläche.

»Black Dot Campaign«, sagt Georgina düster.

Eine Initiative für Opfer häuslicher Gewalt, denke ich. Sich einen schwarzen Punkt auf die Handfläche zu malen, ist so etwas wie ein stummer Hilferuf misshandelter Frauen. Ich atme tief durch.

»Wir müssen ihre Mutter finden«, erklärt Georgina. »Und … ihn!« Das Wort spuckt sie fast aus.

Ersterem stimme ich vorbehaltlos zu. Das Zweite würde ich lieber mithilfe der Polizei lösen. Vorzugsweise der deutschen. Ich behalte das jedoch für mich und beschließe, Georgina später davon zu überzeugen.

»Wir finden zuerst ihre Mutter«, sage ich bestimmt.

Georgina braucht volle fünf Sekunden, bis sie nickt. Dann packt sie die Umhängetasche wieder ein und marschiert Richtung Tür. Ich folge.

Zunächst versuchen wir es am Hotel. Das heißt, Georgina muss leider allein dorthin, denn mit Mila vor der Brust wäre es zu auffällig. Ich warte im Schatten der Zitronenbäume der Limonaia **6** unterhalb des Hotels und summe Mila leise etwas vor.

Am blauen Gardasee …

Der Kleinen gefällt es offenbar. Oberhalb des Niveaus wurde wohl gerade eine Kellerwohnung frei. Als Georgina zurückkommt, berichtet sie, dass sie den Dicken am Pool gesehen hat, von Milas Mutter jedoch keine Spur. Insgeheim bin ich erleichtert, dass Georgina wieder da ist und der Dicke noch unversehrt.

Die nächste Zeit verbringen wir also damit, kreuz und quer durch die Gassen der Altstadt zu laufen und Ausschau nach Milas Mutter zu halten. Obwohl Georgina nahelegt, dass uns aufzuteilen sinnvoller wäre, lehne ich das ab mit dem Hinweis, ich sei mit der Babytrage womöglich eingeschränkt handlungsfähig. Das stimmt natürlich nur halb, aber ich habe Georgina lieber in meiner Nähe.

Wir schlendern umher wie Touristen, bummeln durch zahlreiche kleine Frattorien mit den allgegenwärtigen Zitronenprodukten. Den Kitsch finde ich weniger interessant und einen Limoncello zu trinken, muss ich leider auf später verschieben. Mila döst streckenweise vor sich hin, ihre Mutter bleibt verschwunden.

»Wir sollten Olivenöl **7** mitnehmen«, sagt Georgina, während sie eine der Flaschen mustert, die neben dem Öl offensichtlich auch Kräuter enthält. »Tut deiner Verdauung sicher gut.«

Ich rümpfe die Nase. »Immerhin schmeckt es besser als Wasser aus Karlsbad.«

Georgina enthält sich einer Antwort.

Nachdem wir zum wiederholten Male am Porto Vecchio gelandet sind, in dem farbenfrohe Fischerboote dümpeln, zupft sie mich plötzlich am Ärmel. Der Dicke stapft mit großen Schritten am Hafenbecken vorbei. In sicherem Abstand folgen wir ihm: die Strandpromenade entlang bis zum Parkplatz und schließlich die Via Lungolago hinauf. Dort überquert er die Gardesana und marschiert schnurstracks in den Parco Villa Boghi **8**.

»Was will er bloß hier?«, wundere ich mich und verlangsame meinen Schritt. Im Park ist die Sicht relativ unverstellt, daher müssen wir gut aufpassen. Tatsächlich sieht er sich mehrmals um, doch mein Instinkt warnt mich jedes Mal, und wir drehen uns rechtzeitig weg und tun so, als seien wir ein Touristenpaar, das mit seinem Kind beschäftigt ist.

Als er schließlich die kleine Limonaie am Ende des Parks erreicht, klingelt sein Handy. Wir drücken uns zwischen den Zitronenbäumen hindurch, bis wir gut verborgen in Lauschweite gelangen.

»Wo treibst du dich rum, du Schlampe!«, blafft der Dicke ins Telefon. »Wenn du nicht mit der Kleinen innerhalb von fünf Minuten hier bist, blüht dir was!«

Ihre Antwort quittiert er mit einem hämischen Lachen. »Nie wieder sehen? Ich bin ihr Vater, Julia, schon vergessen?« Wieder lacht er. Es klingt nicht amüsiert.

Georgina neben mir holt zwar leise, aber sehr tief Luft.

Julia am anderen Ende der Verbindung scheint mehr als nur zwei Sätze zu antworten. Die Miene des Dicken verfinstert sich zusehends. »Nimm dich in Acht, du …« Er bricht ab und sieht das Telefon zornig an. Julia hat offenbar aufgelegt.

Fluchend tritt er gegen einen Stützpfeiler und fetzt einige Blätter des nächstgelegenen Zitronenbaums herunter.

Mit einer Hand halte ich Georgina zurück, den kleinen Finger der anderen in Milas Mund, an dem sie hingebungsvoll nuckelt. Plötzlich schiebt sie die Unterlippe vor.

So leise und so schnell es geht, ziehe ich mich zurück, Georgina kommt Gott sei Dank nach. Zumindest ein Stück, dann bleibt sie stehen und reicht mir die Wickeltasche.

»Du kümmerst dich um sie, ich bleibe an ihm dran!«

Schon ist sie fort. Ich seufze.

Widersprechen kann ich ihr nicht wirklich, denn Mila wird zusehends unruhiger. Ich warte einen Moment, bis ich sehe, dass der Dicke wieder in Richtung Parkeingang stapft, Georgina auf seinen Fersen. Da er die Via Lungolago in Richtung Strand nimmt, trete ich auf anderem Weg den geordneten Rückzug in Richtung Altstadt an. Ich überquere die Gardesana und nehme die Via Capitelli, die mich meiner Meinung nach ins Zentrum der Altstadt und somit in die Anonymität zahlreicher Menschen führen dürfte. Obwohl ich schnell und regelmäßig ausschreite, wird Mila immer ungehaltener. Sie verschmäht meinen Finger, ihre Tritte werden heftiger. Ich bin noch nicht sehr weit gekommen, als sie loskräht.

»Shhhh, shhh, shhh«, versuche ich sie in den verschiedensten Tonlagen zu beruhigen.

Am blauen Gardasee …

Auch das hilft nicht mehr. Vielleicht hat sie Hunger. Oder Durst. Oder beides. Ein vor Blicken geschützter Platz zum

Hinsetzen ist natürlich gerade nicht in Sicht, und inzwischen ziehe ich die Blicke mehrerer Passanten auf mich.

Da taucht links oberhalb von mir eine Lösung auf. Ich eile die Stufen hoch.

»Lasset die Kindlein zu mir kommen«, murmele ich und hoffe, dass der Pfarrer der Chiesa di San Benedetto **9** das Kirchenasyl nicht zu eng auslegt.

In der Kirche hallen Milas unglückliche Schreie von den Wänden wider, doch zum Glück kann ich die Tür schnell hinter mir schließen. Ein älteres Ehepaar, das gerade die Altarbilder besichtigt, sieht sich verwundert um. Ich lächle entschuldigend, versuche die Thermoskanne aus der Umhängetasche zu ziehen und damit ein Fläschchen nebst Milchpulver zu befüllen, ohne mich oder die sich wütend windende Mila mit warmem Wasser zu übergießen. Schließlich schäle ich die Kleine aus dem Tragesack, lasse mich auf einer Bank nieder und schiebe ihr die Flasche in den Mund.

Augenblicklich herrscht Ruhe. Die ältere Dame kichert und sagt etwas auf Italienisch zu ihrem Mann. Beim Hinausgehen lächeln mir beide aufmunternd zu. Beinahe wäre ich auf den Gedanken gekommen, mich zu entspannen, als Mila plötzlich die Beine anzieht, kurz aufhört zu saugen und rot anläuft. Nach einem eindeutigen Geräusch in der Windel süffelt sie weiter. Der Geruch spricht Bände.

Nachdem Mila die Flasche bis auf den letzten Tropfen geleert hat, bin ich versucht, sie einfach so wieder in den Tragesack zu stecken, besinne mich aber doch eines Besseren. In Ermangelung einer Alternative lege ich Mila seitlich auf die Kirchenbank.

»Sehr praktisch«, stelle ich fest, als ich bemerkte, dass man den Schritt der Latzhose und des darunterliegenden Bodys aufknöpfen kann.

Mila gurrt zustimmend.

»Gut, und jetzt?«, frage ich sie, was sie mit einem nicht sonderlich hilfreichen, aber trotzdem sehr charmanten Lächeln beantwortet.

Mit der gleichen Präzision wie beim Entschärfen einer Bombe öffne ich die Verschlüsse der Windel.

»Nicht dein Ernst!«, sage ich überrascht.

Es ist nur ein winziger Klecks, der einen buchstäblich atemberaubenden Duft verströmt.

Mila gluckst zufrieden. Mit spitzen Fingern ziehe ich die Windel fort und benutze ein Feuchttuch. Die Kleine lässt alles friedlich über sich ergehen und strampelt lediglich ein bisschen mit den Füßen.

»Ah, Vorsicht … Mist!«

Wie ein Fußballprofi befördert sie zielsicher die volle Windel hinunter – natürlich landet sie auf der Schokoladenseite. Als ich mich fluchend bücke, sehe ich einen kleinen Zettel daneben liegen.

Eine Telefonnummer. Festnetz aus Deutschland mit einer 08-er Vorwahl, das müsste irgendwo in Bayern sein.

»Eins nach dem anderen«, murmele ich und widme mich zunächst konzentriert der Aufgabe, eine neue Windel an Mila anzubringen. Als ich sowohl diese, als auch die Aufgabe sie anzuziehen und wieder in der Trage zu verstauen, gemeistert habe, beseitige ich das Malheur am Fußboden und gehe hinaus vor die Kirche.

Ich schalte die Rufnummernunterdrückung ein – sicher ist sicher – und wähle die Nummer. Es tutet. Fünfmal. Sechsmal.

»Rösler!«

»Mit wem spreche ich bitte?«, erkundige ich mich freundlich.

»Rösler. Helmut. Wer ist denn am Apparat?«, erwidert eine Männerstimme.

»Kennen Sie Julia?«, frage ich, ohne auf seinen Wunsch einzugehen.

Die Pause am anderen Ende werte ich als Ja. Ich warte.

»Wer will das wissen?«, kommt schließlich die Gegenfrage.

»Mila«, sage ich und streichle besagter Dame über die Wange. Mit vollem Bauch ist leicht grinsen.

»Hören Sie, ich weiß nicht, wer Sie sind, aber was haben Sie mit meiner Tochter und meinem Enkelkind zu schaffen?« Der Tonfall am anderen Ende ist eisig. »Reicht es nicht, das Markus sie ...« Die Stimme des Mannes bricht. Er schluckt hörbar.

»Markus ist Milas Vater und er misshandelt Julia.« Es ist keine Frage, sondern eine Feststellung. Ich stupse Mila abwechselnd auf Nase und Mund, was ihr offenbar gefällt, denn sie grinst weiter.

»Wer sind Sie?« Das Misstrauen ist unüberhörbar.

»Ein Freund«, sage ich. »Ihre Tochter ist in Schwierigkeiten. Mila ist momentan bei mir und in Sicherheit.« Wie zur Bestätigung quietscht Mila vergnügt, als ich wieder ihre Nase berühre.

»Oh mein Gott! Mila? Ist sie das?«

Ich halte Mila das Handy hin. Lallend will sie es ablutschen.

»Nein, nein, nein ... ich meine, ja, das ist sie.« Ich nehme das Handy wieder ans Ohr, Mila beschwert sich, nimmt dann aber vorlieb mit meinem Daumen, den sie annagt.

»Wie heißen Sie?«, fragt Rösler. »Wo sind Sie?«

»Helmut?«, ertönt eine weibliche Stimme im Hintergrund. »Wer ist da am Telefon?«

Rösler antwortet seiner Frau nicht.

»Sie kennen mich nicht«, sage ich, »und Sie haben keine Veranlassung mir zu glauben, aber ich werde Julia und Mila helfen.«

»Markus ist nicht Milas Vater«, sagt Rösler plötzlich.

Das ergibt ein neues Bild. »Sondern?«

»Sie sind verheiratet, aber Julia wollte Markus schon längst verlassen, weil er sie zuerst nur psychisch, dann auch physisch anging. Sie hat … Milas Vater ist ein alter Freund von ihr. Es war nicht geplant. Ich weiß nicht, wie Markus davon erfahren hat, dass er nicht Milas Vater ist, aber anstatt Julia gehen zu lassen, wurde es noch schlimmer. Er isolierte Julia. Sie durfte keinen Kontakt mehr zu uns haben. Zu niemandem. Mila haben wir noch nie gesehen. Julia hat uns nur heimlich ein Bild geschickt.«

»Helmut!«, beharrt seine Frau. »Wer ist das? Die Polizei?«

»Danke«, sage ich einfach. »Bleiben Sie in der Nähe des Telefons. Ich melde mich, sobald ich kann.« Ich zögere kurz. »Und bitte, keine Polizei.«

»Wer genau sind …«, beginnt Rösler erneut.

»Ich melde mich«, sage ich und lege auf.

»Glehhh«, sagt Mila und gähnt herzhaft.

Ich schicke Georgina eine Nachricht, um herauszufinden, wo sie und der Dicke namens Markus sind. Schließlich möchte ich ihnen nicht versehentlich über den Weg laufen. Er hat sich offenbar in einer Bar an der Promenade niedergelassen, daher beschließe ich, dass die nahe der Kirche gelegene Pasticceria Piva **10** genau das Richtige für Mila und mich ist. Während ich mir einen Lemon Spritz gönne, wird Mila immer ruhiger und schlummert schließlich ein. Lange dauert es allerdings nicht, bis mein Handy vibriert.

»Er geht Richtung Strand«, schreibt Georgina. »Komm auch dorthin. Beeil dich.«

Ich stürze den letzten Schluck Lemon Spritz hinunter und werfe zehn Euro auf den Tisch. Eile und kein Kleingeld freuen den Kellner. Selbst mit Mila vor der Brust war das Sitzen halbwegs bequem, aber nach dem Aufstehen ist Mila mindestens doppelt so schwer wie vorher. Wie ein Mehlsack hängt sie da, schnorchelt aber weiter friedlich vor sich hin.

Ich drücke meinen Rücken durch und marschiere durch die engen Gässchen zum See. Keine fünf Minuten später erkenne ich am Ende der Promenade hinter dem Parkplatz den kiesigen Strand, dessen Ufer an vielen Stellen mit größeren Steinen gesichert ist. ▮

Mit einem Mal taucht Georgina neben mir auf.

»Da vorne«, sagt sie leise.

Im Schutz von Palmen und Büschen bleiben wir stehen.

Markus steht mit beiden Händen in den Hosentaschen am Ufersaum und blickt mal nach links, mal nach rechts. Ich nehme an, er wartet auf Julia. Seine Wangen sind gerötet, sein Mund ist verkniffen. Mila seufzt im Schlaf. Vorsichtshalber wende ich Markus den Rücken zu und überlasse Georgina den Beobachtungsposten.

»Er hat nichts weiter getan, als sich möglichst schnell zu betrinken«, informiert mich Georgina, während sie an mir vorbeistarrt. Ihr sonst so hübsch geschwungener Mund ist ein Strich.

Eine Hand an Georginas Wange lächle ich, als unterhielten wir uns über belanglose Dinge. »Darling, ich habe den Großvater unserer Kleinen ausfindig gemacht.«

Georgina löst den Blick kurzzeitig von Markus und lässt ihre Mundwinkel einen Zentimeter höher einrasten. Ihre Augen erreicht das Lächeln nicht. »Wie das?«

Ich küsse sie leicht auf den Mund. »Mila hatte ein Geheimversteck. In ihrer Windel.«

»Du hast ihr die Windel gewechselt?«

Ich bin mir nicht sicher, ob ich wegen ihres überraschten Tonfalls pikiert sein sollte. »Ja, habe ich. Und ihr die Flasche gegeben. Was glaubst du, weshalb sie schläft?«

Georgina stellt sich auf die Zehenspitzen, um ihre Lippen ganz nahe an mein Ohr zu bringen. »Ich wusste immer, dass du viele verborgene Talente hast, Darling.«

Ich grinse zufrieden.

»Da ist sie ja«, sagt Georgina.

Ich drehe mich herum. Tatsächlich steht Julia gute 20 Meter vom Ufer entfernt aufrecht auf einer Art Surfboard und hat ein Paddel in der Hand. Im Gegensatz zu den anderen Wassersportlern auf dem See trägt sie jedoch keinen Neoprenanzug.

»Pass auf, dass du nicht reinfällst«, ruft Markus mit triefendem Sarkasmus. »So ungeschickt, wie du dich immer anstellst. Das Wasser ist kalt, du holst dir den Tod.«

»Das wäre dir doch nur recht!« Julia schwankt leicht auf dem Brett.

»Wo ist die Kleine?«

»In Sicherheit!«

Mila schmatzt im Traum. Ich streichle ihr über den Kopf. Jetzt bitte nicht aufwachen, beschwöre ich sie.

Ungeachtet der Menschen, die auf die beiden aufmerksam geworden sind, lässt Markus weitere Schimpftiraden in Julias Richtung ab. Die hat sich allerdings längst mitsamt dem Board abgewandt und paddelt ein Stück weiter raus.

Ich sehe Georgina an. »Glaubst du auch, was ich glaube?«

Es ist wohl eine rhetorische Frage, denn ohne Umstände schlüpft Georgina aus Schuhen, Rock und Bluse und sprintet in Unterwäsche Richtung See.

Ein paar junge Männer applaudieren, als sie sich ins Wasser stürzt. Markus möchte zum wiederholten Male lautstark wissen, wo Mila ist.

Während Georgina durch das Wasser krault, hat sich Julia auf das Board gesetzt. Auf die Entfernung ist es schwer zu erkennen, aber Julia meint es wohl mehr als ernst: Sie zurrt ihre Beine und Hände mit Kabelbinder fest, fesselt sich selbst. Den Blick auf ihren Mann gerichtet, gleitet sie ins Wasser. Sie geht unter wie ein Stein.

Das Spektakel hat Aufmerksamkeit erregt. Die jungen Männer haben offenbar auch begriffen, warum Georgina ins Wasser gehechtet ist und zwei von ihnen schwimmen nun ebenfalls hinaus. Ein dritter telefoniert. Weitere Schaulustige versammeln sich. Durch Rufe aufmerksam geworden, ändert ein Segelboot in der Nähe seinen Kurs.

Ich trete neben Markus. Er erstarrt.

»Hallo, Markus«, sage ich.

Georgina und die Männer haben die Stelle erreicht, an der Julia untergegangen ist. Hoffentlich ist der See dort nicht zu tief.

»Sie!« Markus ballt die Fäuste und hebt sie drohend.

»Wollen Sie wirklich in aller Öffentlichkeit einen Mann schlagen, der ein Baby dabei hat? Nur zu.« Ich breite die Arme aus.

Einen Sekundenbruchteil befürchte ich, zu hoch gepokert zu haben, doch dann lässt er die Arme sinken.

»Geben Sie mir auf der Stelle meine Tochter!«

»Mila ist nicht Ihre Tochter, Markus«, folge ich der Behauptung des Großvaters.

»Die Schlampe hat sie mir untergeschoben!«

»Dann seien Sie froh, dass Mila künftig bei ihren Großeltern wohnen wird.« Ich muss kein Hellseher sein, um zu ahnen, dass die Röslers genau das vorschlagen werden. »Und beten Sie, dass Julia das hier überlebt! Denn ansonsten werden Sie für eine lange – und ich meine eine sehr lange – Zeit im Gefängnis landen! Eine Frau so zu misshandeln, dass sie Selbstmord als einzigen Ausweg sieht, wird kein Richter durchgehen lassen. Es gibt genug Zeugen hier, die aussagen können, wie Sie mit ihr geredet haben. Inklusive mir.«

Markus zittert am ganzen Leib. Ich nehme an, vor unterdrückter Wut, aber das ist mir gleichgültig. Er wird nicht davonkommen. Ich entferne mich ein paar Schritte, während er wie angewurzelt stehen bleibt.

Mit vereinten Kräften schaffen es Georgina und die Männer schließlich, Julia aus dem Wasser zu ziehen. Der Notarzt übernimmt. Auch die Polizei ist eingetroffen. Irgendjemand reicht Georgina ein Handtuch und klopft ihr anerkennend auf die Schulter.

Ihr verwischtes Augen-Make-up verleiht ihr einen Panda-Look und ihr Haar klebt am Kopf wie bei einem Seehund.

Sie sieht besser aus denn je.

»Julia lebt«, sagt Georgina. »Gerade noch.«

Mila gähnt herzhaft und blinzelt mich an.

»Hast du das gehört, Süße?« Ich drücke der Kleinen die Lippen auf den Haarflaum. Sie riecht ziemlich gut. »Bald hast du deine Mama wieder. Und jetzt rufen wir Oma und Opa an und fragen, wie schnell sie herkommen können. Sie leben in Süddeutschland, irgendwo in Bayern.«

»Was machen wir denn bis dahin mit ihr?«, fragt Georgina.

Ich drehe die Handflächen nach oben. »Uns um sie kümmern.«

Georgina zuckt mit den Schultern. »Wenn du das sagst.«

Dann schaut sie zu Markus, der gerade einem Polizisten Rede und Antwort stehen muss.

Sie lächelt süffisant. »Darling, könntest du dich auch alleine um Mila kümmern? Ich würde mich gerne mit ihm ...«

Ich lege ihr eine Hand auf die Schulter.

»Was?« Sie sieht mich mit Unschuldsmiene an.

»Überlass ihn der Polizei, ja?«

Sie zieht eine Schnute. »Spielverderber!«

»Morgen gehen wir den Sentiero del Sole, versprochen«, sage ich. »Von mir aus auch zwei Mal.«

Am blauen Gardasee ...

1 Strada della Forra. Wer auf den Spuren von 007 wandeln will und den Anspruch hat, nach dem Urlaub die Ausmaße seines Autos blind zu kennen, der sollte sich die spektakuläre Strada della Forra nicht entgehen lassen. Südlich von Limone führt die zum Teil extrem schmale Bergstraße in steilen Serpentinen hinauf nach Pieve. Manchmal wird »ein Quantum Trost« benötigt, damit Begegnungen mit entgegenkommenden Fahrzeugen nicht zum Thriller werden. Wer also den Nervenkitzel inklusive zum Teil winziger Fahrbahnbegrenzungen nicht scheut, der wird nicht nur mit tollen Blicken auf den See belohnt, sondern kommt an einem Wasserfall vorbei und fährt durch eine ziemlich enge Schlucht. Irgendwo im Nichts zwischen Seehöhe und Bergniveau gibt es sogar zwei empfehlenswerte Restaurants.

2 Die Altstadt von Limone. »Wir fuhren bei Limone vorbei, dessen Berggärten, terrassenweise angelegt und mit Zitronenbäumchen bepflanzt, ein reiches und reinliches Ansehen geben«, schrieb Goethe 1786 von seiner italienischen Reise, als er Limone vom Boot aus zu sehen bekam. Wer nun glaubt, »Limone« käme von den »Limonen«, ist auf dem falschen Dampfer. Wahrscheinlich leitet sich der Name vom lateinischen »Limes« ab und zeugt von der Grenzlage des Städtchens. Am Fuße der steilen Felsen scheint es eigentlich keinen Platz zu geben, doch am Seeufer erstreckt sich die autofreie Altstadt mit ihren verwinkelten Gassen, Unmengen an Restaurants, Trattorien und Cafés. Eine oberitalienische

Idylle – wenn man nicht gerade zur Hauptsaison dort ist. Man sollte sich unbedingt die Zeit nehmen, abseits der Promenade und der Touristenströme kreuz und quer durch die mittelalterlichen Gassen zu streifen, wo sich an den ruhigen Ecken viel des alten Flairs erhalten hat. Einfach durchgehen und genießen!

3 Boote und Fähren. Gemütliche Ausflugsdampfer, schnelle Tragflächenboote am Fähranleger oder doch ein gemietetes Motorboot selbst steuern (Bootsverleih z. B. am Strand) – man hat die Qual der Wahl! Auf dem Wasser entgeht man dem Trubel am Ufer und kann den Blick auf die Ruinen der Limonaie und die wunderschöne Altstadt in ihrer ganzen Pracht genießen.

4 Sentiero del Sole. Wer endgültig die Nase voll hat von den Menschenmengen des Seeufers oder sich ganz einfach sportlich betätigen möchte (oder muss), dem sei diese Wanderung empfohlen. Von der Ortsmitte aus führt ein knapp sieben Kilometer langer Rundweg teilweise entlang schmaler Pfade über dem See. Zypressen, Olivenbäume und Rhododendren säumen den Weg. Am höchsten und schönsten Punkt des Weges findet man Sitzbänke. Tipp: Picknick einplanen – aber nicht zu viel Limoncello mitnehmen, der Weg bergab hat es in sich.

5 Kirche San Rocco. Ein von außen sehr unscheinbares Kleinod nahe der Innenstadt ist das Kirchlein San Rocco, das im 16. Jahrhundert als Dank für die Verschonung von der Pest errichtet wurde. Für Liebhaber barocker Fresken ein Muss. Unbedingt den Blick nach oben richten! Die Holzdecke ist unglaublich schön.

6 Die Limonaie/La Limonaia del Castel. Seit dem 13. Jahrhundert waren Zitronen die Haupteinnahmequelle der Bewohner. Um die empfindlichen Pflanzen gegen Nachtfröste zu schützen, wurden die Limonaie gebaut. Im Winter wurden zwischen den Pfeilern Bretterverschläge eingehängt. Die Limonaia del Castel kann man für kleines Geld besichtigen. Der Duft der Zitronen macht viel Lust auf Limoncello (auch Limoncino genannt). Besonders schön die Abendbesichtigungen, die während des Sommers zum Teil bis 23 Uhr möglich sind. Leider nicht barrierefrei!

7 Umgeben von jahrhundertealten Olivenhainen wird in Limone das »extra vergine« Olivenöl noch wie zu Uromas Zeiten hergestellt. In der Ölmühle des Ortes wird ausschließlich die Ernte der ortsansässigen Bauern verarbeitet. Im Sommer sind dort Besichtigungen möglich und im angeschlossenen Laden können allerhand aus Olivenöl bestehende Produkte erworben werden. Sehr empfehlenswert sind die verschiedenen Olivenpasten, die sich auch daheim noch als Brotaufstrich mit Urlaubsfeeling eignen.

8 Parco Villa Boghi. Die historische Villa Boghi ist heute der Sitz der Gemeindeverwaltung. Umgeben von einem gepflegten Park befindet sich dort eine kleine Limonaia sowie das Museo della Pesca (Fischereimuseum), beides mit freiem Eintritt. Ein Spaziergang hierher lohnt sich in jedem Fall. Das Fischereimuseum zeigt eine kleine, aber feine Auswahl an historischen Arbeitsgeräten sowie ein Holzboot. Die Ausstellung zum Alltag der Gardaseefischer von der »guten alten Zeit« bis heute zeigt das Leben am Lago vor dem Massentourismus.

9 Chiesa di San Benedetto. Die barocke Kirche des 17. Jahrhunderts wurde auf den Überresten einer römischen Basilika erbaut. Das Innere ist sehr prunkvoll ausgestattet mit vier Altären und vielen farbenprächtigen Bildern. Am späten Nachmittag erklingt täglich das schöne Glockenspiel.

10 Pasticceria Piva. In einer steilen Seitenstraße gelegen, kann man sie leicht übersehen. Aber für Schleckermäuler ein unbedingtes Muss – die seit 1960 existierende Pasticceria Piva. Die Konditorei ist ein echtes Highlight für Freunde des süßen Geschmacks. Kuchen und Torten zum dort Genießen und Marmelade & Co zum Mitnehmen. Was davon am besten ist, muss wohl jeder selbst entscheiden – wenn das denn überhaupt geht. Der Beste Lemon Spritz im Ort! Und für die Freunde härterer Gangart: Über 200 Grappasorten suchen ebenfalls ein neues Zuhause.

11 Strand Spiaggia del Tifu. Ein Kiesstrand zum Erholen und die Seele baumeln lassen. Im Sommer leider randvoll, findet sich zu weniger turbulenten Jahreszeiten jedoch immer ein schönes Plätzchen, um – am besten ausgestattet mit einem guten Buch und einem Korb voll örtlicher Leckereien – den Urlaub zu genießen. Dafür ist man ja schließlich da, oder?

ANGELA ESSER
DIE ZEUGIN

TORBOLE

Sie schrie nicht auf, als sie ihn sah.

Sie lief auch nicht weg.

Ihr stockte nur kurz der Atem. Sie konnte und wollte die Augen nicht abwenden von dem toten Mann im Pool. Beleuchtet durch wenige Unterwasserlichter. Alles so fremd und doch vertraut. Ein tief in ihr Hirn eingefrorenes Bild, das sich so oft in ihren Schlaf schlich und sie als Kind immer voller Angst nach ihrer Mutter hatte rufen lassen.

Sie kannte diesen Anblick und wusste nicht, warum. Seit sie denken konnte, suchte sie darauf eine Antwort.

Und jetzt war der Albtraum Wirklichkeit geworden.

Blauer Anzug, blaue Kacheln, blauer Nachthimmel.

Eine ganze Symphonie in Blau, dachte sie. Absurd.

Warm, schwerelos, friedlich.

Ein Déjà-vu ohne die Beklemmungen aus den Träumen. Dann hörte sie das Blut in ihren Ohren rauschen und spürte, wie schwer ihr Atem ging. Sie drehte sich von dem Toten weg und schaute hinunter auf den See.

Der Mann hatte hier nichts verloren. Vor allem nicht hier. Und vor allem nicht jetzt. Weder tot noch lebendig. Ein Gedanke jagte den anderen. Sie musste sofort die Polizei rufen. Hatte sie ihr Handy überhaupt eingesteckt und welche Nummer hatte in Italien eigentlich der Notruf? **1** Aber sie konnte die Polizei nicht holen. Denn sie selbst hatte hier ebenso wenig etwas zu suchen wie die Leiche. Sie gehörte nicht hierher. Durfte gar nicht hier sein.

Heimlich schlich sie sich jeden Morgen, lange bevor das Reinigungspersonal kam, an den Pool. Hatte alles für sich allein, während die Hotelgäste noch schliefen. Konnte in aller Ruhe in dem klaren Wasser schwimmen und gleichzeitig mit dem Sonnenaufgang die schönste, ihr bekannte Aussicht auf den See genießen. Einfach atemberaubend: die Berglandschaft über dem westlichen Ufer, der weite Blick auf die nach Süden sich scheinbar ins Endlose dehnende Wasserfläche. **2**

Während in den Städten und Dörfern rund um den Lago di Garda die Menschen langsam wach wurden und die Nachtlichter erloschen, beobachtete sie alles vom Hang aus. Und auch wenn es so aussah, als sei noch niemand unterwegs, konnte sie die Vespas und Autos, die vereinzelt am See entlangfuhren, das Vogelgezwitscher, den Wind in den Bäumen hören. Und wenn sie sich nicht so hoch oben befände, hätte sie auch das Surren von Rennradreifen und die Stimmen der Radfahrer vernehmen können. Denn um diese Zeit traten die ganz Unermüdlichen schon in die Pedale.

Jetzt aber hörte sie nichts, sondern schaute einfach nur auf den See und überlegte, was sie tun sollte. Am besten einfach nur schnell wieder gehen. So tun, als sei sie nie hier gewesen.

Ohne sich noch einmal umzudrehen, ging sie auf die kleine Treppe zu, die an der Lobby vorbei zur Straße führte. Stellte fest, dass ihre Hände eiskalt waren. Im gleichen Augenblick drangen Stimmen an ihr Ohr. Leise Worte, in Fetzen vom Wind getragen. Ohne nachzudenken nahm sie hastig ihren Rucksack ab und versuchte, so lautlos wie möglich in den Büschen hinter den Liegestühlen zu verschwinden.

Zwei Männer näherten sich vom Hoteleingang her dem Pool, blieben stehen, flüsterten. In dem einen glaubte sie von der Statur her Matteo, den Nachtportier zu erkennen. Klein, dick und ein Kopf so rund und blank wie eine Billardkugel. Sie hatte ihn – wie immer, bevor sie zum ersten Mal im Urlaub an den Pool ging – beobachtet. Wollte wissen, ob er noch derselbe war und sie nicht Gefahr lief, erwischt zu werden. Seit Jahren schob Matteo hier Nachtdienst. Und um diese Zeit saß er immer in dem kleinen Kabuff hinter dem Lobbytresen auf einem Sessel und schlief vor dem eingeschalteten Fernseher.

Den anderen Mann konnte sie noch nicht erkennen. Auf jeden Fall war er größer als Matteo. Und schlanker. Wahrscheinlich auch jünger.

Die beiden standen auf der Terrasse oberhalb des Pools, in der Dunkelheit sah sie die Glut von zwei Zigaretten. Sie wunderte sich, wie die beiden in aller Ruhe rauchen konnten. Von dort oben müssten sie den Toten doch sehen können, oder nicht? Deutlicher ging es ja in dem beleuchteten Pool nicht mehr. Ein glucksendes Geräusch direkt neben ihr ließ sie kurz zusammenschrecken. Sie wunderte sich, woher es kam und was es zu bedeuten hatte. Sie konnte allerdings nicht viel unternehmen. Weder nach ihrem Handy suchen und die Taschenlampenfunktion einschalten, noch sich von der Stelle bewegen. Die Männer hätten sie sofort entdeckt. Aber lange konnte sie sich nicht mehr verstecken. Bald würde es nicht nur hell werden, in einer knappen Stunde würde auch die Putzkolonne anrücken und sie müsste sich schon etwas Außergewöhnliches einfallen lassen, um von hier – ohne groß Aufmerksamkeit zu erregen – zu verschwinden. Außerdem taten ihr die Knie weh, und sie konnte nicht mehr viel länger in dieser Hockhaltung ausharren. Mit den Händen suchte sie im Gebüsch nach einer Möglichkeit sich hinzusetzen und fand einen flachen großen Stein, der knapp über der Erde neben ihr herausragte.

Im Sitzen massierte sie ein wenig ihre Beine und schaute noch einmal zu dem Toten, sah, dass er sich im Wasser bewegte. Der Körper trieb langsam Richtung Beckenrand, dann wieder ein wenig davon weg, als würde er in langsamen, kleinen Wellenbewegungen durch den Pool tauchen. Die Haare schwammen wie ein kleiner dunkler Fischschwarm um seinen Schädel. Sie lassen das Wasser ab, schoss ihr durch den Kopf, daher das glucksende Geräusch! Die Leitung führte direkt an ihr vorbei.

Die Unterwasserleuchten ließen alles noch deutlicher erscheinen. Die blau-weiß gestreifte Krawatte, den weißen Hemdkragen, die breiten Hände.

Und dann hörte sie wieder Stimmen und Schritte. Doch die beiden Männer auf der Terrasse bewegten sich nicht. Dafür kamen zwei weitere Männer um die Ecke. Sie hatten schwarze Schirmmützen auf, stellten sich zu Matteo und dem anderen und steckten sich ebenfalls Zigaretten an. Carabinieri, dachte sie, verdammt! Warum hatte sie nicht selbst die Polizei gerufen oder war einfach schreiend in Matteos Kabuff gerannt und hatte ihm dort eine Lügengeschichte aufgetischt? Dass sie nicht hätte schlafen können, spazieren gegangen war und dann diesen Mann im Pool gesehen habe. Stattdessen hockte sie jetzt hinter einem Busch und in der Falle.

Im Geiste sah sie sich schon stundenlang auf einem Polizeirevier sitzen und von einem Commissario durch die Mangel gedreht werden. Doch die beiden mit der Polizeimütze traten nach einer Weile ihre Zigaretten aus und verschwanden so plötzlich, wie sie gekommen waren. Sie nahm an, dass sie jetzt die ganze Polizeimaschinerie in Gang setzten. Vom Gerichtsmediziner bis zur Spurensicherung. Kurze Zeit später kehrten sie aber zurück, zwischen ihnen ein Transportsarg, und nun gingen alle vier Richtung Pool.

In der Zwischenzeit war das Wasser komplett abgelassen worden, der Mann lag auf dem Boden des Schwimmbeckens mit dem Gesicht nach unten. Das sind gar keine Polizisten, entschied sie, sondern Bestatter! Ganz einfach nur – Bestatter, Totengräber, Leute von einem Beerdigungsinstitut. Sie musste sich zusammenreißen, um nicht vor Erleichterung laut zu seufzen. Da malte sie sich hier ein grauenvolles Mordszenario aus, wie sie es nur aus ihren kindlichen Albträumen kannte, doch wahrscheinlich war nur ein Hotelgast sternhagelvoll in den Pool gefallen. War dabei ertrunken, und das Hotelmanagement bemühte sich, ihn noch vor dem Frühstück aus dem Weg zu schaffen.

Dennoch, hier stimmte etwas nicht. Ganz und gar nicht. Eine Leiche wird nicht einfach abtransportiert wie störender Müll. Musste nicht zuerst ein Arzt die Todesursache feststellen? Vorsichtig wühlte sie in ihrem kleinen Rucksack nach dem Handy, fand es, schaltete es ein, zog es heraus und deckte das Display mit der Handfläche ab. Vermutlich würde auf dem Video, das sie machte, nicht viel zu sehen sein. Immer noch war es zu dunkel, aber die Unterwasserbeleuchtung und das einsetzende Tageslicht reichten vielleicht aus, um die Gesichter der vier Männer einzufangen.

»Andiamo«, hörte sie einen sagen und beobachtete, wie einer der Bestatter sich vor den Kopf des Mannes stellte und der andere vor die Füße. Wie sie sich kurz pietätvoll verneigten, dann ein Tuch ausbreiteten und ihn darauf hoben. Wie sie ihn einwickelten und in den Sarg legten. Das Aufsetzen des Deckels drang durch die Stille und vermischte sich auf einmal mit dem Röhren eines Motorrads, das den Hang hinaufknatterte.

Für einen Moment hielten die Männer inne und warteten, bis das Motorrad vorbeigefahren war. Dann hievten sie den

Sarg die Pooltreppe hinauf. Passierten wortlos die Liegestühle und ihr Versteck. Unwillkürlich duckte sie sich noch tiefer ins Gebüsch, hielt den Atem an und wandte den Blick ab. Lass sie mich bitte nicht entdecken, betete sie und kniff die Augen zusammen. Lass sie einfach nur weitergehen!

Sie zählte bis 20 und öffnete die Augen wieder. Niemand war mehr zu sehen oder zu hören, und der Pool sah aus wie ein gefräßiges blaues Loch. Die Strahlen des Morgenlichts breiteten sich aus, und sie wusste, dass sie so schnell wie möglich hier weg musste.

Langsam stand sie auf und vernahm gleichzeitig das Geräusch eines Kleinbusses. Abrupt ging sie wieder in die Hocke. In ein paar Minuten würde vermutlich die Putzkolonne laut schnatternd einfallen, und auch der erste Frühaufsteher aus dem Hotel würde erscheinen – nur um festzustellen, dass seine Schwimmrunde mangels Wasser im Pool heute ausfallen musste oder erst später stattfinden konnte.

Sie stand auf, schnallte sich den Rucksack um und zog sich die Kapuze ihres Sweatshirts über den Kopf. Sie würde jetzt einfach anfangen zu joggen und wie selbstverständlich so tun, als sei sie ein Hotelgast. Was auch immer passierte, sie würde den Weg bis zur Straße schon schaffen. Sie atmete noch einmal tief durch und lief los.

Fast wäre sie mit den ersten beiden Putzfrauen zusammengestoßen, die sie erstaunt anblickten. Sie wich ihnen aus, hob kurz die Hand und winkte, ohne sich umzuschauen. Zwang sich, den Frauen ein freundliches »Buongiorno« hinterherzurufen.

Dann tauchte Matteo direkt vor ihr auf. Neben ihm der andere, größere Mann. Er sah ihr direkt in die Augen. Ein Windstoß fegte die Kapuze von ihrem Kopf. Blitzschnell drehte sie sich zur Seite, schlängelte sich an den beiden vorbei und lief die Treppe hinunter, lief weiter die Serpentinen hinunter durch Torbole, bis sie schweißnass am Camping-platz **3** ankam. Sie duschte sich hastig und zog ihre Rad-klamotten an. Dabei fühlte sie ihr Herz rasen und bis hinauf in den Hals pochen. Sie musste sich unbedingt beruhigen, sich abreagieren, das Hirn frei kriegen, und dann überlegen, was sie machen sollte. Und wem sie dies alles erzählen konnte, ohne für verrückt erklärt zu werden.

Yannick. Eigentlich nur Yannick, auch wenn sie ihn erst seit ein paar Monaten kannte. Er hatte bei ihrem letzten Umzug geholfen – und war dann in ihrem neuen Boxspringbett gelan-det. Seither trafen sie sich ab und an, ohne feste Absichten. Er war ein Typ, den nichts so leicht erschütterte. Am besten schickte sie ihm auch gleich das Video vom Pool.

Sie zog ihr Handy aus dem Rucksack und suchte nach der Aufnahme. Fast alles schwarz. Ein paar in blaues Licht getauchte, schemenhafte Gestalten, sonst nichts. Sie schickte das Video trotzdem ab. Wütend stampfte sie mit dem Fuß auf und stieß laute Flüche aus. Vorbeigehende Surfer schau-ten sich verwundert zu ihr um. Sie hielt inne und holte ihr Fahrrad, suchte nach einer Route in ihrem Kopf, überlegte es sich aber anders. Erst musste sie etwas essen. So konnte sie nicht losfahren. Sie fuhr zu »Mecki's Bike and Coffee« **4**, der Laden hatte wenigstens schon auf. Einen von den Beltra-mis, den Besitzern, würde sie mit Sicherheit antreffen. Ein bisschen fachsimpeln, frühstücken und erst einmal runter-kommen. So tun, als sei dies ein ganz normaler Morgen. So wie immer, wenn sie zu einer längeren Radtour aufbrach. Als wäre nichts passiert.

Das Café war brechend voll und der Lärm Balsam auf ihre Seele. Alle sprühten vor Vitalität und guter Laune. Aber schon nach wenigen Minuten wollte sie einfach nur weg. Diese Geschäftigkeit war ihr zu viel. Sie bekam plötzlich nicht mehr richtig Luft und fing an zu japsen. Merkte, wie ihr der kalte Schweiß ausbrach. Fühlte sich wie aus der Zeit gefallen, wie eine Zuschauerin, die keinen Anteil mehr am Leben hatte. Alles um sie herum rückte immer weiter weg. Die Stimmen und Geräusche nahm sie nur noch gedämpft wahr, und die übrigen Gäste gestikulierten, tranken Kaffee wie hinter einem weißen Schleier. Die anderen befanden sich im Hier und Jetzt. Bei ihr lief die Uhr langsamer.

Unwirklich, alles komplett unwirklich.

Das Menschengewimmel, das Klackern der Rennradschuhe und das laute Lachen. Aber auch die Geschichte am Pool. Es konnte dort nicht alles mit rechten Dingen zugegangen sein. Selbst wenn der Mann aus eigenem Verschulden ertrunken war, musste erst einmal ein Arzt kommen, der den Toten untersuchte. Auch in Italien. Dann die Polizei, um festzustellen, ob es ein Unfall war. Oder Mord. Und um die Identität des Mannes zu ermitteln. Und erst danach kam ein Bestattungsunternehmen.

Schwer atmend verließ sie das Café, schwang sich auf ihr Fahrrad und fuhr zum Hafen hinunter, vorbei an dem kleinen Zollhaus **5**, einem Relikt aus längst vergangener Zeit, das sie so mochte. Schon als Kind, seit sie zum ersten Mal an den Gardasee gefahren waren. Sie hatte sich immer vorgestellt, dass sie in diesem Häuschen wohnen würde. Jeden Tag ganz nah am See sein und von der Haustüre aus jederzeit in das kühle Wasser springen können. Noch jetzt setzte sie sich, wenn sie in Torbole war, oft vor das Zollhaus, trank einen Cappuccino und stellte sich vor, es würde ihr gehören. Ein kleiner unerfüllbarer Traum.

Sie entschied, mit der Fähre nach Malcesine und mit der Seilbahn **6** hoch auf den Monte Baldo zu fahren. Von dort aus wollte sie mit dem Rad über den Monte Altissimo nach Prati di Nago **7** am Busatte-Park **8** vorbei zurück nach Torbole. Auf dieser Strecke musste sie sich konzentrieren und konnte es sich nicht leisten, Gedanken über einen Toten im Pool, abwesende Ärzte, Polizisten oder sonst was zu machen. Danach würde ihr schon etwas einfallen.

Sie wählte die Nummer von Yannick. Anrufbeantworter. Mit Sicherheit war er schon auf dem Weg. Er wollte ja so schnell wie möglich nachkommen. Wahrscheinlich war er gerade in einem Funkloch.

Wie hatten sie sich auf diesen Urlaub gefreut! Zusammen an den Gardasee fahren. Ihren Gardasee, den sie schon so lange kannte. Diesmal ohne die Familie. Und auch nicht wie so oft allein. Diesmal mit Yannick.

Surfen **9**, Klettern, Wandern, Radfahren **10**. Davon träumen, einmal bei der Tour Transalp mitzumachen. Aber dann war dieser elende Auftrag gekommen, den er sofort erledigen musste. Und sie war schon einmal vorausgefahren. Wenn Yannick heute Morgen schon da gewesen wäre, dann … Aber Yannick war nicht da, und sie war an den Pool gegangen.

Sie zwang sich, alles aus ihrem Hirn zu verbannen, was sie gesehen hatte. Stellte sich vor, wie es am Gardasee vor Hunderten von Jahren ausgesehen haben mochte. Hatte hier statt Motorrädern, Autos und Bikes, die jetzt die Straße verstopften, ein Pferdegespann neben dem anderen gestanden und sich unerträglicher Gestank aus den Gassen voller Abfall mit der Seeluft vermischt? Damals im Deutschunterricht hatte der Lehrer die ganze Szenerie vor ihrem inneren Auge aufleben lassen. »Iphigenie auf Tauris« – Goethe, der gerade mal einen Tag und eine Nacht in Torbole verbracht hatte, bevor er nach Malcesine weiterreiste, begann hier, an seinem berühmten Drama zu feilen. »Heute habe ich an der Iphigenie gearbeitet, es ist im Angesicht des Sees gut vonstattengegangen.« **11**

Die Inschrift auf der Tafel war ihnen herzlich egal gewesen. Manche Schüler hatten herumgealbert, andere nur zum Lehrer geschielt. An seinen Lippen hatten sie gehangen. Sie musste lächeln. Weil sie – und andere Mädchen aus ihrer Klasse – eine Zeit lang in den Kerl verschossen gewesen war. Mit Feuereifer hatten sie sogar alle die »Italienische Reise« gelesen. Alles nur wegen des neuen, gut aussehenden Deutschlehrers. Aber gegen Ende der Klassenfahrt war das vorbei. Der Gute hatte für die abschließenden Knutschorgien am Strand nicht wirklich Verständnis gehabt.

Wehmütig schaute sie hoch zur der Stelle, wo das Hotel stand. Alles wie immer. Fast. Ihr kleines, ganz persönliches Paradies war verloren. Nie mehr würde sie in dem Pool schwimmen können, ohne an den Toten zu denken und daran, dass die Albträume aus ihrer Kindheit wahr geworden waren. Selbst wenn der Pool gründlich desinfiziert würde. Nie wieder würde sie von dort oben hinunter auf den Gardasee schauen können, ohne dass die Erinnerungen hochkamen.

Die Menschenmenge am Kai wurde immer größer, das Schiff kam in Sicht. Und dann sah sie ihn. Keine zehn Meter entfernt. Den Mann vom Pool. Den größeren, jüngeren, der Matteo, den Nachtportier, begleitet hatte. Sie war sich sicher. Obwohl sie ihm heute Morgen nur einmal kurz in die Augen gesehen hatte. Und jetzt stand er hier. In einem schwarz-weiß gestreiften Radtrikot. Auf einem pinkfarbenen Mountainbike.

Sie drängte sich durch die Wartenden und fuhr mit ihrem Rad hektisch los. Hauptsache weg. Keine Verschnaufpause und Zeit zu überlegen auf der Fähre, sondern ab auf die Straße bis nach Malcesine. Sie ging aus dem Sattel und schaute im Wiegetritt nicht nach rechts oder links, vor allem nicht über die Schulter nach hinten. Sie musste schneller sein als er. Dachte für ein paar Minuten daran, einfach zurück zum Campingplatz und dann nach Hause zu fahren. Sich außer Reichweite bringen. Einfach abtauchen.

Wie einen Fremdkörper schrie sie das Wort aus ihrem Körper heraus. Abtauchen! Aber wie sollte sie es anders nennen? Sie fühlte sich verfolgt und versuchte zu entkommen. Und was tun, wenn sie ihn wirklich abgeschüttelt hatte? Was dann?

Sie überholte die ersten Rennradfahrer und Mountainbiker, grüßte mechanisch und schaltete noch einen Gang höher. Immer weiter. Wollte nicht mehr aufhören zu treten. Und wurde das Gefühl nicht los, dass es um ihr Leben ging. Nur weil sie zur falschen Zeit an einem Ort gewesen war, wo sie nicht hätte sein dürfen.

In der Seilbahn hoch zum Monte Baldo wurde sie langsam ruhiger und hatte dennoch keine Ahnung, wie das Ganze für sie weitergehen sollte. Die einzige Möglichkeit, die es gab, war, den Gardasee weit hinter sich zu lassen, weg von alledem. Mit dem Handy am Ohr betrachtete sie die Leute in der Gondel. Manche unterhielten sich angeregt, andere bewunderten stumm die Landschaft, freuten sich über die Aussicht, auf den weiteren Tagesverlauf. Yannick meldete sich immer noch nicht. Sie schimpfte leise vor sich hin. Konnte nicht glauben, dass sie hier mitten in Italien in einer Gondel stand und wie das letzte Dummchen hoffte, dass ihr Freund eine Antwort auf das Chaos in ihrem Kopf wusste. Sie musste dringend eine Entscheidung treffen.

Nichts würde sie beweisen können, gar nichts. Dennoch, in Torbole konnte sie einfach zur Polizei gehen, zu der Station direkt neben dem Rathaus. Sie würde denen die ganze Geschichte erzählen, ob sie ihr nun glaubten oder nicht. Würde ihnen den Mann beschreiben. Irgendwelche Spuren ließen sich am Pool vielleicht ja noch finden. Und wenn nicht, dann galt sie eben als eine überspannte Touristin mit Verfolgungswahn, aber solange sie in der Polizeistation war, konnte ihr nichts passieren. Sie würde sagen, sie fühle sich bedroht, und würde hysterisch auf Begleitschutz beharren, bis sie ihre Sachen vom Campingplatz zusammengepackt hätte. Und dann Abflug.

Irrsinn, alles kompletter Irrsinn.

Denn mitnichten war sie ihm entkommen. Dreimal begegnete sie ihm noch. Auf dem Monte Altissimo, kurz vor dem Abenteuerpark, und dann in Torbole. Sie glaubte erst an Einbildung, an Halluzinationen. Dachte, sie sei vollkommen überdreht. Aber er war es. Schwarz-weißes Trikot, pinkfarbenes Bike. Braun gebrannt, durchtrainiert bis in die letzte Muskelfaser und eigentlich viel zu groß für einen Rennradfahrer.

Von der grandiosen Landschaft hatte sie nichts mitbekommen. War gefahren wie eine nicht abzustellende Maschine. Hatte die Route abgespult, die Schmerzen in ihren Knien und das Brennen in den Oberschenkeln ignoriert und blieb möglichst immer in der Nähe anderer Touristen. Zurück in Torbole hatte sie sich auf dem Campingplatz schnell geduscht, umgezogen und im »Wind's« **12** mitten unter die Leute an einen Tisch gesetzt. Völlig ausgelaugt. Wollte noch kurz verschnaufen und eine Kleinigkeit essen, bevor sie in die Polizeistation ihre Aussage machte und die Sache mit dem Toten im Pool zur Sprache brachte.

Plötzlich ging er an ihr vorbei, als sei nichts gewesen.

Schaute sie nicht an. Schwieg.

Setzte sich an den Nebentisch.

In Sekundenschnelle beschloss sie, die Flucht nach vorn anzutreten und ihn einfach anzusprechen. Auf Deutsch.

Sie beugte sich zu ihm hinüber, sah die kleinen Schweißperlen auf seiner Stirn und sagte leise, aber doch so laut, dass er es hören konnte: »Mord. Es war Mord!«

Ein leichtes, kaum wahrnehmbares Zucken seiner Wangen verriet ihn. Er hatte sie verstanden. Doch er schaute noch eine ganze Weile auf die Straße, bis er sich endlich zu ihr umdrehte.

»Es wird Zeit!«, sagte er ruhig. »Zeit zu reden.«

Dabei schaute er sie unverhohlen an. Nichts in diesem Blick flößte ihr Angst ein. Es ließ auch keine Panik in ihr hochkommen.

Im Gegenteil.

Noch nicht einmal Yannick oder irgendein anderer Freund zuvor hatte sie je so angesehen. Wenn überhaupt, dann ihr Vater. Wenn er sie auf den Arm genommen und durch die Luft gewirbelt hatte. Davon hatte sie nie genug bekommen. War durstig vor lauter Lachen geworden. Und wenn er mit einem Glas in der Hand in die Hocke gegangen war und seiner Jule direkt in die Augen gesehen hatte, war sie ihm mit ihren kleinen Armen stürmisch um den Hals gefallen. Ihrem Papa. Der immer so gut gerochen, der so viel mit ihr gelacht, der sie einfach nur lieb gehabt hatte. Und wie sie als Kind nicht begriffen hatte, warum er auf einmal nicht mehr da gewesen war, sondern im Himmel. Von wo er seither als Stern auf sie herabschaute. Sie beschützte.

Ihr schossen die Tränen in die Augen.

Warum hatte er sie heute nicht beschützt? Sie spürte einen Kloß im Hals und sprang auf.

»Setz dich wieder hin«, hörte sie den Mann mit den dunklen Augen sagen, der gleichzeitig aufgestanden und mit seinem Mund dicht neben ihrem Ohr war. »Bitte. Und hör mir einfach kurz zu, Jule.«

Er kannte ihren Kosenamen, den immer nur ihr Vater benutzt hatte.

Sie schaute ihn fassungslos an. »Woher …?« Weiter kam sie nicht. Alles drehte sich in ihrem Kopf. Sie hatte den ganzen Tag nichts gegessen, kaum etwas getrunken. Langsam konnte sie nicht mehr klar denken. Matt ließ sie sich wieder auf den Stuhl fallen.

Das Geplappere der Menschen um sie herum wurde immer lauter, fraß sich in ihren schmerzenden Schädel. Sie schloss die Augen und legte ihre Hände auf das Gesicht, fühlte, wie die Adern an ihren Schläfen pulsierten.

Der Mann nahm ihre Hand und flüsterte: »Alles wird gut, Jule. Glaub mir!«

Gern hätte sie ihn gefragt, wie er darauf käme, aber ihr Gaumen war wie zubetoniert. Kurze Zeit später spürte sie ein Glas an ihren Lippen. Cola. Ohne Ende sinnloser Zucker, dachte sie, ich sitze ruhig hier und trinke eiskalte Cola wie eine Touristin im Urlaub, während neben mir vermutlich ein Mörder sitzt. Wahrscheinlich bin ich schon komplett durchgedreht.

Gierig schluckte sie die kühle, klebrige Flüssigkeit.

»Lass uns ein Stück gehen.« Der Mann fuhr sich mit der Hand durch seine Haare und stand auf. Warf einen Geldschein auf den Tisch, nickte dem Kellner zu. Und reichte ihr die Hand. »Ich heiße Stephan.«

»Juliane«, sagte sie reflexhaft und erhob sich ebenfalls. Dann fiel ihr wieder ein, dass er ihren Namen ja schon kannte, sie mit ihrem Kosenamen angesprochen hatte. Sie setzte neu an. »Woher …«

»Eine lange Geschichte«, unterbrach er sie. »Komm mit.«

Sie schaute sich um. Überall Menschen in Urlaubsstimmung. Hier konnte ihr nichts passieren. Hoffentlich. Noch war die Polizeistation in Reichweite.

»Warum bleiben wir nicht hier?«, fragte sie.

»Zu viele Ohren«, antwortete er.

»Zu viele Ohren für was?« Sie blieb stehen.

»Für das, was du heute Morgen gesehen hast und am besten wieder vergessen solltest.« Er machte eine kurze Pause. »Und für die Vergangenheit. Deine Vergangenheit. Oder deine Zukunft. Wie man's nimmt.«

Piazza Goethe. Wie oft war sie hier schon entlanggelaufen? Jetzt mit diesem wildfremden Mann, der sie anscheinend kannte. Nicht erst seit heute Morgen, wie es schien. Stephan ... Unendlich viele Gedanken und Fragen drängten sich ihr auf, doch sie schwieg, wartete auf Erklärungen. Sie gingen am Belvedere **13** vorbei, hinauf zum alten Valle di Santa Lucia **14** .

Wieder fiel ihr der Deutschlehrer ein, der damals zwischen den alten Olivenbäumen gestanden und Goethe zitiert hatte. »Die Feigenbäume hatten mich schon den Weg herauf häufig begleitet, und indem ich in das Felsamphitheater hinabstieg, fand ich die ersten Ölbäume voller Oliven.« **15**

In bunten Sommerkleidern und mit Sonnenbrand auf der Nase hatten sie um den Lehrer herumgestanden und über die gestelzten Worte gekichert. Bilder aus einer anderen Zeit.

Stephan hatte ihren Lieblingsweg hier am Gardasee eingeschlagen. Einen meist menschenleeren Weg, einen historischen Weg voller Erinnerungen. Nicht nur Goethe oder Dante waren hier auf diesen alten Pflastersteinen gelaufen, sondern auch Heerscharen von Römern, außerdem die Venezianer, die ganze Schiffe von über 2.000 Pferden durch dieses Tal hatten transportieren lassen, um eine Seeschlacht gegen die Mailänder zu gewinnen. Und irgendwann sie und Paolo. Ihre erste Liebe.

Ich muss wirklich völlig übergeschnappt sein, dachte sie. Mein erster Kuss kommt mir in den Sinn, während ich auf einem der einsamsten Wege, den ich kenne –

»Wir werden gleich deine Mutter treffen«, sagte Stephan.

»Meine Mutter ist letztes Jahr an Krebs ...«

»Ich spreche von deiner richtigen Mutter.«

Sie blieb ruckartig stehen, schüttelte ungläubig den Kopf. »Meine richtige ... Was meinst du damit?«

»Vielleicht hättest du es nie erfahren, aber uns blieb jetzt keine andere Wahl«, unterbrach er sie.

Er zeigte ihr einen Ausweis. Stephan Ullrich, Bundeskriminalamt.

Gefälscht, dachte sie, der kann nur gefälscht sein. Der verschleppt mich hier als unliebsame Zeugin und wartet, bis wir eine geeignete Stelle erreichen, um mich zum Schweigen zu bringen. Da hilft mir auch nicht mehr das bisschen Selbstverteidigung, was ich kann.

Wie aus dem Nichts tauchten plötzlich zwei junge Frauen in Outdoor-Kleidung neben ihnen auf. »Zwei Kolleginnen, die mich in Italien unterstützen«, fuhr er fort, »und denen du vertrauen kannst.«

Die Frauen zeigten ihr ebenfalls ihre Dienstausweise. Francesca Malese und Emma Ruggeri von der »Carabinieri Comando Provinciale, Compagnia e Stazione Trento«. Entgeistert starrte sie auf die Ausweise, während die Frauen auf sie einredeten. Dass sie keine Angst zu haben brauche, dass ihr alles wahrscheinlich sehr seltsam vorkäme, dass es aber nicht anders ginge. Sie sähen sich gezwungen, gewisse Maßnahmen zu ergreifen. Und jetzt müssten sie ihr die Wahrheit erzählen. Dies wäre vielleicht nicht die richtige Zeit und der richtige Ort, aber …

Doch je mehr auf sie einprasselte, desto weniger verstand sie von alledem. Aus ihren Mündern sah sie Worte hervorquellen, die keinen Sinn ergaben. Sah Frauen, die für die Witterung viel zu dick angezogen waren. Sah in der Ferne den See im Sonnenlicht glitzern.

Was soll das alles hier, schoss ihr durch den Kopf. Was hat das mit mir zu tun?

Wirr, alles einfach nur wirr.

Sie wollte Urlaub am Gardasee machen. Sonst nichts. Und jetzt stand sie hier auf uralten Pflastersteinen, über ihr ein strahlend blauer Himmel, spürte den lauwarmen Wind, der durch ihre Haare wehte, und hörte drei angeblichen Polizisten zu, die sie überhaupt nicht kannte, die aber *sie* kannten. Kurz entschlossen rannte sie einfach los. Schon hatte sie die ersten Meter Richtung Torbole zurückgelegt.

»Wenn du jetzt gehst, Jule, sind deine Stunden gezählt«, rief Stephan. »Sie werden dich finden und dann …«

»Was dann?«, schrie sie zurück und blieb stehen, alarmiert. Wer würde sie … finden? »Ich habe nichts getan, gar nichts. Im Gegensatz zu dir. Du warst heute Morgen …«

»Hör einfach nur zu jetzt, wir haben nicht mehr viel Zeit«, fiel er ihr ins Wort. Mit raschen Schritten lief er zu ihr und zog sie sanft am Arm. »Wir müssen weiter.«

Und dann erzählten sie ihr beim Gehen eine Geschichte, die sie nicht glauben konnte. Sie erfuhr, dass ihre Albträume wahr waren.

Dass sie als kleines Kind, fast noch ein Baby, an der Hand ihrer Mutter tatsächlich gesehen hatte, wie ein Mann tot im Pool lag. Erschossen. Dass ihre Mutter daraufhin flüchtete und sie, ihre Tochter, bei einer Freundin abgab, um bei der Polizei auszusagen. Als Zeugin. Dass sie den Täter genau beschrieb und von ihren langjährigen Vermutungen und Befürchtungen erzählte. Und wie ihre Mutter dann von der Polizei die Wahrheit erfuhr. Dass sie mit ihrem Verdacht richtig lag. Dass sie unwissentlich mit einem international gesuchten Verbrecher zusammengelebt hatte.

Sie sagten es Juliane geradewegs ins Gesicht. Ohne Vorwarnung.

Dein Vater, ein Mörder. Ein Mann, der mit einem kriminellen Netzwerk verbunden war, das international agierte. Und wie ihre Mutter danach zusammenbrach, als sie ihr eröffneten, was ihr nun bevorstand. Ein Leben ohne ihre Tochter, wenn sie Juliane eine Zukunft ohne Vergangenheit geben wollte.

Kronzeugenregelung, Schutzhaft, Zeugenschutzprogramm. **16**

Ende eines bis dahin gelebten Lebens. Nie mehr zurück. Ein Leben auf der Flucht. Ihre Mutter hatte alles und jeden verraten. Ohne an die Konsequenzen zu denken.

Sie zeigten ihr Fotos. Sie als Neugeborenes, als Schulkind, als Abiturientin. Auf dem Fahrrad, mit ihrer ersten Medaille im Schwimmen, beim Tennis. Und Fotos von Urlauben am Gardasee.

Mit ihren Adoptiveltern.

Adoptiveltern. Das Wort wollte nicht in ihren Kopf. Sonja und Hannes waren doch ihre Eltern. Niemand anderes.

Und doch hörte sie zu, während sie auf dem Fußweg stetig weitergingen. Dass sie ursprünglich auf den Namen Tanja getauft gewesen war, aber diesen Namen nicht hatte behalten können. Sie durfte nicht ausfindig gemacht werden. Sie durfte ihre Mutter nie wiedersehen. Ihre richtige Mutter. Das Netzwerk hätte Verbindungen herstellen können. Und getötet. Verräter mussten liquidiert werden. Und doch hatte Juliane sie immer wieder getroffen. Am Gardasee. Nur, dass sie nicht gewusst hatte, wer diese Frau wirklich gewesen war. Eine Frau, die im Laden zufällig neben ihr gestanden, ihr ein kleines Geschenk gekauft hatte. Bunte Haarspangen. Die am Strand an ihr vorbeigelaufen war und freundlich zugewinkt hatte. Die ein kurzes, belangloses Gespräch auf der Fähre mir ihr geführt hatte. Und sie erinnerte sich an Sonja, die immer dabei gewesen war und der sie hinterher Fragen gestellt hatte. Viele Fragen, die alle unbeantwortet geblieben waren. Und jetzt wusste sie warum.

Ihr Hals wurde trocken, das Schlucken war eine einzige Qual. Eine der Polizistinnen reichte ihr eine Wasserflasche. Abwesend trank sie. Nichts stimmte mehr. So viele Lügen. Ihre Vergangenheit – eine gespielte Idylle.

Das glaubt mir niemand, dachte sie. So etwas passiert doch immer nur anderen Leuten. Oder in schlechten Filmen. Sie lachte auf. Verzweifelt. Tränen liefen ihr über das Gesicht. Die müssen mich verwechseln. Nichts stimmt von alledem.

Doch die Fotos sprachen eine andere Sprache. Das war eindeutig sie auf den gestochen scharfen Abzügen, und diese drei Fremden wussten mehr über ihr Leben als sie selbst. Viel mehr, wie sich an so vielen Einzelheiten zeigte, die sie sprachlos machten. Als hätten die Polizisten gemeinsam mit ihr in einem Haus gelebt und sie Schritt für Schritt begleitet. Sie konnte nicht fassen, dass sie von alledem rein gar nichts bemerkt hatte.

Der Eingang zum verfallenen Castel Penede **17** war nur noch wenige Meter entfernt. Wie oft hatte sie hier schon gesessen, gelesen und ihren Gedanken nachgehangen? Und nun sollte sie an diesem Ort ihre leibliche Mutter treffen. Ohne Zeugen. Das hatte ihr Stephan erst am Schluss eröffnet. »Es mussten Vorbereitungen getroffen werden, verstehst du? Francesca und Emma werden bei dir bleiben.«

Gedankenlos nickte sie, während Stefan ungeduldig weiterredete.

Dass der Weg für andere Wanderer nach ihnen gesperrt worden sei. Dass die Begegnung absoluter Geheimhaltung unterliege. Dass sie sich beeilen müssten.

Dann rannte er los.

Immer stärker blies ihr der Wind um die Ohren. Man konnte sich dagegen lehnen ohne umzufallen. Früher hatte sie diese Momente genossen. Sich vorgestellt zu schweben, davonzufliegen. Jetzt stemmte sie sich einfach nur dagegen, um vorwärtszukommen.

Die beiden Polizistinnen näherten sich einem Torbogen der Ruine, wechselten Blicke und machten ihr Platz, damit sie passieren konnte.

Wenn das alles stimmte, was sie in den letzten Minuten erfahren hatte, dann würde sie gleich ihre Mutter treffen. Die

Frau, die sie geboren und verlassen hatte. Von ihr würde sie die Wahrheit erfahren. Ihre Wahrheit. Sie überlegte, was sie dieser Frau sagen könnte. Dachte an die Frau in den Urlauben und suchte nach einem Bild.

Doch sie sah nur ... Steine. Verfallenes, moosbewachsenes Gemäuer.

Sonst nichts.

Und plötzlich glaubte sie, ihren Namen zu hören. Sie drehte sich zur Seite. Und sah Yannick, wie er auf sie zukam. Noch einmal ihren Namen rief. »Juliane!«

Dann sah sie die Pistole in seiner Hand. Hörte einen Knall.

Sie wollte ihn auch beim Namen rufen, doch etwas prallte gegen ihren Kopf, gegen ihren ganzen Körper und riss sie gewaltsam zu Boden. Dann verlor sie das Bewusstsein.

Das Nächste, was sie spürte, war harte trockene Erde an ihrer Wange, Staub in ihrem Mund. Sie bekam keine Luft mehr, auch weil ein zentnerschweres Gewicht auf ihrem Körper lastete. Etwas Warmes lief ihr an der Schläfe hinunter. Sie hätte es sich gerne aus dem Gesicht gewischt, aber sie konnte sich kaum bewegen. War froh, wenigstens Atem schöpfen zu können.

Mit einem Mal war der Druck weg. Sie wurde hochgehoben, ein Stück weit getragen, kam taumelnd auf die Beine, hörte wieder und wieder ihren Namen. Blechern. Von einer fremden Stimme.

Sie öffnete langsam die Augen. Blinzelte. Sah einen schwarzen Helm. Wie ihn Motorradfahrer trugen.

»Tutto bene«, sagte der Helm.

Stephan tauchte neben dem Motorradmann auf, stützte sie. Sie zählte noch mehr Motorradfahrer, überall in der Ruine verteilt. Keine Motorradfahrer, sondern ein Sondereinsatzkommando. Die Gruppo di Intervento Speciale, kurz GIS 18 genannt, wie Stephan ihr erklärte.

Und an der Stelle, an der sie bis vor Kurzem noch Yannick gesehen hatte, sah sie eine Gestalt, die von der GIS auf dem Boden fixiert wurde. Hörte Flüche.

»Er kann dir nichts mehr tun.«

Sie drehte ihren Kopf zu Stephan. »Wer kann mir nichts ...« Sie brach ab, weil sie die Antwort wusste. Yannick.

Doch sie ahnte noch viel mehr. Nichts von alledem war Zufall gewesen. Abgesehen von ihrer Idee, am Morgen in dem Hotelpool schwimmen zu gehen. Stephans Worte erreichten nach und nach ihr Gehirn.

»Die Arme der Netzwerkes sind lang«, sagte er. Das Zeugenschutzprogramm sei löchrig geworden, die neue Identität ihrer Mutter aufgeflogen. Und über ihre Mutter hatten sie deren nichtsahnende Tochter gefunden, Juliane. Sie wollten Rache. Ein Zeichen setzen. Immer noch, nach so vielen Jahren.

Stephan erklärte auch die Sache mit dem Toten im Pool. Ein Killer, der ihrer Mutter zu nah gekommen war. Und entsorgt werden musste. Unauffällig.

Yannick, der alles andere als ein verständnisvoller Freund gewesen war, sondern ein Informant, der sich ihr Vertrauen erschlichen hatte. Und hier gebührend empfangen worden war. Von einer ganzen Kompanie von Polizisten.

»Wie hat er mich gefunden?«, fragte sie.

»Du hast ihm mit deinem Handy den Weg gezeigt«, gab Stephan zurück.

Sie starrte ihn an. Zog ihr Handy aus der Tasche. Schleuderte es angewidert von sich. Sah das Display im Sonnenlicht funkeln und dachte an all die verlogenen Liebesschwüre von Yannick, die darauf gespeichert waren.

Lügen, immer nur Lügen.

Sie sah, wie Yannick von den Polizisten abgeführt und eine der beiden Carabinieri-Frauen auf einer Trage abtransportiert wurde.

»Francesca wird schon wieder«, sagte Stephan.

Juliane stand auf, wollte zu Francesca gehen. Sich bei ihr bedanken. Bei der Frau, die sie zu Boden geworfen hatte. Ohne die sie wahrscheinlich gar nicht mehr leben würde.

»Bleib.« Stephan hielt sie zurück. »Es ist nur ein Streifschuss am Oberarm. Eine Schutzweste deckt leider nicht alles ab. Berufsrisiko. Aber du kannst sie irgendwann einmal besuchen. Vielleicht bringst du ihr Blumen mit. Obwohl ihr Grappa wahrscheinlich lieber wäre.«

Er brachte sie zum Schmunzeln. Dennoch konnte sie immer noch nicht fassen, was in den letzten Minuten passiert war.

»Und jetzt?«, fragte sie.

»Du hast den ersten Schritt schon gemacht.«

»Welchen?« Ungläubig schaute sie ihn an.

»Du wirst in deinem neuen Leben nichts mehr brauchen. Nichts von dem, was dir bis jetzt vertraut war. Auch dein Handy nicht mehr.« Er grinste. »Na ja, vielleicht ein anderes.«

»Was soll das heißen, ›neues Leben‹? ›Gar kein Leben‹ wäre die richtige Formulierung. Ihr habt mich als Köder benutzt. Euch war es scheißegal, was mit mir passiert«, schrie sie ihn wütend an. »Ihr hattet nicht einen Funken Skrupel.« Tiefe Leere machte sich in ihr breit. Aber nur für einen Moment. Einer der GIS-Männer kam auf sie zu.

»Tutto assicurato. Alles gesichert«, sagte er zu Stephan, der kurz nickte und den Daumen hob.

Eine Sekunde später hörte sie einen Knall, dann einen zweiten. Sah, wie neben ihr Stephan zusammensackte und der Mann die Pistole jetzt auf sie richtete.

»La vendetta non muore mai. Die Rache stirbt nie.« Er nahm seinen Helm ab.

Das Netzwerk wusste sich zu tarnen, und wie hatte Stephan gesagt? Seine Arme sind lang.

»Willst du deine Mutter kennenlernen?«, fuhr der Mann fort. »Deine richtige Mutter?«

»Ja«, sagte sie tonlos und wusste im gleichen Augenblick, dass der Blick auf den Gardasee das Letzte sein würde, was sie in ihrem Leben sehen würde.

1 Hätten Sie gewusst, dass die allgemeine Notrufnummer 112 in ganz Europa gilt? In Italien landet man zunächst bei der nächsten Carabinieri, die bei Bedarf an die nächste Rettungsstation weiterleitet. Die Notfallnummer ist auch mit Handys ohne Guthaben erreichbar. Und falls Sie mit Ihrem Handy keinen Empfang haben: Schalten Sie das Handy aus und wieder ein und geben Sie statt der PIN die Notrufnummer 112 ein. Sie werden dann ggf. auf ein anderes Netz umgeleitet.

2 Das Hotel ist frei erfunden, aber es gibt von Torbole aus (auf der Via Europa und der SS 240) in Richtung Nago einige Hotels, die oberhalb des Gardasees liegen und eine wunderschöne Aussicht bieten, zum Beispiel das Aktivhotel Santalucia.

3 Trubel (ital. Torbole) ist im wahrsten Sinne des Wortes ein trubeliger, lebendiger Ort. Hier findet sich alles, was das Sportlerherz begehrt, Möglichkeiten zum Surfen, Klettern, Wandern und Radfahren. Und natürlich gibt es in Torbole neben vielen Hotels und Pensionen auch Campingplätze. Ob direkt in der Altstadt oder direkt am See, für jeden Geschmack ist etwas dabei, etwa das »Europa« direkt am Surferstrand oder der »Arco Lido«.

4 Ein Kulttreff für Mountain-Biker an der Straße zwischen Riva und Torbole: 1962 wurde die Bar von Aldo Beltrami unter dem Namen »Mecki Bar e Tabacchi« eröffnet und 1999 umbenannt in »Mecki's Bike & Coffee«, bestehend aus einem Radladen und einem Café.

In dem Laden, der vom Stil eines kalifornischen Surf-shops inspiriert ist, findet man alles für den MTB-Bedarf, auch Sportkleidung der Eigenmarke. Die Cafébar ist für ihre Toasts und Panini bekannt, hier trifft man sich am Anfang einer Radtour zum Frühstück, oder man kehrt nach einem langen Tag im Sattel zu einem Weißbier, einem Cocktail oder dergleichen ein. Es ist immer viel los. Gäste des Cafés bekommen im Laden einen kleinen Preisnachlass.

5 Direkt auf der Mole des kleinen Hafens von Nago-Torbole liegt das im 18. Jahrhundert errichtete, pittoreske Zollhäuschen. Bis zum Ersten Weltkrieg verlief hier die Grenze zwischen Österreich und Italien. Doch die Anfänge des Häuschens reichen bis in die venezianische Zeit zurück, ein Relief an der Außenmauer erinnert daran. Wenn in den Sommermonaten das Zollhaus zum Teil als Bar genutzt wird, schmeckt hier ein Aperitif besonders gut mit Rundumsicht auf die Uferpromenade, das Hafenbecken, die vertäuten Boote und den Lago.

6 Am Gardasee empfiehlt es sich, die stark befahrene Gardesana zu meiden und sich stattdessen auf dem Wasser fortzubewegen. Ein dichtes Netz an Fährverbindungen umfasst sowohl Kurzstrecken von einem Ort zum nächsten als auch längere Touren zum Beispiel zu den Wochenmärkten, die täglich in jeweils anderen Dörfern und Städten stattfinden. Darüber hinaus kann man Panoramafahrten auf Ausflugsdampfern buchen oder die zeitsparenden Tragflächenboote benutzen. Mit Autofähren gelangt man schnell auf die andere Uferseite und kann den Wagen mitnehmen. Am besten, man besorgt

sich schon bei der Anreise einen Fahrplan an den Ticket-
büros oder in den Touristeninfos. Im Internet: www.
gardasee.de/faehren

Die Seilbahn Funivia Malcesine-Monte Baldo ist nicht
nur wegen der herrlichen Panoramafahrt, sondern auch
wegen ihrer einzigartigen Drehkabinen eine Touristen-
attraktion und eine der modernsten Seilbahnanlagen
weltweit.

Mehr Infos unter www.funiviedelbaldo.it

... und an einem Samstag in Malcesine über den Markt
zu schlendern, macht einfach Spaß!

7 Der Monte Baldo (2.218 Meter) ist ein etwa 30 Kilometer langer Bergrücken, der schon rein optisch das Ostufer des Gardasees bis hinunter nach Garda beherrscht.
Sein geologischer Ursprung lässt sich auf Kalkablage-
rungen zurückzuführen. Als Paradies für Naturliebha-
ber wird er von Botanikern »Hortus Europae« genannt
aufgrund seiner außergewöhnlichen Pflanzenwelt und
seines Artenreichtums. Der Monte Baldo ist beispielsweise über den »Sentiero delle Creste«, der sich über
den Gebirgskamm erstreckt, zu erreichen. Großartige
Ausblicke inklusive.

Auch der Monte Altissimo (2.078 Meter) gehört zu den
Gardasee-Bergen. Auf dem Gipfel befinden sich der
Rifugio Altissimo Damiano Chiesa (Altissimo-Hütte),
eine bewirtschaftete Schutzhütte des Trentiner Alpen-
vereins, sowie eine kleine Kapelle ganz in der Nähe.

Die Prati di Nago, die Wiesen von Nago, erstrecken
sich zwischen dem Dos Remìt (1.223 Meter) und dem
Monte Varagna (1.780 Meter), beides nördliche Ausläu-

fer des Massivs des Monte Altissimo di Nago-Monte Baldo. Die Gegend wurde früher als Alm für Kühe oder Schafe genutzt.

8 Für Familien mit Kindern ist der Busatte-Park ein besonderes Erlebnis. Der Hochseilpark mit Seilbahnen, Lianen, Netzen, Nepal-Brücken und Gleichgewichtsspielen macht allen Spaß. Außerdem gibt es eine Bike-Arena mit Cross Country für MTB sowie eine große BMX-Piste und jede Menge Möglichkeiten für ein ruhiges Picknick unter Pinien und Olivenbäumen. Mehr Infos unter www.busatteadventure.it.

9 Mit dem Wind den Gardasee entdecken: Für Surfer ist der Gardasee ein Paradies – ob für blutige Anfänger/innen oder erfahrene Profis. Gerade die Nordspitze des Sees hat hervorragend windige Voraussetzungen für ganz spezielle Surferlebnisse. In Torbole gibt es jede Menge Surfstationen, die nicht nur Bretter verleihen, sondern auch Surfunterricht anbieten, wie z. B. das Surfcenter Lido Blu, das Shaka Surf oder Surf Segana.

10 Radfahren ist am Gardasee in allen Variationen ein Erlebnis. Ob mit dem Mountainbike, dem Rennrad oder dem E-Bike – für alle Schwierigkeits- und Fitnessgrade wird etwas geboten. Mehr Infos zu abwechslungsreichen Radtouren finden Sie u. a. unter www.outdooractive.com, www.bikemap.net und www.quaeldich.de.

11 Dieses Zitat von Goethe (aus: Tagebücher, 12. September 1786) ist als Inschrift auf der Tafel, die der Wiener Goethe-Verein zur Feier des 150. Geburtstages gespendet hat, an der Piazza Goethe verewigt.

12 Beliebter Treff in Torbole für junge Leute und Sportler aller Couleur, zentral an der Durchgangsstraße Lungolago Verona. Gelegentlich treten in der Wind's Bar Live-Bands auf. Hier gibt es neben Snacks und Salaten auch eine große Auswahl an Cocktails: www.windsbar.com.

In der »Wind's Bar« wird Kaffee vom Omkafè ausgeschenkt, und wenn Sie Lust haben, etwas über die Geschichte von Kaffee oder die richtige Zubereitung von Espresso kennenzulernen, dann ist ein Besuch im Kaffeemuseum vom Omkafè in Arco (unweit von Torbole) ein absolutes Muss!

Omkafè srl, Via Aldo Moro 7, 38062 Arco, www.omkafe.com

13 Wenige Minuten von Torbole entfernt befindet sich eine Aussichtsplattform, die einen traumhaften Blick über den Ort, den Gardasee und die Berge eröffnet. Früher stand an dieser Stelle vermutlich eine ehemalige Siedlung oder ein Turm.

14 Das Tal Valle di Santa Lucia war über Jahrhunderte der Hauptverbindungsweg zwischen dem Gardasee und der ruhigen Ortschaft Nago. Es erhielt seinen Namen von einem der heiligen Lucia geweihten Kapelle. Eine Gedenktafel aus Bronze am Zollhäuschen von Torbole erinnert an das gewaltige Unternehmen der Venezianer im Jahr 1439: Sie zogen auf der Etsch bis nach Ravazzone große Galeeren und zahlreiche Boote flussaufwärts, die sie auf einem nahezu unzugänglichen Weg bis nach Torbole transportierten, wo sie zu Wasser gelassen wurden, um sich der Mailänder Visconti-Flotte zu stellen. Auch J. W. Goethe erreichte den Gardasee auf diesem

Weg. Noch heute kann man ihn begehen: Ein wunderbarer Spaziergang führt von Torbole über die Strada Santa Lucia durch Olivenhaine nach Nago und belohnt mit grandiosen Ausblicken auf den nördlichen Gardasee.

15 Dieses und das folgende Zitat von Johann Wolfgang von Goethe, aus: Italienische Reise, Kap. 4 »Vom Brenner bis Verona« (Torbole, den 12. September 1786, nach Tische): »Heute Abend hätte ich können in Verona sein, aber es lag mir noch eine herrliche Naturwirkung an der Seite, ein köstliches Schauspiel, der Gardasee, den wollte ich nicht versäumen, und bin herrlich für meinen Umweg belohnt.«

16 Liegt eine Straftat von erheblicher Bedeutung vor (z. B. terroristische Gewalttaten oder organisierte Kriminalität) und ist bei einem Prozess die Aussage eines Zeugen/einer Zeugin unverzichtbar, kann diese/r zunächst in Schutzhaft genommen werden. Besteht für sie oder ihn nach dem Prozess eine Gefährdung aufgrund der Aussage, wird ein Zeugenschutzprogramm in Erwägung gezogen, mit neuen Papieren, neuer Identität und neuem Wohnort. Kontakt zu Verwandten oder ehemaligen Freunden ist nur unter großen Auflagen und auch nur über die Kontaktperson bei der Polizei möglich.

17 Die Burgruine bei Nago-Torbole wurde erstmals 1210 urkundlich erwähnt, doch die ehemalige Festung war schon in der Römerzeit bewohnt. Sie lag an der einst wichtigen Verbindungsstrecke zwischen dem Etschtal und dem Gardasee, wurde 1703 im Zuge des Spanischen Erbfolgekriegs aufgegeben und diente über zwei Jahrhunderte nur als Reservoir für Baumaterial. Von der

Piazza Goethe bis zu den Burgruinen wandert man ca. zwei Stunden.

Eine zweite Festungsanlage, das Forte di Nago, wurde Mitte des 19. Jahrhunderts erbaut und beherbergt heute das liebenswerte Restaurant Al Fortino (Via Europa 3, 38069 Nago-Torbole) mit hervorragender Küche. Hier erwartet Sie nicht nur ein zuvorkommender Service und eine anspruchsvolle mediterrane Küche, sondern auch ein fantastischer Ausblick auf den Gardasee und Umgebung!

… und wenn Sie schon einmal in Nago sind, dann lohnt sich unbedingt ein kleiner Ausflug zu den Marmitte dei Giganti. Ein kurzer Wanderweg von ca. 15 Minuten führt Sie zu einer atemberaubenden Felsformation. Schmelzwasser der Eiszeit hat das Gestein über Jahrtausende strudelartig zu den »Schüsseln der Riesen« ausgewaschen.

18 Die 120 Mann starke Anti-Terror-Spezialeinheit der italienischen Carabinieri, die Gruppo di Intervento Speciale (GIS) wird unter anderem bei Geiselbefreiungen oder bei der Bekämpfung der Organisierten Kriminalität eingesetzt. Sie arbeitet mit den anderen 38 europäischen Polizei-Spezialeinheiten zusammen, so auch mit der deutschen Polizei.

GÜNTER NEUWIRTH
GASLICHTER AM SEE

IDROSEE

»Elke, dein Bruder muss verrückt sein!«

Alle lachten.

In Heidruns Ohren hörte sich das Gelächter gleichermaßen erschöpft wie überdreht an. Eine seltsame Mischung, wie Heidrun fand. Sie war am Ende ihrer Kräfte.

Patrick stemmte seine Fäuste in die Hüften und schaute über den verwitterten Holzzaun zur Hütte. Er schüttelte den Kopf. »Und in dieser Bruchbude sollen wir drei Tage hausen?«

In Leons Miene spiegelte sich seine Begeisterung, er wies mit großer Geste um sich.

»Willkommen am Idrosee! [1] Ein Bootssteg, klares Wasser, dicht bewaldete Berge, reine Luft und die strahlende Sonne der italienischen Alpen. Und natürlich kein Strom, kein Fernsehen, kein Handyempfang. So schaut das Paradies aus.«

Patrick ächzte. »Ein Paradies – für dich vielleicht. Für mich ist das eher eine weitere Schikane. Hat es nicht gereicht, dass du uns bis zur Erschöpfung die Berge hoch und wieder runter gejagt hast?«

Wieder lachten alle.

Heidrun war stolz auf ihren Mann. Patrick trainierte zweimal pro Woche im Fitnesscenter, aber er trug einige überzählige Kilo am Leib. Trotzdem hatte er stets Schritt halten können. Für sie selbst war die Bergtour mehr als eine Befreiung, sie lebte endlich wieder richtig auf.

Es war Elkes Idee gewesen, eine Woche zu viert nach Norditalien zu reisen. In der Hälfte der Zeit wollten sie die Berge der Adamellogruppe **2** erwandern, die andere Hälfte gemütlich am stillen Idrosee verbringen. Elkes um zwei Jahre jüngerer Bruder Leon hatte sich extra Zeit genommen, um mit Heidrun, Patrick und Elke nach Italien zu fahren. Leon hielt sich sommers wie winters die meiste Zeit über in den Alpen auf, führte Gruppen auf den Großglockner, gab Skiunterricht in Schladming oder bestieg mit seinen Bergkameraden die steilen Grate der Dolomiten.

Am ersten Tag ihres Aufenthalts hatten sie sich einige der prähistorischen Felsritzungen im Val Camonica **3** angesehen. Heidrun war begeistert gewesen. Man schätzte, dass die ältesten Petroglyphen vor ungefähr 8.000 Jahren entstanden waren, ein beeindruckendes Alter. Sie hatten in einer schlichten Herberge in Breno **4** übernachtet.

Dann waren sie drei Tage im Gebirge gewesen. Die Wanderung war Heidrun wie ein Wunder vorgekommen. Jetzt standen sie vor einer schlichten Hütte am Idrosee. Heidrun liebte auf den ersten Blick jedes Holzbrett, die Planken des Bootssteges, die Feuerstelle vor der Hütte und den mächtigen schattenspendenden Baum.

Leon öffnete das Gartentor und trat an die Hütte. Er hatte zuvor beim Vermieter den Schlüssel besorgt. An die Hütte schloss eine Laube an, in der sich ein Tisch und zwei Bänke aus roh gezimmertem Holz befanden. Heidrun stellte ihren Rucksack neben den Tisch.

Elke trat neben sie und hakte sich bei ihr ein. »Na, wie geht es dir?«

»Es geht mir sehr gut, vielen Dank.«

Heidrun und Elke waren gemeinsam zur Schule gegangen, und selbst als Heidrun ihr Studium betrieben und Elke im Kulturmarketing beruflich Fuß gefasst hatte, hatte sich der Kontakt nicht verloren. Dafür war Heidrun sehr dankbar. Sie hatte Elke immer bewundert. Elke war schön, hatte Stil, sie war redegewandt und schlagfertig, sie hatte schnell Karriere gemacht und führte jetzt eine zwar kleine, aber gut vernetzte Eventagentur.

»Hast du deine Medikamente genommen?«

»Ja. Danke, Elke, dass du mich erinnerst.«

»Klar doch, Liebes.«

*

Heidrun schnitt Tomaten, Zwiebeln und Paprika für den Salat. Sie schaute kurz aus dem Fenster zum Steg. Die Männer waren dabei, das Boot flottzumachen. Am Idrosee waren lärmende Motorboote verboten. Heidrun genoss die Stille. Die Hütte befand sich im Ortsteil Parole am Ostufer des Idrosees. Direkt gegenüber am Westufer lag auf dem steil aufsteigenden Hang die alte Festung Rocca d'Anfo **5**. Heidrun und Elke bereiteten das Abendessen zu. Sie hatten sich am Marktplatz von Crone **6** ausreichend mit Nahrung und Wein eingedeckt. In den nächsten zwei Tagen würde es ihnen an nichts mangeln. Die Hütte verfügte zwar über keinen Stromanschluss, aber der Vermieter hatte ihnen erklärt, dass der Vorrat an Gasflaschen für mehrere Wochen reichen würde. Sie benötigten das Gas ja nur zum Kochen und für die Beleuchtung, nicht zum Heizen. Wenn die Nächte in den Bergen kalt waren, dann musste man sich eben in eine warme Decke wickeln oder den Holzofen anheizen. Aber in den nächsten Tagen war keine Wetterverschlechterung zu erwarten. Hochsommer in den Valli Giudicarie **7**.

Elke stand am Herd und bereitete den Risotto zu.

Heidrun schob das geschnittene Gemüse vom Schneidebrett in die voluminöse Salatschüssel. »Du, Elke …«

Elke schmeckte den Risotto ab, wiegte den Kopf und streute noch eine Prise Salz in den Topf.

»Elke?«

»Ja?«

»Wegen der Kontobewegung.«

Heidrun legte das Messer ab und knetete verlegen ihre Hände. Elke sah einfach toll aus, selbst ohne Schminke nach einer dreitägigen Bergtour und Übernachtungen in Matratzenlagern.

Elke wandte sich Heidrun zu. »Wegen welcher Kontobewegung?«

»Ich habe mein Konto angesehen, und ich habe den Eingang nicht gefunden.«

Elke runzelte die Stirn. »Hast du nicht?«

»Nein.«

»Du meinst die Überweisung vom letzten Mai?«

»Ja.«

»Wahrscheinlich hast du nicht genau geschaut.«

»100.000 Euro? Das wäre mir doch aufgefallen.«

Elke trat näher und legte ihre rechte Hand auf Heidruns Wange. Eine vertraute Geste. »Liebes, wo warst du wieder mit deinen Gedanken? Am besten, wir schauen dein Konto gemeinsam an.« Sie langte nach ihrem Smartphone und wischte darauf herum. »Leider kein Empfang, ich komme hier nicht ins Internet. Wir müssen warten, bis wir wieder zu Hause sind.«

»Aber du hast das Geld doch überwiesen, nicht wahr?«, fragte Heidrun.

»Natürlich! So wie vereinbart.«

»Ich habe die Kontobewegung nicht gefunden.«

»Dann hast du nicht richtig nachgeschaut.«

»Elke, du weißt, dass ich in Geldangelegenheiten immer ein bisschen unsicher bin, aber du gibst mir das geliehene Geld doch zurück, oder?«

»Ist doch logisch. Wie immer. Keine Sorge, zu Hause sehen wir uns das Konto gemeinsam an. Da wird sich alles klären.«

»Es hat mich verwirrt, den Kontoeingang nicht gefunden zu haben«, wiederholte Heidrun.

»Du darfst dich nicht verwirren lassen. Nimm immer deine Medikamente, dann wird alles gut.«

»Ich nehme sie ja.«

»Das ist schön.«

»Ich vermisse meinen Vater sehr.«

»Kann ich verstehen. Er war ein großer Mann.«

»All das viele Geld, das er mir vererbt hat. Und die Fabrik. Wenn Patrick und du nicht wärt, ich wüsste gar nicht, was ich alleine tun soll.«

Elke lächelte gewinnend. »Liebes, wir helfen dir gern. Du bist meine beste Freundin. Und du bist ein guter Mensch. Hast ein großes Herz.«

*

Sie saßen in der Laube zu Tisch. Der Risotto mit Salat hatte den ersten großen Hunger gestillt. Als Nachtisch hatten die beiden Frauen Mozzarella mit Tomaten und fein geschnittenem Parmaschinken vorbereitet. Patrick war eben dabei, die zweite Flasche Wein zu entkorken. Heidrun hatte auch ein Glas Raboso **8** getrunken, und sie war nicht nur vom Geschmack des hervorragenden Rotweins in einen Rausch der Leichtigkeit geraten. So unbeschwert hatte sie sich seit ewigen Zeiten nicht mehr gefühlt. Nun, da sie wegen der Medikamente praktisch nie trank, schoss der Wein auf direktem Weg in ihre Blutbahn.

Bei Sonnenaufgang des zweiten Tages waren sie vom Dorf Breno empor zur Rifugio Bazena **9** gefahren, hatten das Auto abgestellt und waren den Adamello-Höhenweg **10** in rund zweieinhalb Stunden Fußmarsch zum Lago della Vacca hochgestiegen. Im Rifugio Tita Secchi ▮11▮ auf 2.362 Metern Seehöhe hatten sie Quartier bezogen. Den Nachmittag hatten sie am kristallklaren Bergsee verbracht. Am dritten Tag waren sie weiter den Höhenweg empor bis zum Rifugio Maria e Franco ▮12▮ marschiert. Der über fünfstündige Aufstieg auf eine Höhe von 2.574 Metern hatte sie gehörig gefordert, aber mit einem kolossalen Rundumblick über die Gipfel des Adamello-Massivs belohnt.

Und die Sonne schien über den Südalpen niemals getrübt zu sein. Heidrun hatte wieder Glück in sich gefühlt. Die Dunkelheit des letzten Winters war endgültig in Vergessenheit geraten. Heidrun dankte ihrer langjährigen Freundin Elke für die Idee zu dieser Reise. Selbst Patrick, der Bergtouren normalerweise für eine schweißtreibende Zeitverschwendung hielt, war vom Panorama überwältigt gewesen.

Am vierten Tag waren sie in einem Gewaltmarsch beide Etappen zurückmarschiert, nun mit dem Vorteil, bergab zu gehen. Noch tiefer in das Bergmassiv vorzudringen, war für ungeübte Wanderer aus der Stadt zu anspruchsvoll, vor allem aber sollte die Woche ja in einem gemütlichen Badeurlaub ausklingen. Völlig erschöpft hatten sie die Nacht im Rifugio Bazena verbracht und waren am fünften Tag mit dem Auto an den See gefahren.

Patrick zog den Korken mit einem Plopp aus dem Flaschenhals. Die Sonne war dabei, sich hinter den aufragenden Bergen zu verkriechen. In der Luft lag der Duft des sommerlichen Sees und des nahen Waldes.

»Wer will noch?«

Elke und ihr Bruder hoben die Gläser. Patrick füllte sie. Heidrun rang mit sich. Sie hätte noch gute Lust, mit den anderen Wein zu trinken. Würde sie nach einem weiteren Glas nicht in kürzester Zeit einschlafen? Wahrscheinlich ja.

Aber der Wein schmeckte so großartig. Und einmal im Jahr durfte sie wohl auch etwas über den Durst trinken. Sie hob ihr Glas ebenso. »Ich auch noch, bitte.«

Patrick fixierte sie. Heidrun erschrak. Die Strenge seines Blickes ließ sie den Atem anhalten. Elke und Leon blieb der kurze Blickkontakt nicht verborgen. Patrick füllte demonstrativ sein Glas. »Du nicht.«

Heidrun verzog das Gesicht. »Warum nicht?«

»Du weißt, warum.«

»Ich habe heute nur eine Tablette genommen.«

»Alkohol bekommt dir nicht.«

»Dieser Wein aber schon.«

»Nein, und damit basta.«

Heidrun stellte ihr Weinglas ab.

Leon war die Situation sichtlich unangenehm, er schaute zum See hinunter. Elke langte nach der Wasserflasche und füllte ein Glas.

»Patrick hat recht. Ein Glas ist bestimmt genug. Da, nimm einen Schluck Wasser.«

Heidrun nahm das Wasserglas entgegen und trank. Ein strenger Blick Elkes traf Patrick. Patrick verzog den Mund, atmete einmal durch und reichte seiner Frau den Teller mit Schinken.

»Iss noch etwas. Der Schinken ist erstklassig und du weißt ja, was der Arzt gesagt hat. Du sollst fleißig essen, damit du bei Kräften bleibst!«

»Ja. Der Schinken ist sehr gut.«

»Na also.«

Heidrun hob mit der Gabel zwei Schinkenscheiben auf ihren Teller und langte in den Brotkorb.

Eine Weile saßen sie noch bei Tisch und ließen den Abend heranziehen, plauderten, tranken und leerten die Teller.

»Patrick«, sprach Elke ihn direkt an, »was hältst du davon, mir beim Abwasch zu helfen?«

»Ich?«

»Warum denn nicht? Auch Geschäftsführer sollten von Zeit zu Zeit benutztes Geschirr spülen. Und du bist hier nicht im Luxushotel, wo die Arbeit von fleißigen Bienen gemacht wird, sondern in einer Hütte am See ohne Strom, also auch ohne Geschirrspüler.«

»Ich kann das doch erledigen«, beeilte sich Heidrun zu sagen.

Elke legte ihr die Hand auf den Unterarm. »Nein, nein, lass deinen Ehemann einmal im Jahr echte Arbeit leisten.«

Die vier lachten. Patrick erhob sich mit großer Geste. »Aber du übernimmst die Verantwortung für zerbrochene Teller und zersplittertes Glas!«

Elke und Patrick trugen das Geschirr nach drinnen und machten sich an den Abwasch. Leon griff zur Weinflasche und hob sie gegen das Licht, dann schaute er mit spitzbübischem Lächeln zur Tür.

»Gib mir schnell dein Glas. Die beiden müssen das ja nicht wissen. Schlagen wir ihnen ein Schnippchen.«

Heidrun kicherte und hob ihr Glas.

Leon teilte den Rest der Flasche auf. »Lass uns anstoßen. Worauf wollen wir trinken?«

Heidrun dachte nach. »Auf die Berge. Und den See. Auf den Sommer.«

Leon rückte näher und schaute ihr tief in die Augen. »Genau in dieser Reihenfolge.«

Die Gläser klangen und sie tranken den Wein. Sofort fühlte Heidrun aufsteigende Hitze. Der Wein. Dieser Blick. Die Nähe eines derart gut aussehenden Mannes. Sie wusste gar nicht, wie ihr geschah.

»Du bist eine schöne Frau«, flüsterte Leon verstohlen.

»Wirklich?«

»Ich glaube, dein Mann sagt dir das zu selten.«

»Manchmal doch.«

»Manchmal ist viel zu selten.«

Leon griff nach ihrer Hand. Die Berührung fühlte sich unwahrscheinlich gut an, dennoch entzog sie ihm ihre Hand. Leon rutschte wieder ein Stück von ihr fort, lächelte sie aber gewinnend an.

»Elke hat immer wieder von dir erzählt«, sagte er in einem sehr selbstbewussten Plauderton, »aber in Wahrheit kennen wir uns kaum.«

»Das stimmt.«

»Was magst du so?«

»Musik. Bücher. Bergwandern.«

»Und was liest du?«

»Vor allem Romane, aber auch populärwissenschaftliche Bücher zu verschiedenen Themen.«

»Liebesromane?«

»Auch. Aber eher Krimis, wenn nicht zu viel Gewalt darin vorkommt. Ich bin da ein bisschen ängstlich. Zuletzt habe ich einen amüsanten Roman über Bergsteiger gelesen.«

Leon lachte. »Vielleicht sollte ich auch einen Roman schreiben. Bergsteiger erleben immer wieder aufregende und lustige Dinge.«

»Das glaube ich gern.«

»Was hörst du so für Musik?«

»Verschiedenes. Immer wieder Eric Satie.«

»Nie von ihm gehört. Ein Sänger?«

»Ein französischer Komponist des frühen 20. Jahrhunderts«, erklärte Heidrun.

»Tatsächlich? Und ist das Musik für Orchester?«

»Vor allem Klaviermusik. Es ist sehr schlichte, einfache und klare Musik.«

»Klingt interessant.«

»Patrick findet Eric Satie schrecklich langweilig.«

»Hm, ich mag Rock. Ein Song braucht ein Schlagzeug, das ist meine Meinung. Aber ich bin kein Musikexperte.«

»In der Musik von Eric Satie höre ich oft die verklungenen Stimmungen meiner Kindheit und der …«

»Erzählt sie dir von ihrer Musik?«, fragte Patrick polternd, der eben mit einer weiteren Flasche Rotwein zur Tür herauskam.

»Ja.«

Er verdrehte seine Augen.

»Lass dir ja keine Hörprobe vorspielen, sonst muss ich dich schlafend in die Hütte schleppen.«

Patrick lachte dröhnend.

*

Elke stieg in das Boot und stellte ihre Tasche ab. Patrick bereitete die Ruder für den Einsatz vor. Leon stand am Steg und scherzte mit Patrick, Elke lachte. Heidrun stand mit verschränkten Armen etwas abseits. Die helle Vormittagsstunde kündigte wieder einen prächtigen Sommertag an.

»Habt ihr Sonnencreme dabei?«, fragte Leon und reichte seiner Schwester eine Decke.

»Natürlich.«

»Ich will auch mit dem Boot hinausfahren«, sagte Heidrun.

Patrick schaute seine Frau mitleidig an. »Müssen wir das noch einmal besprechen?«

»Ich kann schwimmen«, beharrte sie.

»Ja, ein bisschen. Ein paar Meter vielleicht. Was machst du, wenn wir mitten auf dem See sind?«

»Das Boot ist doch stabil. Und das Wetter ist gut. Kein Sturm, kein Regen.«

»Du kriegst garantiert wieder Panik.«

»Ich glaube, dass ich die Angst vor dem Wasser überwunden habe.«

»Hast du nicht. Schau nur, wie verspannt du dastehst. Der See ist groß. Richtig viel Wasser. Es ist besser so.«

Patrick stieß das Boot kräftig ab und legte sich in die Riemen, das Boot entfernte sich vom Ufer.

Leon stellte sich neben Heidrun und nickte ihr vertrauensvoll zu. »Lass die beiden nur fahren. Wir putzen inzwischen die Vorräte weg.« Er bot ihr seinen Arm wie ein Kavalier. »Komm in die Hütte. Hast du die Musik, von der du gestern gesprochen hast, auf deinem Smartphone gespeichert?«

»Ein paar Stücke schon.«

»Will ich hören.«

Heidrun blickte noch einmal zum See hinaus und hakte sich dann bei Leon ein.

*

Patrick war in der Firma schnell die Karriereleiter nach oben geklettert. Zuerst Projektleiter, dann Abteilungsleiter und nach der Heirat mit Heidrun war er stellvertretender Geschäftsführer geworden. Alles noch vor seinem 40. Geburtstag. Heidruns Vater hatte die Fabrik gegründet und ihr stetes Wachstum durch Umsicht und Sachverstand ermöglicht. In den beiden Jahren vor seinem Tod hatten die Krebserkrankung und die Therapien ihn zusehends geschwächt. Der alte Herr war aber mit einem Lächeln auf den Lippen gestorben, weil er wusste, dass seine geliebte, immer etwas verträumte Tochter einen tüchtigen Mann geheiratet und somit das Bestehen der Firma gesichert hatte. Seit zwei Jahren war Patrick der unumschränkte Boss im Betrieb.

»Ich sehe den Steg nicht mehr«, sagte Elke.

Schweiß perlte an Patricks Stirn, er hatte kräftig gerudert. Patrick schaute über die Schulter.

»Tatsächlich.«

»Du bist ja eine echte Sportskanone.«

Patrick präsentierte seinen rechten Bizeps. Sein Blick strich über Elkes nackte Beine. Sie trug einen Bikini, zum Schutz vor der Sonne Strohhut und Sonnenbrille.

»Und du bist schön.«

»Wir sind Spitzenprodukte der Evolution.«

»Übrigens, Spitzenprodukt. Dein Bruder, der Frauenschwarm, wird jetzt hoffentlich in die Gänge kommen.«

»Sei nicht so ungeduldig. Leon macht das schon.«

»Bis jetzt tappt er eher im Dunklen.«

»Bis jetzt waren wir auch pausenlos zu viert. Es war so ausgemacht, dass er hier und jetzt am See zur Tat schreitet.«

»So einen Plan kann sich nur eine Frau ausdenken.«

»Ein kluge Frau.«

»Eine sexy Frau.«

»Du weißt doch, dass Heidrun in Liebesdingen immer ein bisschen langsam ist.«

Patrick verdrehte die Augen. »Allerdings. Ich habe fast ein Jahr gebraucht, um mir die Tochter vom Chef zu angeln.«

»Gut Ding braucht Weile.«

»Wie viel hast du Leon angeboten?«

»30.000 Euro.«

Patrick pfiff durch die Zähne. »Ein Haufen Schotter für eine Affäre. So hässlich ist Heidrun doch nicht.«

»Er braucht ein neues Auto. Und als Skilehrer wird man nicht reich. Stell dir vor, wie spendabel sie sein wird, wenn sie erst ein schlechtes Gewissen hat.«

»Ich weiß nicht, ob ich gut finde, dass du meine Frau ausnimmst wie eine Weihnachtsgans. Das ist immerhin mein Geld.«

»Das ist ihr Geld.«

»Was auf dasselbe hinausläuft.«

»Von dir würde ich niemals Geld nehmen.«

»Da ist die Frau Eventmanagerin wohl ein bisschen zu stolz dafür.«

»Ich nenne es Niveau.«

»Deine Agentur läuft derzeit nicht so gut, habe ich recht? Wieder ein Engpass?«

»Kümmere dich um deine Geschäfte.«

»Frag ja nur.«

Elke schaute sich um. »Du ruderst direkt auf das Ufer zu. Willst du auf Grund laufen?«

»Die kleine Bucht ist ideal.«

Elke begegnete seinem lüsternen Blick mindestens ebenso lüstern. »Du kriegst niemals genug.«

»Seit Tagen sind wir gemeinsam unterwegs, und ich habe dich nicht ein einziges Mal angefasst.«

Elke streifte die Träger des Bikinioberteils von den Schultern und umfasste spielerisch ihre Brüste. »Dann wird es Zeit, mein Herr.«

*

Leon strich eine Haarsträhne aus Heidruns Gesicht und küsste ihre Nasenspitze. Sie genoss die Zärtlichkeit.

»Das war schön«, flüsterte er ihr ins Ohr.

»Ja.«

Sie presste sich an ihn und rieb ihre Haut an der seinen. Leons Nähe gab ihr Sicherheit, Geborgenheit, das großartige Gefühl, nicht alleine und verloren in der rätselhaften Welt zu sein. Ein gutes Gefühl, das ihr Patrick schon viel zu lange vorenthielt. Doch der Gedanke an ihren Ehemann streifte Heidrun kaum und war im Nu verflogen. Noch war das gefundene Glück dieser Vormittagsstunde zu überwältigend, zu präsent, die Liebe zu Leon füllte ihren gesamten Horizont. Es war eine unvermutet hervorbrechende Liebe. Ja, sie hatte schon während der Bergwanderung bemerkt, dass sich Leon um sie kümmerte, sie immer wieder ansah, dabei lächelte, ihre Nähe suchte, aber dass der eben erlebte Ausbruch an Wollust, Freude und Vergessen in nur wenigen Augenblicken der Gemeinsamkeit möglich war, hatte sie einfach nicht zu denken gewagt. Und doch war der Augenblick Realität geworden.

»Du solltest Patrick verlassen.«

Heidrun schrak aus ihren Träumen. Leon schob sich ein wenig fort von ihr, damit er ihr in die Augen blicken konnte. Noch klammerte sie sich an das süße Gefühl der Verlorenheit, doch der Zauber war gebrochen. Heidrun richtete sich ein wenig auf und begegnete Leons Blick. »Das geht doch nicht.«

»Und warum nicht?«

»Wir sind verheiratet. Ich habe ihm ein Eheversprechen gegeben.«

Er strich mit den Fingerspitzen über ihren Bauch. Die Berührung jagte einen wohligen Schauer über ihre Haut. Leon roch so gut.

»Zum Glück hast du das Versprechen für ein Weilchen vergessen.«

»Das war ...«

»Lass nur, reg dich nicht auf. Wir Bergsteiger sagen: Auf der Alm, da gibt's ka Sünd.«

Heidrun wollte sich erheben, doch Leon umfasste ihre Taille und zog sie wieder in sein Bett. Er legte sich auf sie und küsste ihren Hals.

»Verlass Patrick! Komm mit mir. Er verdient dich gar nicht.«

»Sag so etwas nicht.«

»Er vernachlässigt dich.«

»Das kannst du nicht wissen.«

»Doch, ich weiß es. Seit wir gemeinsam unterwegs sind, hat er dich nicht einmal angefasst. Das ist mir aufgefallen.«

Heidrun löste sich von ihm und setzte sich auf. »Seit ich in der Klinik war, sehe ich ihn selten. Eigentlich kaum noch.«

»Er liebt dich nicht.«

»Das kannst du nicht sagen.«

»Er liebt nur dein Geld.«

»Er hat mein Geld nie angetastet.«

»Weil er mit der Fabrik deines Vaters ohnedies genug verdient. Die ja eigentlich deine Fabrik ist. Es ist also doch dein Geld.«

»Ich will nicht über Geld sprechen. Das verstört mich.«

»Na gut, lassen wir das Thema.«

»Danke.«

»Wie lange warst du in der Klinik?«

»Sechs Wochen.« Heidrun erhob sich aus dem Bett und griff nach ihrer Kleidung.

»Patrick bevormundet dich, dass musst du doch sehen.«

»Er kümmert sich auf seine Art um mich.«

»Und meine Schwester bevormundet dich ebenso.«

»Elke sorgt sich um mich.«

Leon erhob sich vom Bett. »Denk darüber nach. Wir könnten ein großartiges Leben haben. Du liebst doch auch die Berge. In der freien Natur brauchst du keine Medikamente mehr. Wir könnten einen ganzen Sommer auf einer Alm verbringen, die Kühe melken, die Ziegen füttern, mit dem Hund auf die höchsten Gipfel steigen. Wir könnten uns den ganzen Tag und die ganze Nacht lang lieben.«

Heidrun schaute träumerisch zum Fenster hinaus. »Die Berge liebe ich sehr.«

»Wir könnten Kinder haben.«

Heidrun zuckte zusammen. »Kinder?«

Patrick hatte bislang immer abgelehnt, Kinder zu haben. Er war noch nicht so weit, hatte er immer gesagt. Wenn ein Mann über 40 noch nicht so weit für Kinder war, dann wollte er schlicht und einfach keine. Das begriff Heidrun in diesem Moment. Sie wünschte sich seit Langem ein Kind.

»Ja. Zwei Kinder. Oder drei. Nein, ich will eine Großfamilie. Fünf Kinder!«, sagte Leon.

Ihr Vater hatte sich immer Enkel gewünscht. Wieso dachte sie jetzt an ihren Vater?

Heidrun begriff, dass sie gerade ihren Mann betrogen hatte. Warum kam nach jedem Moment der Freude immerzu das harte Erwachen? Warum war das Leben so kompliziert? Woher kamen die Kälte und die Einsamkeit? Sie hatte gerade eben mit dem Bruder ihrer besten Freundin Ehebruch begangen. Ihr Vater hätte das bestimmt nicht gutgeheißen. Anstand und katholische Moral, der strenge und gerechte Gott, Ordnung und Treue, das waren seine Regeln gewesen. Heidrun schnappte nach Luft. Wie sehr sie sich auf einmal schämte!

»Ich mache das Essen.«

Wenig später brutzelten in der Pfanne Zwiebeln über der Gasflamme.

*

Leise wie ein Gespenst huschte sie aus der Hütte, verschwand hinter dem Baum und verrichtete ihr Geschäft. Sie hatte nach dem Abendessen nicht länger in der Runde sitzen können und sich zu Bett begeben. Sie sei sehr müde und habe Kopfschmerzen, hatte sie den anderen gesagt. Sie waren so zuvorkommend gewesen, Elke hatte sie sogar zugedeckt.

Heidrun fühlte sich miserabel. Die Schuld lag wie ein Stein in ihrem Magen. Ein großer schwerer Stein. Sie hatte kaum einen Bissen angerührt. Und vom Wein hatte sie nicht einmal gekostet.

Das Leben war beschissen. Würde sie wieder in die Klinik müssen? Eigentlich war es ihr dort nicht schlecht ergangen. Man war sehr freundlich zu ihr gewesen, hatte sie ausreden lassen, hatte ihr wirklich zugehört. Dennoch war es eine Klinik mit Ärzten, Psychotherapeuten und Krankenpflegern. War sie zu schwach für das normale Leben? Patrick hatte es ihr wiederholt gesagt. Auch Elke. Und andere.

Sie hörte Stimmen.

Die anderen saßen bei Kerzenlicht am Bootssteg und tranken Wein.

Heidrun schlich wieder zur Hütte. Sollte sie sich einen Ruck geben und sich zu ihnen setzen? Einmal mutig sein und Patrick gestehen, dass sie den schönsten Vormittag ihres Lebens mit Leon verbracht hatte? Vielleicht sollte sie doch mit Leon fortgehen. Sie zitterte am ganzen Leib. Und nahm all ihren Mut zusammen.

Sei aufrecht, sei erwachsen, behaupte dich im Leben, nimm den dir zustehenden Platz in der Welt ein, sei frei und ehrlich, bestehe zum ersten Mal in deinem schwankenden Leben die Prüfungen, sagte sie zu sich selbst. Er liebt dich, er wird für dich da sein, er wird dir Kinder schenken, du wirst ihm eine gute Frau sein.

Heidrun ging barfuß auf den Steg zu.

»Na, dann gratuliere ich zur Eroberung des Jahres.« Elkes Stimme.

»War bestimmt nicht einfach, die frigide Kuh flachzulegen.« Patricks Stimme.

Heidrun erstarrte in ihrer Bewegung. Die drei standen am Ufer. Sie hatten Heidrun noch nicht bemerkt.

»Red nicht so über Heidrun«, sagte Leon. »Sie ist nett. Tolle Figur. Ja, ein bisschen seltsam ist sie schon. Dieser Blick. Irre irgendwie. Und wie sie sich an mich geklammert hat, war schon gruselig. Aber ihr Hintern ist supersexy. Und sie ist abgegangen wie eine Rakete.«

»Am Anfang ist das okay.«

»Wann kriege ich das Geld?«

»Langsam, kleiner Bruder. Zuerst muss ich Heidrun noch bearbeiten. Sie war zuletzt sehr misstrauisch.«

»Aber 30.000? Das ist verdammt viel, dafür dass es dir sogar Spaß gemacht hat«, brummte Patrick.

»Das ist die ausgemachte Summe. Leon wird sie kriegen.«

Stille. Heidrun sah im sich auf der Wasseroberfläche spiegelnden Mondlicht, dass Leon sein Weinglas mit einem Zug leerte.

»Ich muss mal. Der Wein.«

»Aber nicht wieder im Garten! Das ist widerlich«, sagte Elke.

»Schon gut, ich gehe nach draußen.«

Heidrun huschte hinter ein Gebüsch. Leon tapste an ihr vorbei und verschwand in der Dunkelheit.

»Weißt du, wie wir das ganze Verfahren beschleunigen könnten?«, fragte Patrick.

»Wie?«

»Sie schwimmt wirklich schlecht.«

»Was willst du damit sagen?«

»Was ist, wenn wir sie morgen im Boot mitnehmen?«

»Ich glaube nicht, dass ich hören will, was du dir gerade eben ausgedacht hast.« Elke schüttelte den Kopf.

»Es ist total einfach. Ein kleiner Schubs, ich lege mich in die Riemen und erledigt. Game Over.«

»Du spinnst.«

»Sie schafft es bestimmt nicht bis ans Ufer.«

»Patrick, halt die Klappe.«

»Und dann ziehen wir endlich zusammen.«

»Ich will nicht mit dir zusammenziehen.«

»Bumsen willst du aber schon.«

»Miteinander bumsen und zusammenziehen sind zwei völlig verschiedene Dinge.«

»Na gut, ich gebe mich geschlagen, aber nur, weil du es mir in der Bucht richtig besorgt hast.«

»Sprich leiser!«, zischte Elke. »Was ist, wenn Heidrun aufwacht und dich hört?«

»Ich habe ihr zwei Tabletten gegeben. Sie schläft wie ein Stein.«

»Gut so. Wozu sich mit fragwürdigen Dummheiten die Hände schmutzig machen, wenn man mit genug Medikamenten auch ans Ziel kommt?«

»Du bist eine Schlange.«

»Vielen Dank für das charmante Kompliment.«

»Ich liebe Schlangen.«

»Jeder hat so seine Vorlieben.«

Heidrun sah durch das Laub, wie er seinen Arm um ihre Schulter legte. Und wie Elke ihren um seine Hüfte schlang.

Sie hatte die zwei Tabletten vor dem Abendessen heimlich ausgespuckt.

Der Mond schien sich blutrot zu färben und von seinem Platz am Himmel in den Idrosee zu stürzen. Was war da gerade geschehen? Bestimmt träumte sie. Ein böser Traum. Sie hatte Angst. Geradezu Panik. Sie musste zu ihrer Therapeutin. Solche Träume waren ein Alarmzeichen. Noch mehr Tabletten? Sollte sie ins Wasser gehen? Die Erde bebte. Falsch, sie bebte, sie taumelte. Und doch kehrte sie in ihr Bett zurück und zog die Decke bis über beide Ohren. Nichts mehr hören.

Da war auch etwas Unerwartetes in ihr. Was war es? Etwa Wut? Ein Plan?

*

Ein Fieberwahn. Sie schwitzte am ganzen Leib. Die Hitze der Nacht war zum Ersticken. Und der ekelerregende Gestank. Heidrun strampelte die Decke zur Seite. Wegen ihrer Angst vor Mücken hatte Elke alle Fenster geschlossen, obwohl es am Idrosee kaum welche gab. Heidrun brauchte Luft. Kühlung. Sie hatte höchstens ein paar Stunden geschlafen. Und sie hatte böse geträumt. Immer wieder und wieder waren grauenhafte Bilder über sie gekommen, hatten sie umschlungen, gefangen genommen, auf den Grund des Sees gezogen.

- *Ich erkläre dir alles.*

Fort. Sie brauchte frische Luft.

Sie musste fliehen. Um ihr Leben rennen.

Überall das Gas.

- *Heidrun, das hast du nicht richtig verstanden.*

Alle hatten sie belogen, benutzt, betrogen, wie ein Stück Vieh behandelt. War sie jemals so voller Wut und Scham gewesen?

- *Denk nicht darüber nach, weil du weißt, was dabei herauskommt.*

Sie hatte vor vielen Jahren einen alten Film gesehen. Schwarz-Weiß. Ingrid Bergman als Lady Alquist in ihrem dunklen Haus. Flackernde Lichter. Es geschehen unheimliche Dinge. Was war die Wahrheit? Was Erfindung? Was war böswillige Lüge? Bildete sie sich den Gestank nur ein? Alle hatten immer gesagt, dass sie sich Dinge einbilde. Dumme Dinge. Alle hatten gesagt, dass sie ihren Wahrnehmungen nicht trauen könne. Eilig und doch lautlos verließ Heidrun die Hütte und schnappte nach Luft. Die Nacht war klar, die Finsternis undurchdringlich. Der Mond hatte sich hinter den Bergen verborgen. Sie irrte barfuß durch die Finsternis. Ihr fröstelte. Wie kalt es auf einmal war.

- *Was hast du dir dabei nur gedacht?*

Sie hörte Stimmen.

War sie nackt?

Nein. Sie trug Shorts und ein T-Shirt. Das T-Shirt war schweißnass. Heidrun wankte die Straße entlang. Nirgendwo

Autolichter. In weiter Ferne entdeckte sie die Straßenlaternen der Ortschaft Idro. Winzige Leuchtkäfer der Nacht.

- *Ich erkläre es dir noch einmal.*

Fort von hier.

Sie konnte keinen klaren Gedanken fassen. Ihr Geist war eine Nebelbank. Ihre Freunde hatten sie belogen. Ihr Mann hatte sie für dumm verkauft, sich böse Scherze mit ihr erlaubt. Ihre beste Freundin hatte ihre Schwäche ausgenutzt.

Heidrun stolperte durch den Wald. Und stand unvermittelt am Seeufer.

- *Du kannst mir glauben, Liebes.*

Der gute See. Ihr wahrer Freund. Der See log nie, seine Dunkelheit war ehrlich, endgültig und befreiend.

- *Wir wollen doch nur dein Bestes.*

Ein heller Lichtblitz zuckte über die spiegelglatte Oberfläche des Gewässers. Heidrun erschrak. Sie schrie. Eine meterhohe Feuersäule schoss empor. Dann rollte ein dumpfer Knall über den See und brach sich an den Bergflanken. Gleißende Flammen. Die Holzhütte stand in Sekundenschnelle in Brand.

Ein Inferno. Gaslichter am Idrosee. Dichter Qualm.

Ihr Mann! Ihre Freunde! Sie musste Menschenleben retten. Heidrun rannte mit aller Kraft zur Hütte. Sie musste sie retten!

*

Heidrun trank kalten Tee. Seit einer Woche lag sie im Ospedale Santa Chiara, dem städtischen Krankenhaus von Trient. **13** Die Rauchgasvergiftung war überstanden, doch ihre Hände waren noch bandagiert. Derart schwere Brandwunden heilten langsam. Die Narben würden ein Leben lang sichtbar bleiben. Vor einer halben Stunde hatte die Krankenpflegerin die Infusionsflasche entfernt. Ohne die Schmerzmittel würde sie verrückt werden. Ihr Haar war zu großen Teilen versengt worden. Auf ihren Wunsch hatte es die Krankenpflegerin bis auf ein paar Millimeter abgeschnitten.

Die Tür öffnete sich. Heidrun stellte die Teetasse ab. Capitano Thalgauer trat ein. Der Polizist war Südtiroler und sprach fließend Deutsch und Italienisch. Er schob einen Stuhl neben das Bett und setzte sich. Heidrun hatte in den letzten Tagen Vertrauen zu dem älteren Polizisten gefasst.

»Guten Tag, Frau Lenau-Fellner.«

»Guten Tag, Capitano.«

»Wie fühlen Sie sich?«

»Es geht. Man hat mir gleich am Morgen eine Infusion gegeben. Heute werden die Verbände gewechselt.«

Capitano Thalgauer deutete auf die weißen Flecken in ihrem Gesicht. »Keine Pflaster mehr, nur mehr Heilsalbe. Das ist gut.«

»Der Arzt ist mit dem Heilungsfortschritt zufrieden. Die Hände sind das Problem.«

»Sie sind hier gut aufgehoben.«

»Ich fühle mich noch sehr schwach.«

»Ich habe Neuigkeiten für Sie.«

»Was für Neuigkeiten?«

»Der Sachverständige der Feuerwehr hat seinen Bericht vorgelegt.«

Heidrun hielt dem Blick des Mannes stand. Das kannte sie schon von ihm, er machte beim Sprechen immer lange Pausen, in denen er ruhig und beharrlich seine Gesprächspartner musterte.

»Was steht darin?«

»Der Brand ist aufgeklärt.«

Heidrun wartete auf die weiteren Ausführungen.

»Das Ventil einer Gasflasche war fehlerhaft aufgesetzt. Ein Montagefehler.«

Pause.

Zuletzt hatte sie unter beunruhigenden Träumen gelitten. Hässliche nächtliche Spukbilder. Beängstigend. In ihren Träumen hatte sie mit einem Schraubenschlüssel unerklärliche Dinge getan. Mit einem Schraubenschlüssel? Verrückt. In diesen Träumen wollte sie sterben. Zum Glück erwachte sie nach diesen Träumen schnell und konnte alles vergessen. Vergessen war gut, nein, lebensnotwendig.

»Was heißt das?«, fragte sie.

»Die Flasche wurde irgendwann undicht und Gas konnte ausströmen. Leider haben Sie und Ihre Begleiter am Abend zuvor Feuer im Holzofen gemacht. Irgendwann war so viel Gas im Raum, dass es sich an der Glut entzündet hat.«

»Schrecklich.«

»Sie haben ja gesehen, was passiert ist.«

»Ich habe schlimme Albträume.«

»Lassen Sie sich von den Ärzten Medikamente geben. Sie brauchen viel Schlaf.«

»Ja.«

»Es war sehr mutig von Ihnen, dass Sie versucht haben, Ihren Mann und Ihre Freunde zu retten.«

Heidrun sah wieder Elkes großflächig versengten Körper auf der Wiese neben der lichterloh brennenden Hütte liegen. Elke war kurz zu Bewusstsein gekommen, sie hatte noch verstanden, dass Heidrun sie aus der Feuersbrunst gezogen hatte. Heidrun hatte im Feuer eine Entscheidung getroffen, ohne auch nur einen Augenblick zu überlegen. Ihr Unterbewusstsein hatte ganz rational und zielorientiert entschieden. Alle drei waren vom Rauchgas bewusstlos geworden und hatten in ihren brennenden Betten gelegen. Ihr Unterbewusstsein hatte gesagt: Du hast keine Zeit mehr für alle drei, rette die Person mit den größten Aussichten auf Erfolg. Elkes Gewicht hatte den Ausschlag gegeben. Die Männer hätte sie kaum schleppen können, bei der Frau war es ihr gelungen. Vergeblich, wie sich später herausstellte. Elke war auf dem Weg ins Krankenhaus gestorben.

Von den beiden Männern hatte man nur mehr Überreste im Aschehaufen gefunden.

Der Capitano erhob sich und ging zur Tür. »Sie haben großes Glück gehabt, dass sie sich außerhalb der Hütte aufgehalten haben. Sehr großes Glück.«

»Ja.«

»Sobald die Ärzte es erlauben, können Sie das Krankenhaus verlassen und nach Hause reisen. Die Wache wird abgezogen.«

»Ich kann gehen?«

»Die Ermittlung ist abgeschlossen. Ein furchtbarer Unfall. Mein Beileid zu Ihrem tragischen Verlust.«

»Danke.«

»Arrivederci, Frau Lenau-Fellner.«

»Auf Wiedersehen, Herr Capitano.«

Der Polizist schloss die Türe leise.

Heidrun schaute zum Fenster hinaus. Sie war traurig. Die Zeit heilt alle Wunden. Sagte man. Heidrun wollte daran glauben.

Sie würde sich selbst um die Firma ihres Vaters kümmern. Sie würde allen beweisen, dass sie es schaffen konnte. Warum auch nicht? Was hatte sie sonst für eine Wahl? Noch mehr Verzweiflung? Sie kannte die Abläufe in der Firma. Wozu hatte sie in der Schulzeit und während ihres Studiums immer wieder mit dem Schraubenschlüssel in der Montagehalle der Ventilfabrik gearbeitet?

Heidrun blickte zum Fenster. Die Sonne über Norditalien wollte nicht aufhören zu scheinen.

Sie würde leben.

FREIZEITTIPPS:

1 Der Idrosee ist wesentlich kleiner und weniger bekannt als seine großen Nachbarn Gardasee und Iseosee. Da Motorboote verboten sind und das Wasser von hervorragender Qualität ist, lieben Schwimmer, Segler und Surfer, aber auch Fischer den Idrosee. Am Idrosee liegt die Gemeinde Idro mit mehreren Ortsteilen.

2 Das Adamello-Massiv liegt nördlich des Idrosees und ist ein mächtiger Gebirgsstock der südlichen Ostalpen. Höchster Gipfel ist der der Cima Presanella mit 3.556 Metern. Der namensgebende wuchtige Monte Adamello ist mit 3.554 Metern nur geringfügig niedriger.

3 Das Val Camonica ist ein lang gestrecktes Tal, das vom Tonalepass bis zum Iseosee verläuft und den Westrand des Adamello-Massivs bildet. Die berühmten prähistorischen Felsritzungen sind Zeitzeugen jahrtausendelanger Besiedlung der Region.

4 Breno ist der Hauptort des Val Camonica. Der Ort ist mit dem Auto und per Bahn zu erreichen und eignet sich als Basis für die Erkundung der gesamten Region. Die Burg von Breno bietet einen reizvollen Blick über die Dächer der Gemeinde.

5 Die Festung Rocca d'Anfo wurde im 15. Jahrhundert von den Venezianern errichtet. Die Burganlage liegt am steilen Westufer des Idrosees.

6 Crone ist ein Ortsteil der Gemeinde Idro. Der Markt-platz ist das wirtschaftliche und kulturelle Zentrum der beschaulichen Siedlung am südlichen Zipfel des Idro-sees.

7 Die Valli Giudicarie (dt. Judikarien) bilden eine Talland-schaft in den italienischen Alpen. Nördlich des Idrosees und östlich des Adamello-Massivs gelegen, gehören die Täler der Region Trentino an.

8 Raboso ist eine Rotweinsorte aus dem Veneto und aus Nordostitalien, benannt nach dem Fluss Raboso, einem Seitenarm des Piave. Nach einer anderen Interpreta-tion leitet sich der Name von ital. *rabbioso* (wild, zor-nig) her, weil der Raboso sehr säure- und tanninreich ist und einen herben Geschmack besitzt.

9 Die Schutzhütte (ital. Rifugio) Bazena auf 1.799 Metern ist der südlichste Punkt des Adamello Höhenwegs Nr. 1. Sie bildet den End- oder Ausgangspunkt für die Wan-derung entlang des Höhenwegs.

10 Der Adamello Höhenweg Nr. 1 ist mit seinen 85 Kilo-metern Länge für leidenschaftliche Bergwanderer ein Höhepunkt. In rund acht Tagesetappen kann man inmit-ten eindrucksvoller Berge von Hütte zu Hütte gehen. Der Weg erfordert allerdings Trittsicherheit, gute Aus-rüstung und solide Kondition.

11 Das Rifugio Tita Secchi auf 2.367 Metern bietet 60 Berg-wanderern Schlafplätze. Die Hütte wird von Juni bis Oktober bewirtschaftet. In unmittelbarer Nähe liegt der Lago della Vacca.

12 Das Rifugio Maria e Franco auf 2.574 Metern tief im Adamello-Massiv bietet 45 Schlafplätze. Die Hütte wird von Mitte Juni bis Mitte September bewirtschaftet.

13 Trient ist die Hauptstadt der Region Trentino und bietet neben städtischem Flair auch die unmittelbare Nähe zur Bergwelt der Südalpen. Ein reichhaltiges Kulturangebot, erstklassige Restaurants und Hotels sowie die Anbindung an das europäische Schienen- und Autobahnnetz zeichnen Trient aus.

FRIEDERIKE SCHMÖE
WER, PORCA PUTTANA, IST KAPPA?

MALCESINE

Kappa berichtet.

Nehmen wir an: Du hast vor 20 Jahren, fünf Monaten und sieben Tagen dem damaligen Lover deiner Tochter die Eier weggeschossen. Ist seither genug Zeit vergangen, um zurückzukehren?

Zugegeben, es war nicht besonders fein, die alte Glisenti aus Orfeo Tomilleris Sammlung von der Wand zu nehmen, ihm die Munition zu klauen und damit auf Claudios Kronjuwelen zu zielen. Ich weiß nicht, was mit dem Schwächling passiert ist. Also mit Claudio. Gemunkelt hat man so manches. Mittlerweile sind die Gerüchte verstummt.

Orfeo nimmt mir das mit der Glisenti bestimmt immer noch übel, obwohl die zerkratzte Militärpistole mit den geklebten Hartgummigriffschalen garantiert nicht das Sammlerstück Nr. 1 in seinem Arsenal war. Sollte er herausfinden, dass ich zurück bin, werde ich mit Orfeo vermutlich Probleme bekommen, denn der Stolz seiner jämmerlichen Kollektion liegt nun schon zwei Jahrzehnte in der Asservatenkammer der Polizei in Verona.

Die Hauptperson in diesem Possenspiel ist jedoch eindeutig Claudio.

Nicht zu vergessen: Mariangela.

Mariangela hat mir geschrieben. Hat mich in New York ausfindig gemacht. Eine Mail geschickt. Wie sie mich aufstöbern konnte, ist mir schleierhaft. Ich habe meinen alten Namen aufgegeben. Unter dem neuen habe ich Karriere gemacht, die Fotografie war immer meine Leidenschaft. Ich habe mir unter den Italienern in der neuen Heimat die richtigen Freunde gesucht und damit Claudios Schergen signalisiert, dass ein Angriff ungemütlich werden könnte.

Und jetzt bin ich doch wieder hier, in Malcesine, diesem winzigen Städtchen am nördlichen Ostufer des Gardasees. Dessen milchiges Morgenlicht zum Ende des Winters ich nie vergessen habe, genauso wenig wie den Blick auf Limone am gegenüberliegenden Ufer, das morgens so prächtig von der Sonne beschienen wird, ab dem späten Nachmittag jedoch im Schatten versinkt.

Mariangela. Ihr Name war einmal Programm, bis sie sich mit diesem Schwachmat eingelassen hat. Noch heute kriege ich Herzrasen bei dem Gedanken an den Knaben mit dem Aufreißergehabe. Claudio. Die Blitzbirne. Der Stronzo.

Morgen ist Aschermittwoch, wir haben also noch Carnevale, ein Plakat am Rathaus lädt zu den (überschaubaren) Karnevalsveranstaltungen in Malcesine ein, bis rauf nach Navene und runter nach Cassone. Die Via Statuto entlang haben Kinderfüße Konfettireste festgetreten. Ich recke meine Nase in die Luft, schaue rauf zum Monte Baldo, vor dessen schneebedecktem Gipfel knallgelbe Apfelsinen leuchten, sie hängen entlang der Straße an den Bäumen wie bunte Lampions.

In New York gibt es viel, aber das nicht. Nicht diesen Duft, eine Mischung aus Holzrauch, Hafen und Bergwald. Nicht dieses matte Licht, das aussieht, als habe ein Magier aus einem riesigen Hexenkessel ein paar Dampfschwaden heraufbeschworen.

Über mir liegt die Kirche Santo Stefano **1** in ebenjenem spätnachmittäglichen Dunst. Kalte Feuchtigkeit kriecht mir unter die Kleider. Als ich ein Kind war, spielte ich gern auf dem Platz neben der Kirche. Inzwischen sind alle Piazze und Piazzette vor allem eins: Parkplätze. Jetzt auch für den Porsche Macan, den ich in Verona gemietet habe. So einen Wagen hätte ich früher nie gefahren. Ich stand auf Fiat. Allrad. Kein Wunder in dieser Gegend!

Ich steige die Stufen zur Kirche hinauf. Sie sind verdammt steil, bin ich nicht mehr gewöhnt, in Amerika überwindet man jede Steigung mit einem Lift. Aber Malcesine liegt am Berg, ringt dem Baldo-Massiv, das sich bis Torri del Benaco runterzieht, Meter um Meter ab, da mault keiner über eine abschüssige Straße.

Mariangela will mich um fünf treffen. Im Halbdunkel dieses Februarnachmittags. Also habe ich noch Zeit.

Betrete die Kirche. Atemlos, hier habe ich oft zum Heiligen Stefano gebetet, die Erinnerung umfängt mich, kalt, klamm wie die Abendbrise vom See. Hunderte weiße Kerzen erfüllen den Altarraum vom Boden bis hinauf zur Brüstung unter der Kuppel.

Ich habe nie gebeichtet. Nach der Sache mit Claudio.

Obwohl im Innern die Düsternis die Wände hochkriecht, nehme ich die Sonnenbrille nicht ab. Wer getan hat, was ich getan habe, muss immer auf der Hut sein.

Morgen sind es 20 Jahre, fünf Monate und acht Tage.

Noch zähle ich, aber eines Tages werde ich es vermutlich lassen. Auch ein Gewissen wird einmal müde.

Vor dem Beichtstuhl auf der rechten Seite im Hauptschiff bleibe ich stehen. Im Schein der Opferkerzen zu Ehren diverser Santi und Santissimi glänzt golden der Wandleuchter.

Ich habe oft hier gestanden. Aber ich bin seit damals ein anderer Mensch geworden. Ein Mensch, der sich seiner Strafe entzogen hat. Der davongelaufen ist.

Claudio …

Claudio, der Schwachmat. Der Narr. Der Jüngling mit dem Jumbo-Ego. Stronzo eben.

Ich lege den Kopf in den Nacken. Die Eingangstür knarrt, Gänsehaut rieselt mir über den Rücken. Eine Frau tritt ein, eine von den wenigen Touristen, die sich auch im Winter nach Malcesine trauen. Setzt sich in eine Bank und sieht sich um.

Ich beruhige mich. Sie kann mich nicht kennen. Sie ist viel zu jung und nicht von hier.

20 Jahre, zwei Monate —

Über mir zappelt ein Schatten, in einem Augenzwinkern weiche ich zurück, stoße mit dem Hintern an die Kirchenbank. Die Kerze aus dem Wandleuchter rauscht aus der Höhe herab und bricht vor meinen Füßen auseinander. Das Geräusch ist nicht einmal besonders laut.

*

Ich kauere, auf ein paar Steinen balancierend, am Porto Vecchio 2, gegen die Hauswand gedrückt, ein paar Schritte weg vom Anleger. Da erläutert seit Neuestem ein Schild, dass Wasservögel nicht gefüttert werden dürfen. Ich jedenfalls könnte was zum Beißen vertragen. Die Seewellen schwappen zutraulich gegen die Steine. Eisig leckt die feuchte Nachtluft über meine Wangen. Der Wind frischt auf. Ich schiebe die Hände tief in die Hosentaschen. Mir ist verdammt kalt.

Mariangela ist nicht gekommen.

Ich habe Ewigkeiten gewartet, in die Schatten gedrückt, dem gelben Schein der Straßenlaternen ausweichend.

Bis ich einfach nicht mehr konnte. Die Straßen nach ihr abgesucht habe, nicht wissend, wen oder was ich eigentlich finden will.

Ich sollte abhauen. Rauf zum Parkplatz, in den Macan springen und wegfahren.

Es war eine Schnapsidee, überhaupt hierherzukommen! Mariangela und ich, wir haben uns ohnehin nichts mehr zu sagen.

Ein Boot nähert sich. Ich höre den Außenbordmotor tuckern, leise erst, dann immer lauter. Ich sollte abhauen. Schon kann ich die Gestalt, die das Boot steuert und auf den Porto Vecchio zuhält, deutlich erkennen. Ein gedrungener Mann mit einer Kapuze über dem Schädel. Als ich aufstehe, an die Mauer gedrückt vorsichtig zum Anleger zurücktänzele, huscht ein Schatten aus dem Vicolo vecchio. Ich schlage einen Haken, stürme die Via Borre hinauf. Aus einem Hauseingang greift eine Hand nach mir. Ich reiße mich los. Renne die grob gepflasterten Gassen entlang, keuchend, schwitzend jetzt.

Viel kann sich verändern in 20 Jahren, aber das Netz an Gassen und Sträßchen nicht, und das hat sich uns Einheimischen eingeprägt wie ein Brandmal. Ich flitze einmal nach rechts, dann nach links, durch einen Torbogen, schmale Stufen hinauf, bis ich rechts eine Baustelle wahrnehme, eigentlich sehe ich nur die im Licht der Straßenbeleuchtung schimmernde Bautafel. Ich hebe die Plane an, die das Gerüst zur Gasse hin verhängt, krieche hindurch, schiebe ein Gitter beiseite, schlüpfe in das entkernte Haus, das hier saniert wird, vorsichtig, leise, lauschend. Robbe noch weiter weg in eine Senke am Boden, die vielleicht einst eine Zisterne war. Die Stadt ist verdammt alt.

Sie treffen sich wenige Meter weiter. Mein Name fällt. Mein alter Name.

Sie haben auf mich gewartet.

*

Mariangela erzählt, wie es damals anfing.

»Können wir reden?«, frage ich.

»Warum nicht?«

»Lass uns rausgehen. Nicht hier!«

»Du machst mir Angst, Tochter!«

Verklemmtes Lachen. Eltern!

»Krieg doch nicht immer gleich die Krise!« Nach dem Schlüssel greifen, Geld für einen Caffè Espresso einstecken. Absperren. Selten, dass wir beide mal den Lungolago **3** Richtung Val di Sogno entlangschlendern. »Bald ist die Saison zu Ende.«

»Zum Glück.«

»Warum bist du so negativ?« Dieses ewige Jammern und Klagen geht mir auf den Keks.

»Bin ich das? Worüber wolltest du denn mit mir reden?«

Brennende Sonne. Weiße Segler flitzen über tiefblaues Wasser. Badenixen auf Luftmatratzen, Halbstarke auf den Schwimminseln. Gröhlen, balzen. Hormone. Rot verbrannte Haut.

»Ich habe mich verliebt. Diesmal ist es was Ernstes.«

»Wer ist der Glückliche?«

»Claudio Tosolino. Seine Eltern sind zurzeit nicht gut auf ihn zu sprechen, weißt du. Deshalb …«

»Man redet so manches über ihn.«

»Pah! In einem Kaff wie Malcesine wird immer geredet! Sag mal: Wir haben doch Omas Geld damals neu angelegt. Es ist eigentlich meins, nicht wahr?«

*

Am Gardasee rücken die Klimazonen zusammen und legen sich gegenseitig gutmütig die Arme um die Schultern. Die Nacht ist so kalt, dass das Pfützenwasser am Boden der Senke, in die ich mich verkrochen habe, zu gefrieren beginnt. Morgen kann es tagsüber locker 15 Grad haben. Dem schnellen Wechsel bin ich nicht mehr gewachsen.

Ich warte ab, wage mich erst aus meinem Versteck, als die flüsternden Stimmen meiner Verfolger längst verklungen sind. Kurz muss ich mich orientieren, ich stehe in einem Gässchen auf dem Weg zur Burg, schräg gegenüber liegt ein Restaurant, jetzt im Winter verwaist, eine Mörtelmischmaschine steht davor. Traditionell wird die Nebensaison für Bauarbeiten, Renovierungen und Ausbesserungen genutzt.

Ohne nachzudenken finde ich aus dem Gewirr an Gässchen heraus, haste über die Piazza Turazza.

Aus der Osteria Santo Cielo **4** kullert Licht auf die schwarze Piazza.

Nur ein Tramezzino. Etwas Kleines. Ein Gläschen Hauswein.

Im Santo Cielo treffen sich vor allem junge Leute, von denen kann sich keiner an mich erinnern. Kann keiner. Keiner. Ich habe mich verändert. Mein früher wallendes Haar habe ich auf wenige Zentimeter gekürzt. Mein Schädel hat etwas Buddhistisches. Ich bin hagerer geworden. Womöglich wird mich Mariangela nicht erkennen. Hat sie mich nicht erkannt, oben an der Kirche? Und ist deshalb unsichtbar geblieben?

Die Barfrau trägt eine Pudelmütze. Sie grüßt mit einem Kopfnicken. Ich quetsche mich durch den Schankraum und setzte mich an einen Tisch in der hintersten, dunkelsten Ecke. Vielleicht war da gar niemand. Das Boot am Porto

Vecchio hatte nichts mit mir zu tun. Es ist auch keiner hinter mir hergerannt, und die Hand, die nach mir griff, gab es nicht.

Nach Antipasti steht mir nicht mehr der Sinn, als ich in der Wärme meine Jacke aufknöpfe. Ich frage nach Pasta. Die Küche wird mir Cannelloni mit Kürbis zubereiten, steht nicht auf der Karte, ob das okay sei, fragt die Pudelmütze.

Mehr als okay.

Ich lehne mich zurück, die Glieder rutschen von selbst in eine bequeme Position. Nach Tagen der Planung, Vorbereitung und Anspannung mache ich Rast.

Der Hauswein ballert Wärme in mein Gesicht. Ich lege die Sonnenbrille weg. Keiner der Gäste kommt mir bekannt vor.

Die Cannelloni dampfen, der Scamorza zieht Fäden. Ich habe auch niemanden sprechen hören, oder? Waren da wirklich Stimmen? Die meinen Namen sagten? Den alten Namen?

Mariangela hätte mich in Amerika besuchen können. Ich hätte ihr den Flug bezahlt. Aber sie bestand darauf, dass *ich* herkomme.

Wenn mich Mariangela nicht verraten hat, wer wusste dann Bescheid?

*

Claudio erinnert sich.

Damals auf der Scaligerburg **5** in Torri del Benaco.

Ein Treffen nicht im Heimatort, sondern ein paar Kilometer die Gardesana runter, damit man von den heimischen Quasselstrippen nicht gesehen wird. Alles verständlich. Natternnester, diese Ortschaften rund um den See.

Sprechen von Mensch zu Mensch. Das geht leicht.

Es mit Mariangelas Eltern halten. Gut dastehen. Come no! Schadet ja nie, Autoritäten für sich zu gewinnen. Leise, leise. Kein Aufhebens machen. Klappe halten, Vorteile absahnen.

Hochsaison. Strahlender Sonnenschein. Heiß. Die Touristen sind an den Stränden, auf dem Wasser, in den Bergen. Keiner hat Lust, auf den Türmen und in den Wehrgängen der alten Burg herumzukraxeln, obwohl das wirklich Spaß macht.

Schicke Hosen. Weißes Hemd. Gebügelt. Bloß nicht mit einem Urlauber verwechselt werden. Sonnenbrille.

Warten, Hüfte an Brüstung, beobachten. An Mariangela denken. Ihr die Welt zu Füßen legen und den Mond dazu. Ganz zu schweigen von den Sternen, die bereits für sie gepflückt sind.

Jemand nähert sich.

Du verstehst binnen Sekunden, was Sache ist. Und dass du nichts dagegen tun kannst. Nicht ums Verrecken.

*

Kappa

Am Macan klebt ein Zettel.

»Du willst deine Tochter wiedersehen? Anzahlung 50.000. Morgen, 16 Uhr, Monte Baldo. Gipfel.«

Die Falle ist zugeschnappt.

*

Das Verrückte ist: Sonia glaubt dran. Dass die Madonna ihr hilft.

Wenn die Madonna Bescheid weiß, sagt Sonia, dann bin ich ganz ruhig. Wenn überhaupt irgendjemand da oben Bescheid weiß. Dann kann das Ende kommen.

Sie hat nicht mehr lang.

Renato, dieser Kretin, hat mich so gebeten, also gut, fahre ich mit.

Der Wallfahrtsort Madonna della Corona **6** liegt von Malcesine aus gesehen auf der anderen Seite des Baldo-Massivs. Das wird eine üble Fahrerei, durch die engen Straßen mit unserem Riesenmobil. Wir haben den Van nur angeschafft, um Sonia mit dem ganzen Medizinkram herumchauffieren zu können. Mussten einen Kredit für das Auto aufnehmen.

Sonia kann sich kaum aufrecht halten, selbst im Rollstuhl fällt es ihr schwer, sie ist zu schwach zum Sitzen. Will den Ausflug zur Madonna aber durchziehen.

Früher Aufbruch. Am Nachmittag geht es ihr noch schlechter als morgens. Renato liebt seine Schwester. Mehr als mich, mehr als unsere Tochter. Der Gedanke, dass er mich vielleicht mehr lieben würde, wenn ich genauso kläglich dran wäre wie Sonia, erfüllt mich mit Panik. Weiß ich, ob da irgendwo in mir ein Krebs wütet, unbemerkt, bis es zu spät ist?

Es wird Zeit, dass die Saison losgeht. Ich habe zu viel Zeit zum Nachdenken.

Wir verfrachten Sonia in den Van, einer von Renatos Kumpels hilft, ich fühle mich immer unsicher mit dem Rollstuhl an der Rampe, und dann geht Renato noch schnell in die Video Bar **7** auf einen Caffè. Mit dem Kumpel. Mich fragt er nicht, ob ich einen Espresso will, dabei werde ich morgens ohne Koffein gar nicht richtig wach. Was soll's, nach 15 Jahren Ehe kenne ich seine Macho-Marotten.

Ich stehe neben dem Auto, rauche eine, da spaziert wer zur Monte-Baldo-Bahn. Der Gang ruft etwas in mir wach. Spornstreichs, flott, mit kurzen Schritten. Kenne ich …? Die Frage schwingt in mir weiter, da klopft Sonia von innen an die Scheibe. Schnell lächeln, Hand ans Fenster legen, ihre kommt von innen. Als wenn wir uns durch das Glas abtasten. So rauche ich. Hand an Hand. Sie sieht mir dabei zu.

Renato kommt wieder raus, aber in der Video Bar scheint sich was verändert zu haben, die Männer drinnen starren ihm nach, mit ihm weht ein Hauch von Missgunst und Hinterlist ins Freie.

»Fahren wir.«

Die Sonne schmiegt sich an den See, Frühlingswetter, kein Wölkchen zu sehen. Sonia hat den Kopf an die Scheibe gelegt und träumt.

In der Saison ist die Gardesana, die Straße entlang des Seeufers, immer verstopft. Stop-and-Go ist dann noch ein Euphemismus. Eher Stop als Go. Jetzt, im Februar, sind nur wenige unterwegs, allerdings einige LKW, die zu den Baustellen rund um den See fahren, Material anliefern, Schutt entsorgen. Ab und zu überholt Renato Rennradler in Mannschaftsstärke.

»Endlich kann man mal auf die Tube drücken.«

Renato, Freund schneller Autos.

Cassone, Castelletto, Pai, Torri. Von dort in die Berge rauf, haarnadelkrumm, Castione, Caprino, Spiazzi.

Sonia schaut auf die Uhr, die Messe ist um halb elf, wir müssen noch parken, sie ausladen und den Berg runterschieben zur Kirche. Wir sind spät dran. Wie immer.

Anhalten. Hektik. Sonia die Rampe runter, Renato schiebt den Rollstuhl schon bergab, ich schlage die Türen zu. Kalter Wind knabbert an meinem Gesicht. Das Liebliche des Sees ist hier an der Ostflanke des Baldo nicht zu spüren.

Kein Mensch am Parkplatz. Wer zur Messe will, ist längst unten in der Kirche. Renato und Sonia sind nicht mehr zu sehen.

Ich lasse mir Zeit. Aus Sturheit, Trotz?

Starke Sicht heute. Außerdem kann ich die Autobahn hören. Wegkönnen. Abhauen. Aus allem raus. Sonias Sterben nicht mitbekommen müssen. Renatos vertrottelte Hoffnung ignorieren, eine teure Behandlung in den USA könnte Sonia noch retten. Wie blöd kann man sein. Wir haben sowieso kein Geld.

Unter mir irgendwo das Heiligtum. Glocken. Frieden. Mal wieder Frieden erfahren. Innerlich.

Ich kann nicht mehr weitergehen. Die Gedankenwaschanlage hat auf Schleudergang geschaltet. Lieber noch eine Zigarette.

Cazzo! Die Schachtel ist im Wagen.

Wieder aufschließen. Hände zittern. Entzugserscheinung. Muffensausen wegen dem, was Sonia bevorsteht. Angst wegdrücken, wir müssen sowieso da durch. Kalte Füße helfen niemandem.

Eine Wagentür knallt zu.

Schritte. Irgendwo.

Endlich. Die Schachtel. Kippe rausstippen, Feuerzeug, Klick!, tief atmen, geht doch, herrlich, Kopf wird frei.

Dann Schmerz. Und Dunkelheit.

*

Heute ist Aschermittwoch. Am Aschermittwoch gehen die Leute in die Kirche, um sich beim Auftragen des Aschekreuzes daran erinnern zu lassen, dass sie nichts sind als Staub. Wahrscheinlich hat bloß noch niemand gemerkt, dass Staub das Beständigste im Universum ist und mithin unsterblich. Sollten Sonne und Erde gleichzeitig implodieren, der Staub wird bleiben.

Kurz vor drei bin ich an der Talstation der Seilbahn in Malcesine und kaufe ein Ticket auf den Monte Baldo [8] rauf und wieder runter, andata e ritorno, obwohl ich nicht sicher bin, dass ich nachher noch runter will. Oder kann.

Die Nacht in dem winzigen Hotel in Cassone hat mich gemartert. Früh bin ich raus, mit dem Macan rumgerast, habe nach Antworten gesucht.

Von wem ist die Mail? Wer hat mich gefunden? Warum? Was haben die vor? Und vor allem: Wer weiß, dass ich Kappa bin?

Der schlimmste Gedanke: Wenn Mariangela mir nicht geschrieben hat, dann wollte sie mich nicht sehen, hat nicht mal an mich gedacht. Meine Hoffnungen sind dahin. Sie sterben, zerfallen zu Aschermittwochsstaub. Einfach so.

Um kurz vor drei stiefele ich die Treppen in der Talstation zur Abfahrtsplattform hoch. Die Seilbahn ist neu, die alten Gondeln waren rot und eckig, diese sind rund und grau. Am Drehkreuz hält man den Strichcode des Tickets unter ein Lesegerät und wird auf die Plattform vorgelassen. Moderne Zeiten.

Gerade kommt die Talfahrt-Kabine rein, Ski- und Snowboardfahrer quellen raus, quietschbunt, für alles gerüstet, sonnencremegetränkt, müde und glücklich nach einem Tag an der kalten Luft. Mützen, Rucksäcke, Ski, Stöcke, Handschuhe. Rauf will um die Zeit kaum noch einer. Nur ein Fotograf mit einer Leica im Arm und ein Alter im Bergwachtanorak steigen mit mir zu.

Lautlos gleitet die Kabine, der Gondelführer plaudert mit dem Alten im Dialekt von hier. Der Fotograf ist begeistert von der grandiosen Aussicht, die einem mit jedem Höhenmeter mehr den Atem raubt. Unten der See. Malcesine und seine Burg. Ein bunter Haufen Würfelhäuser im grünen Olivenbaumbett. Das graue Castello. Abendsonne, Gegenlicht.

San Michele, die Zwischenstation. Ab in die nächste Gondel. Jemand beobachtet mich. Glaube ich. Ich ziehe die Mütze tiefer in die Stirn.

Hab mir vor knapp zehn Jahren die Nase machen lassen. Die erkennen mich nicht mehr.

Und es ist ja niemand da außer dem Alten, dem Gondelführer und dem Fotografen.

Die Vegetation wird mitteleuropäisch, keine Palmen mehr, keine Olivenbäume, bloß verkrüppelte Laubbäume ohne Laub. Claudio? Sollte Claudio auf Rache sinnen? Reicht sein Hirn dafür? Wohl kaum. Claudio Tosolinos Hirn sendet schon lange nicht mehr, genauso wenig wie seine Eier.

Wenn wir die Masten passieren, schaukelt die Gondel bedrohlich wie ein Einkaufsnetz in der Faust eines Trunkenbolds, die Leica macht klickklickklick. Jetzt sind wir höher als die blanken Gipfel auf der Westseite. Sanft gleitet die Gondel an den Haltepunkt und spuckt uns aus.

Hier oben ist es wärmer als unten. Wenigstens an den windgeschützten Stellen. Unter meinen Stiefeln taut der Schnee. Mariangela will mich nicht, und wer kann es ihr verdenken.

*

Mariangela

Das darf nicht wahr sein! Diese Knilche sind dumm wie Möwenscheiße!

Der Ducato gondelt über die Bergstraßen. Sie haben mir Füße und Hände gefesselt.

»Lasst mich sofort raus!«

»Niemand kann was für seine Altvorderen!« Sagt der Dickste. Sandro.

»Renato setzt alle Hoffnung in diese Therapie in Amerika.« Sagt der Kleinste. Jack. Dem sie garantiert das bisschen Hirn abgesaugt haben, das er noch zwischen den Ohren hatte.

Einer mit Skimütze auf dem Quadratschädel fährt. Orfeo. Renatos übliche drei Spießgesellen.

»In Amerika? Ihr habt sie ja nicht mehr alle! Bastardi!«

»Nicht doch, Mariangela! Er will das Geld für Sonia.«

Geld? Wir brauchen immer Geld.

»Die Sache ist bald vorbei. Kappa bezahlt und wir lassen dich laufen.«

»Kappa? Wer soll das denn sein?«

Der Dicke und der Kleine glotzen einander an. Irgendwie müssen sie die Fassung wiedergewinnen, nur blicke ich nicht durch, wie und weshalb sie ihnen abhandengekommen ist.

»Sonia wird es dir danken!«, versucht es Orfeo.

»Sonia überlebt nicht mal mehr bis Ostern, ihr Knalltüten!«

»Aber Renato …«

»Renato«, beginne ich, hole tief Atem, lasse es dann sein. Lohnt sich nicht, für Armleuchter dieser miesesten Kategorie auch nur ein Gramm Sauerstoff zu verpulvern.

*

Claudio

Unsere Affäre lief ziemlich lang. Ich hatte ja immer Mädchen am Start. Aber selten Damen, die älter waren als ich.

Damals also ein alles verzehrendes Feuer. Mit zwei Frauen aus einer Familie! Ein Katapult, Beschleunigung auf jeden Meter, Hochgefühl, Blitzschläge direkt in den Scheitel, elektrische Ladung um mich wie eine frische Dosis Aftershave. Was ich berührte, schlug Funken.

Mariangela war seinerzeit ein echter Hingucker. Inzwischen ist der Lack ziemlich ab. Leider muss ich eingestehen, dass ich selbst noch jämmerlicher dran bin. Sie allerdings hat zu sehr dem Alkohol zugesprochen und mit Drogen experimentiert, die Ehe mit Renato hat sie seelisch ruiniert, und wenn Lorenzo ihr nicht diesen Job in der Locanda Monte Baldo klargemacht hätte, wäre sie komplett abgestürzt. Auf Lorenzo ist Verlass. Nur jetzt gerade nervt er.

Ich hege keinen Hass mehr. Nicht auf Kappa. Wie sollte ich? Von dem, was mir mal wichtig war, ist nichts übrig. Ich habe neue Hobbys. Schnelle Autos. Die Liebe des Mannes über 50. Und ein Limoncello, nach dem Espresso, taugt auch. Zum Beispiel in dieser Bar in Val di Sogno.

Lorenzo will was rausgefunden haben. Mit hochrotem Kopf steht er neben mir am Tresen, seinen Caffè hat er in einem Rutsch gekippt.

»Kappa? Wer ist denn Kappa?«, frage ich. »Ich kenne keinen Kappa!«

Lorenzo erklärt, argumentiert, beschleunigt seine Schaufelbagger-Gestik, haut mir fast die Sonnenbrille von der Nase. So überspannt ist er nur, wenn er irgendwo eine Kuh zum Melken gefunden haben will.

»Stopp, mein Lieber, das kriege ich nicht so schnell auf die Reihe. Mariangela …«

»*Kappa* hat Geld, nicht Mariangela. Die erpresst Renato, Lösegeld für Mariangela, capisci? Er will die Kohle für seine Schwester, aber wenn wo was abzuzweigen ist, halten wir auch die Hand auf, haben wir immer so gemacht, ist doch so, oder, Claudio?«

Das muss ich erst mal verdauen. Am Fenster sitzen zwei Männer, gucken grimmig zu uns rüber. Sie sind auch schon von Lorenzo über den Tisch gezogen worden. Sein schlechter Ruf zieht sich den See runter bis Bardolino, wenn nicht sogar bis Brescia.

»Renato will Geld für Sonia? Aber die lebt nicht mehr lang. Keine zwei Wochen mehr, wenn überhaupt.«

»Es geht doch gar nicht um Sonia. Es geht darum, dass Kappa zahlen wird, denn Kappa kann sich keine Polizei und keine Publicity leisten. Capisci? Und an der Stelle kommen wir ins Spiel.« Er boxt meinen Arm.

Kappa? Wer, porca puttana, ist Kappa?

*

Kappa auf dem Monte Baldo

Raus aus der Gipfelstation und dann links. Für Fußgänger gibt es einen Extrapfad, damit die paar Wanderer nicht die Pisten zertrampeln. Zwei Gleitschirmflieger präparieren sich für den Absprung. So blau der Himmel, wirft seinen Glanz in den See, die Sonne mixt ihr matter werdendes Orange hinzu. Der Himmel macht sein Ding.

Ein paar Schlepplifte laufen, der Andrang ist minimal, die Skisaison klingt aus, außerdem fährt bald die letzte Gondel ins Tal. Wer nicht hier oben übernachtet, muss sehen, dass er wegkommt.

Ich schleiche um das Liftwärterhäuschen. Ein paar Leute

stapfen durch den Tiefschnee über einen im Schnee kaum zu erkennenden Wanderweg, aus Richtung Colma di Malcesine 9 kommend, vorbei an der niedrigen Hütte mit der Riesenterrasse. Da sitzen sogar Gäste in der Abendsonne, in Decken eingemummelt, schlürfen Latte.

»Nicht viel los heute.« Der Liftmann grinst mich an.

»Nein.«

»Hast du das Geld?«

»Was wollt ihr?«

»Na, die Kohle.«

»Wo ist Mariangela?«

»Anzahlung, dann kriegst du ein Lebenszeichen von ihr.«

»Ich habe keine 50.000.«

»Pech für dich. Und für Mariangela.«

Die Sonne wird ein schwarzer Fleck in meinem Kopf. Ich mache ein, zwei Schritte auf den Knaben zu.

»Du rührst meine Tochter nicht an. Klar? Keiner von euch Statisten!«

»Den Mumm hat dir keiner zugetraut. Einem Mann die Eier wegzuschießen.« Er grinst und zeigt einen schwarzen Zahn. Kommt sich wohl cool vor.

Ich greife in die Innentasche meiner Jacke. Unter der Sonnenbräune wird er bleich. Fürchtet, da könnte wieder eine Knarre stecken, geladen.

Ich will ihn nur ablenken. Klappt auch. Ein paar gezielte Hiebe, dann liegt er am Boden. Ich stelle meinen Fuß auf seine Brust.

»Wo ist Mariangela?«

Unartikuliertes Keuchen.

»Geht's genauer?«

»Frag Orfeo.«

»Tomilleri?« Das darf doch nicht wahr sein! Wieder schiebe ich meine Hand in die Anoraktasche.

»Cazzo!«, flucht der Typ.

Okay. Das ist Antwort genug.

»Handy!« Ich strecke die freie Hand aus. »Kriegst es wieder.«

Er flucht ohne Unterlass, kramt aber sein Telefonino aus der Tasche seiner Skihose. Liegt da wie ein Käfer. Beinahe möchte ich lachen. Manches geht erstaunlich einfach. Und Gewalt ist immer eine Lösung.

*

Mariangela

Sie haben mich in Signora Tomilleris Schlafzimmer gesperrt. Es gibt üblere Gefängnisse.

Die Signora ist vor ein paar Monaten an ihren knapp 90 Jahren gestorben. Mit einer letzten Verwünschung auf den Lippen, die, wie man sich erzählt, ihrem Sohn Orfeo galt.

Tür abgeschlossen, Fenster nur eine Schießscharte. Das ist so in diesen alten Häusern. Um mich herum hockt Dunkelheit und bohrt ihre klebrigen Finger in meine Seiten. Oder vielleicht ist es Signora Tomilleris Geist, der sich aus den klammen Ecken traut.

Unten diskutierende Männer.

Ungeduldige Männer.

Eine dringend erwartete Nachricht trifft nicht ein. Tölpel! Jack und Sandro gelten im Ort als zu blöd, um sich die Nase zu putzen, und finden nicht einmal zur Hauptsaison einen Job. Und Orfeo – Madonna! – ist ein eigenes Kaliber. Wie der sich damals nach der Sache mit Claudio aus der Affäre gezogen hat …

Nach der Sache mit der Glisenti hat seine alte Mutter ihm nie mehr über den Weg getraut und ohne sein Wissen seine

Waffensammlung verkauft. Hätte er mehr Mumm in den Knochen, er hätte sie umgebracht. Dann wären ihr die zehn Jahre, die sie als Gemüse im Bett verbrachte, erspart geblieben.

Es klingelt Sturm an der Tür.

Unten Aufruhr.

»... melde ich alles ... Polizei!« Die Stimme kenne ich. Lorenzo? Das Sackgesicht aus Val di Sogno, der als Hauptjob einen Handel mit geklauten Autoteilen betreibt!

»... nicht wir ... Renato.«

Renato?

Jetzt wird es wirklich witzig. Ich schlage mit den Fäusten gegen die Tür.

»He, ihr Knallchargen! Stronzi! Lasst mich raus!«

Da geht echt die Tür auf, und vier Männer gucken zu mir rein.

»Ihr müsst wirklich total durchgeknallt sein«, fahre ich sie an. Der Vierte ist tatsächlich der krumme Lorenzo.

»Was glaubt ihr, was Renato mit euch macht, wenn er das hier rauskriegt?« Ich zeige auf mich, als wäre ich ein besonders ekelerregendes Produkt aus Frankensteins Labor.

Da brechen sie in Lachen aus. Lorenzo geckert wie eine Elster.

Cretini!

*

Claudio denkt noch einmal an jenen Spätsommer, als ...

Letztlich dreht sich alles um Geld. Hoffe auf Liebe, aber erwarte Geld. Fürchte Ablehnung, aber mach dich auf Armut gefasst.

Mariangela hat mich wirklich geliebt. Vorher. Natürlich vorher. Nachher war nur Mitleid. Welche Frau liebt einen

Mann ohne Eier? Na gut, das Geld hat schon geholfen. Nichts gegen Geld.

Vor 20 Jahren – was für ein Spätsommer! Fast wie Juni, als gebe es keinen kühlen Wind am Abend, in dem schon mal ein paar bunte Drachen tanzen, und keine Pflaumenkerne.

Ich will mit Mariangelas Mutter den letzten Tag im Botanischen Garten **10** in Novezzina genießen. Es ist der 30. September. Alles noch grün und sommerlich, doch am Nachmittag kriechen die Schatten schon früh über die Pfade und Beete. Von morgen an wird dieses Refugium bis Mai geschlossen bleiben. Wir liegen im Gras. Ich habe schon mit Mariangela gesprochen. Dass mein Herz ihr gehört. Wir werden heiraten. Alles geplant. Termin fix.

Ich habe Mariangela gebeten: Lass mich es deiner Mutter sagen. Ich will um deine Hand anhalten. Ganz altmodisch. Mariangela hat gelacht und geschäkert und war sichtlich gerührt.

Natürlich wäre sie nicht gerührt gewesen, hätte sie gewusst, was wirklich los war, hätte sie diesen speziellen Teil des Problems gekannt, das zu lösen ich jedoch gerade im Begriff war.

Kassandra und ich haben unseren Stammplatz ganz unten am Hang, in einem Gehölz da gibt es so viel Sichtschutz wie wir nur wollen, viele Wochen lang sind wir hergekommen.

»Morgen schließt der Botanische Garten.«

»Ja. Ab morgen ist hier Schluss. Und mit uns auch, wie ich das sehe, oder?« Kassandra wälzt sich auf den Rücken.

Die Mücken tanzen um uns. Am Bauch ist sie ganz zerstochen. Ich frage mich, ob sie doch in die Zukunft sehen kann, bei dem Vornamen, vielleicht nur ein bisschen reinlugen, bis Oktober, bis Mariangela und ich heiraten, ist es ja nicht mehr lang. Das kann sie vielleicht sehen, ahnen, mit den Instinkten der Mutter erfassen?

»Du weißt …?«

»Mariangela hat es mir gesagt.«

Porca miseria! Frauen. Ich hätte es wissen können. Hätte ich.

»Dann kommst du also an ihr Geld.«

»Ihr Geld?« Ich kann nicht ganz folgen.

»Du weißt doch, das Geld, das sie dir überschreiben will, damit du deine Schulden endlich loskriegst.«

»Von Geld weiß ich nichts.«

Ihrer Miene sehe ich an, dass sie mir nicht glaubt.

Ich liebe sie immer noch. Ihre männliche Art, wenn sie was sagt, wie sie mich anfunkelt, Dinge geradeheraus anspricht, sie hat nichts Ladylikes, nichts Püppchenhaftes. Vielleicht … vielleicht können wir trotz allem … uns im nächsten Sommer hier wiedersehen?

Sie steht auf, zieht sich an. Leinenhose, Polo, schlüpft in ihre Nikes. Schnappt sich den Rucksack.

»Du bist ein Mistkerl, Claudio!«

Dass sie eine Knarre aus ihrem Rucksack zieht, fällt mir erst gar nicht auf, ich denke an andere Dinge, an die Liebe, frage mich, welches Geld? Habe ich Geld von Mariangela gefordert? Sie kennt meine Probleme, aber ich bin dabei, alles zu regeln, habe einen festen Job und nächsten Sommer kann ich in einer Kiteschule in Torbole anheuern, alles in trockenen Tüchern, Mariangela kann stolz auf mich sein …

Sie schießt. Der Knall schockiert mich mehr als der Schmerz. Der allerdings nimmt überhand, kaum dass Kassandra durchs Dickicht verschwunden ist.

Geld. Letztlich geht es um Geld.

*

Irgendwas haben die Irren mir eingeflößt. Eine Art Ohnmacht hat mich aus dem Verkehr gezogen, und jetzt ist es dämmrig draußen, durch die Schießscharte purzelt graues Licht ins Zimmer.

Es wird Nacht. Renato dreht garantiert durch, wenn ich nicht zu Hause bin. Renato …

Verdammt, warum haben die Kerle so gelacht, als ich Renatos Namen genannt habe? Dass unsere Ehe ein schlechter Scherz ist, weiß ohnehin jeder, und lachen muss darüber keiner.

Das Haus schweigt. Die Gasse schweigt. Probeweise greife ich nach der Türklinke. Die Tür öffnet sich.

Jetzt erst mal durchatmen. Ich halluziniere womöglich. Die haben mich betäubt, mussten Zeit gewinnen, entscheiden, was zu tun ist, und das kann bei Rindviechern vom Schlage Orfeos, Sandros und Jacks durchaus länger dauern. Bleibt die Frage, was genau dem vertrottelten Triumvirat im Kopf herumspukt.

Es ist finster hier. Ich drehe den Lichtschalter. Nichts. Einer hat die Sicherung rausgedreht. Vorsichtig trete ich auf den Treppenabsatz, das Holz knarrt böse, ich steige Stufe für Stufe die Treppe hinunter.

Stimmen draußen. Die Eingangstür öffnet sich. Das gelbe Laternenlicht kriecht über den Boden.

Zurückweichen. Wieder rauf. Leise.

Orfeo: »Sie ist doch viel zu schwach dafür. Du kriegst sie nicht mal ins Flugzeug.«

»Soll ich jetzt abbrechen?« Renato!

Beide Männer betreten das Haus.

»Sei doch vernünftig!«

»Kappa wird zahlen. Ansonsten gehe ich zu den Carabinieri! Die sollen seine Fingerabdrücke mit denen auf der Glisenti vergleichen.«

»Rede lieber mit Mariangela.«

Plötzlich geht das Licht an.

Mein Auftritt.

»Brillante Idee, Signori.« Ich laufe die Stufen runter. »Kann mir das alles mal einer erklären?«

Orfeos Quadratschädel dreht sich langsam in meine Richtung. Renato hält sich die Hände vors Gesicht. Ich hoffe, aus Scham.

»Ihr habt mich entführt, um mit dem Lösegeld ... was zu machen? Eine Flugreise? Wo wollt ihr denn hin?«

Schade, dass Signori Tomilleri die Waffensammlung verhökert hat. So eine Glisenti wäre mir jetzt recht. Oder auch nur ein Langobardenschwert.

Orfeo holt tief Luft:

»Renato wollte nur ... wegen Sonia.«

»Sonia? Wer kümmert sich jetzt gerade eigentlich um Sonia?«

»Lass mich doch erklären.« Renatos Hände klatschen gegen seine Hosennaht, als gehörten sie gar nicht zu ihm. »Gehen wir ein Stück. Okay?«

Frische Luft wäre mir jetzt mehr als recht. Wenn es eine Erklärung für das alles gibt, hoffe ich, dass sie gut ist und auch normale Menschen wie ich sie verstehen.

*

Sein Gesicht ist von Furchen durchzogen: Renato wird alt.

Die Dunkelheit sickert den Monte Baldo hinunter und ergießt sich in die Gassen von Malcesine, wir gehen Richtung Castello, wo gar nichts mehr los ist. Verrammelte Fensterläden, kahle Gärtchen, an manchen Briefkästen hängen Zettel mit der Bitte, Post bei xyz abzugeben. Noch sind viele weg. Kommen erst zur Saison zurück.

»Was ist jetzt?« Ich verliere die Geduld, war nie gut in Geduld, seit der Sache mit Claudio noch weniger. Ich wollte ihn trotzdem heiraten, aber er hat sich zurückgezogen, ich habe ihm von meinem Gesparten die Operation in London bezahlt, dann ist er zurückgekommen und war komisch und ich kann es ihm nicht verdenken. Wobei: Wer kann schon was für seine Altvorderen …

»Mariangela …«

»Ich höre.«

Über uns klebt das beleuchtete Castello auf seinem Felsen. Ein wenig von dem dunkelgelben Licht fällt in die Gasse, die wir entlanggehen. Die Luft wird feuchter. Wir nähern uns dem Wasser. Es wird steil, hier beginnt die Treppe runter zur Spiaggetta ⑪, dem kleinen Strand, den sich im Sommer die Pärchen reservieren, spät nachts, sobald alle anderen im Bett liegen.

Dann berichtet Renato. Von seinen Sorgen, die er sich macht. Dass er vielleicht nicht genug für Sonia tut. Obwohl er tief drinnen ja weiß, dass es aus ist mit ihr, dass sie bald sterben wird, dass niemand ihr mehr helfen kann. Er macht sich Gedanken, es könnte trotz allem noch irgendwo Hilfe geben, es sei seine Pflicht, nach jedem Strohhalm zu greifen.

Irgendwie kann ich ihn verstehen. Sie ist seine Schwester. Auch ich liebe Sonia. Mehr als ich Renato liebe. Dazu gehört aber nicht viel.

»Dann habe ich im Internet etwas über eine Fotografin in New York gelesen. Eine echte Berühmtheit. Nennt sich Kappa, nach dem Fotografen Robert Capa, der mit John Steinbeck auf Reisen ging, damals, im letzten Jahrhundert.«

Ich staune nicht schlecht. Renato kennt John Steinbeck.

»Also. Der Name hat mich erstaunt. Weil ›Kappa‹ doch die italienische Bezeichnung für den Buchstaben ›K‹ ist. Und wir haben früher oft darüber gespottet, dass deine Mutter Kassandra heißt. Mit ›K‹.«

»Na, und?«

»Kappa ist deine Mutter, Mariangela.«

»Was?«

»Deswegen habe ich ihr geschrieben. Ich habe … sie nach Malcesine eingeladen.«

»Du?« Ich kann nur den Kopf schütteln. Wir sind am Fuß der Treppe angekommen. Schneidender Wind peitscht das Wasser auf. Klamme Feuchte schwirrt durch die Luft. Die Wellen klatschen gegen die Steine.

Ich habe meine Mutter nie gesucht. Nie nach ihr gefragt. Geschweige denn, dass ich ihr geschrieben hätte. Nach dem, was sie Claudio angetan hat, war sie für mich gestorben.

»Sie würde nie zurückkommen!« Sie hat mir nie geschrieben, nie auch nur versucht zu erklären, um Verzeihung zu bitten.

»Ich habe ihr in deinem Namen geschrieben, Mariangela.«

Stronzo.

»Sie wäre sonst nicht gekommen!«

Ich habe keine Kraft, mich zu empören. Erinnerungsfetzen schwirren um mich, ich ziehe sie hinter mir her wie einen Schwarm Nachtfalter, die dem Licht zustreben. Worte quellen aus mir heraus: »Ich konnte das nicht ertragen, verstehst du? Dass sie sich so in mein Leben eingemischt hat. Auf Claudio zu schießen! Damit er kein Mann mehr ist, ich ihn nicht heirate, und er dann nicht an mein Geld kommt. Dabei hat er es doch gekriegt. Ich habe es ihm gegeben. Für die OP. Wenigstens das musste ich für ihn tun.«

Renato legt den Arm um mich, ich lasse es geschehen.

»Sie hat nicht deswegen auf ihn geschossen. Nicht wegen des Geldes.«

Ich mache ein paar taumelnde Schritte, stoße Renato weg. Unter meinen Füßen nur Steine.

»Was?«

Wasser schwappt in meine Nikes. Ich registriere die Kälte, aber sie ist mir vollkommen gleichgültig.

»Sie hat Claudio die Eier weggeschossen, weil er seine Affäre mit ihr beendet hat. Um dich zu heiraten.«

*

Kappa

»Buona sera, Orfeo!«

Ich habe gerade noch die letzte Bahn ins Tal erwischt. Bin die Gassen runter zum Haus der Tomilleris gerannt.

Orfeo starrt mich an, als hätte er Berlusconi mit einem Milchlamm im Arm vor sich.

»Kassandra!«

»Ja. Ich bin's.«

»Was ...«

»Bist du im Bild?«

»Wie?«

»Wo ist Mariangela, verflucht!« Ich packe ihn am Schlafittchen.

»Sie sind zum Strand, zur Spiaggetta, unten beim Castello ...«

»Sie?«

»Renato und Mariangela.«

Winselnder Idiot. Unser Wiedersehen habe ich mir ab und zu ausgemalt, in einer schwachen Minute, immerhin waren Orfeo und ich mal beste Freunde, nie war da mehr zwischen uns. Jetzt ist das alles belanglos.

Ich renne. Die dicken Kieselsteine, mit denen sie die Gassen gepflastert haben, fliegen unter meinen Füßen durch. Ich kenne die Spiaggetta. Alle im Ort kennen sie. In ihrer Funktion als Liebesnest. Und manchmal werden da noch ganz andere Dinge als Küsse ausgetauscht. In der Saison werfen die Carabinieri vom Wasser aus mitunter einen Blick in die steinerne Nische unterhalb des Castellos. Nur so pro forma.

Kaum bin ich an der Burg vorbei, sehe ich zwei Menschen unten am Strand. Schattenrisse im schwindenden Gegenlicht des Abends. Von Minute zu Minute wird es dunkler. Längst ist die Sonne hinter die Berge gerutscht.

»Mariangela!«, rufe ich.

Spüre, wie Blicke mich suchen, erfassen, an mir haften, mich scannen, prüfen.

Mariangela stapft auf mich zu. Auch ich bewege mich. Mit einem Mal sind meine Glieder aus Holz. Jeder Schritt tut weh. Ich komme kaum vorwärts.

»Was willst du?«

»Ich …« Jetzt muss ich erklären, was ich nicht erklären kann. Wofür es nichts gibt als überbordende Emotion, Durchgeknalltheit, Arschlochhaftigkeit. So ehrlich kann ich sein.

Der Typ – ihr Mann! – packt sie am Arm. Sie macht sich los. Er redet auf sie ein.

»… Vorsicht … Geld …«

»Du verdammter Idiot!«, schreit sie ihn an. »Du denkst nur an Geld, oder? Was anderes passt nicht in deinen Schädel.«

Ich bin am Fuß der Treppe angelangt, stehe nur ein paar Meter entfernt.

»Mariangela!«, sage ich.

»Lass mich in Frieden, Mamma.«

Heiß durchläuft mich das Gefühl, dass jetzt alles ins Lot kommt. Sie hasst mich. Sie hat jedes Recht dazu. Aber wir gehören doch zusammen. Nach allem, was war, und nach 20 Jahren, fünf Monaten und acht Tagen.

»Ich habe gedacht, du hättest mich ausfindig gemacht, deswegen bin ich gekommen.«

»Das war nicht Mariangela. Das war ich.« Renato baut sich vor mir auf.

Ich muss lachen. Den kenne ich doch. Kite-Lehrer in Torbole in seinen besten Zeiten. Er ist ziemlich gealtert, die Knitter in seinem Gesicht spotten jeder Beschreibung.

*

Claudio wird Zeuge einer Tragödie

Sandro hat angerufen. In so einem kleinen Ort spricht sich ja alles in Windeseile herum, und der Feind von eben wird zum Freund. Und umgekehrt. Lorenzo trauert um das Geschäft, das uns jetzt durch die Lappen geht, weil Mariangela einfach mit Renato aus Orfeo Tomelleris Haus rausspaziert ist. Lorenzo sieht ja überall Geschäfte. Aber ich will einfach Kassandra wiedersehen.

Liebe stirbt nicht. Sie ist das einzig Menschliche, das über den Tod hinaus bleibt. Manchmal schlägt sie in Hass um. Aber sie ist unsterblich. Daran glaube ich fest.

Ich ziehe eine Jacke an und gehe raus. Der Wind frischt auf, hier oben am See kann der Februar ein kalter Monat sein.

Als ich bei Orfeo läute, will der mir gar nicht aufmachen. Er müsste Spuren beseitigen, raunt er mir durch die geschlossene Tür zu, und dass Kassandra vor Kurzem bei ihm geklingelt hat, woraufhin er sie zur Spiaggetta runtergeschickt hat.

Schisser.

Ich will nicht, dass sie mich bemerken, deswegen steige ich zur Burg hoch und stelle mich vor dem Eingang an das Geländer, wo im Sommer die Touristen gar keinen Platz finden, weil der Blick von hier über den See und runter auf den kleinen Strand einfach so schön ist, dass jeder ihn fotografieren und auf Facebook posten will.

Renato. Mariangela. Kassandra.

Sie sind nur dunkle Figuren im letzten matten Lichtschein des Tages. Sie reden. Streiten. Mariangela geht auf Renato los, stößt ihn, er taumelt, geht fast in die Knie, rappelt sich auf, packt Mariangela grob an den Schultern.

»Hey!«, schreit Kassandra.

Ihre tiefe, heisere Stimme jagt mir sofort Schauder über den Rücken, die garantiert nicht vom kalten Wind kommen. Kassandra macht auf ihre sehr körperliche Art klar, dass sie es nicht zulassen wird, wenn Renato ihrer Tochter wehtut.

Da ist sie nun leider ein bisschen spät dran.

Die Berggipfel am anderen Ufer sind jetzt bloß noch gezackte Riffe, die sich kaum mehr vom nachtblauen Himmel abheben.

Kassandra rennt gegen Renato an, schüttelt ihn, schreit, Stimmfetzen wirbeln zu mir hoch. Mariangela tritt dazwischen, was für ein Wahnsinn, die raufen richtig miteinander, geraten immer weiter an die Wasserlinie, stehen schon drin. Mariangela reißt am Arm ihrer Mutter, die lässt Renato los, der stolpert, plumpst ins Wasser wie ein Sack, heult auf, während Mariangela aus vollem Hals brüllt, ihre Wut stinkt bis hier rauf, stinkt nach verdorbenen Schlachtabfällen, die in irgendeiner Ecke verrottet sind.

Das letzte Licht tröpfelt vom Himmel, dann ist es zappenduster, ich kann gerade noch sehen, wie Renato wieder in die Rangelei einsteigt, und dann stürzt Mariangela und bleibt liegen.

*

Der Macan schnürt über die Gardesana.

Straße.

Asphalt.

Dunkle Häuser rechts und links. Sanfte Kurven.

Herzrasen. Palmen. Schilder, der See mit Mondlicht drin.

Mariangela im Wasser.

Es war Renato. Renato.

Es muss Renato gewesen sein.

Berge. Gipfel, Schnee drauf. Silbriges Glitzern.

Gaspedal. Steuer. Finger dran. Ganz locker. Fahren. Beschleunigen. Runter, nach Süden. Verona. Flughafen. Raus. Raus aus allem. Aus diesem Land, diesem Leben.

Take off.

Die Vergangenheit kannst du nur einmal austricksen. Dann nicht mehr. Schon ungewöhnlich, wenn es einmal gelingt.

Lachen. Lachst du? Wie kannst du?

Verzweiflung, wie?

Hast dir alles selbst zuzuschreiben, Kassandra.

Niemand schenkt deinen Ahnungen Glauben. Am wenigsten du selbst.

Noch einen Neuanfang wird es nicht geben, dafür sorgen die Carabinieri.

Fiat Punto mit Blaulicht. Hinter dir, Kassandra.

Da lache ich ja wieder. Wie sollen die mich kriegen?

Ich brause durch Pai. Dieser Winzlingsort mit seinem knuddeligen Türmchen gleich an der 249. Vor dir ebenfalls Blaulicht, Kassandra.

»Pai di sopra« **12**, sagt das Schild. Ich biege links ab. Der Macan passt gerade so durch die Abzweigung. Abblendlicht. Steil geschlängelte schmale Straße. Der Fiat Punto kommt hier leicht mit. Der Macan röhrt. Ich brettere um die Ecken wie Niki Lauda. Bin Niki Lauda. Bin irgendwer. Irgendwer, nur nicht Kappa. Nur nicht Kassandra.

Parallel zum Berg beschleunigt der Macan wie von selbst. Häuser, davor geparkte Wagen. Verdammt eng.

Die Piazza. Porca miseria! Ein kreisrunder Miniaturplatz. Ein Spielzeugland. Am Torbogen Richtung See hängt ein blaues Schild mit weißem Pfeil. Also gut, da geht's raus.

Die Carabinieri biegen hinter mir auf die Piazza.

Ich gebe Gas. Steuere den Torbogen an. So ein Porsche beschleunigt schneller als ein Spaceshuttle. Ich scheuere die rechte Wagenseite im Torbogen auf. Scheußliches Kratzen von Blech auf Sandstein. Das Sträßchen dahinter. Schmal. Verwinkelt. Stufen. Eine Kirchenmauer.

Stufen?

Gib Gas, Kassandra.

Hinter mir witschen die Carabinieri in ihrem Punto durch den Torbogen.

Gib Gas, Kassandra.

*

Zeitungsmeldung

Die Pressemitteilung, die der Carabiniere an die Lokalredaktion von »Il Giornale« herausgibt, besteht aus dürren Fakten, in denen eine Tote an der Spiaggetta von Malcesine vorkommt sowie ein deutscher Sportwagen, der es tatsächlich geschafft hat, sich durch den Torbogen in Pai di sopra zu zwängen, um daraufhin an der Mauer des Kirchleins zu zerschellen. Für die Fahrerin kam jede Hilfe zu spät. Wer mit 70 Sachen frontal gegen eine Mauer rauscht, dem helfen auch ein Airbag und allerhand andere Widgets nichts.

Ein Reporter der Zeitung erhält noch am selben Morgen einen mysteriösen Anruf von einem Mann, der sich Lorenzo nennt und gegen eine gewisse Summe zusätzliche Fakten ankündigt.

1 Barockkirche Santo Stefano: Sie thront mächtig über Malcesine, in etwa in gleicher Höhe wie die Scaligerburg. Man erreicht sie am bequemsten zu Fuß über die Via Parrocchia. Vom Hauptportal bietet sich ein herrlicher Blick über Malcesine und seine bunt zusammengewürfelten Häuser, hinter denen der Gardasee und die Felsen des Westufers zu bewundern sind. Im Innern beeindruckt der weite Altarraum, der je nach Jahreszeit mit Hunderten von Votivkerzen geschmückt ist. Die Kanzel ist einem Schiff nachempfunden.

2 Porto Vecchio, alter Hafen: Er ist ein beschauliches Plätzchen in der Altstadt von Malcesine, zugänglich über drei sehr schmale Gässchen oder den See. Der Porto Vecchio gibt sich exaltiert und hektisch im Sommer, versunken in meditativer Stille im Winter. In der Saison lässt man sich am besten in einem der Restaurants nieder, etwa im Al Marinaio, um zuzusehen, wie die Sonne hinter den Bergen an der Westseite des Sees versinkt.

3 Der Lungolago: Der gepflegten Uferpromenade von Malcesine kann man zu Fuß oder mit dem Rad nach Süden folgen. Hotels, Cafés, schmale, steinige Strände und schöne Rosenrabatten vermitteln ein Gefühl von Lebenslust und Gemächlichkeit direkt am See. Am Kap vor Val di Sogno biegt der Spazierweg zur Hauptstraße ab, wenige Minuten später kommt man wieder zum Ufer hinunter. Bänke laden zum Verweilen ein. Es bieten sich herrliche Ausblicke auf das gegenüberliegende

Ufer des Gardasees mit seinen schroffen Felsen und den Dörfchen in luftiger Höhe.

4 Die Osteria Santo Cielo: Urige Kneipe an der Piazza Turazza, in der alle Arten von Antipasti, Bruschette und Tapas (!) frisch in Sichtweite des Gastes zubereitet werden. Fragen Sie am besten nach dem, was es sonst noch gibt, denn nicht alle Leckereien stehen auf der Karte. Die Weinliste ist umfangreich, die Preise moderat. Das Hinterzimmer dient als Gastraum und Vorratskammer zugleich. Relaxte Musik, schräge Trödel-Deko, entspanntes Publikum.

5 Die Scaligerburg in Torri del Benaco: Sie wurde auf den Resten einer Langobardenburg errichtet, die im Mittelalter noch die komplette Stadt umgab. Von dieser Festung ist nur der prominente Berengarturm übrig geblieben, benannt nach dem Langobardenkönig Berengar I., der im 10. Jahrhundert König von Italien war. Von der Seeseite wirkt der Turm wie ein Leuchtturm, besonders schön zu sehen, wenn man von Toscolano-Moderno am Westufer mit der Fähre in das quirlige Torri del Benaco übersetzt. Wer die Burg besichtigt, kann von Türmen und Wehrgängen herabschauen. Ein Museum informiert über die Lokalgeschichte.

6 Das Heiligtum Madonna della Corona: Der Wallfahrtsort balanciert an der Ostflanke des Baldo-Massivs auf einem schmalen Felssims, die schlanke Kirche duckt sich in luftigen 800 Metern Höhe unter einen überhängenden Felsen. Der Blick ins Etschtal ist atemberaubend, der Ansturm an Besuchern auch. Im Sommerhalbjahr finden täglich mehrere Messen statt, am ruhigsten ist es daher vor 8 und nach 18 Uhr. Erreichbar mit dem Wagen über Pecorino Veronese und Spiazzi. Vom Parkplatz aus sind noch etliche Höhenmeter zu überwinden (circa 15 Minuten zu Fuß). Vor einigen Jahren wurde am Santuario eine Snackbar eingerichtet, damit Touristen wie Pilger nach diversen Anstrengungen mit Hilfe von Eis und Caffè wieder zu Kräften kommen können. Adresse: Piazzale Giovanni Paolo Ii SNC · 37020 Ferrara di Monte Baldo.

7 Video Bar, Malcesine: Spartanisch eingerichtete, schon frühmorgens geöffnete Bar in der Via Navene (Nummer 21, gegenüber der Apotheke, nur 100 Meter von der Bodenstation der Monte-Baldo-Bahn). Kaffee und Spirituosen in enormer Auswahl und bester Qualität. Im Hintergrund läuft ein TV-Sportsender, meist treffen sich an den Tischen Männer zum Kartenspielen und Diskutieren, der Rest der Kundschaft tummelt sich am Banco, dem Tresen.

8 Seilbahn Funivia del Baldo, Malcesine: Das Monte Baldo-Massiv besteht aus mehreren (teils mehr als 2.000 Meter hohen) Gipfeln, die sich die Ostseite des Gardasees von Norden nach Süden bis fast nach Garda erstrecken. Die Seilbahn Funivia del Baldo fährt von Malcesine aus in weniger als 20 Minuten zur auf 1.760 Meter gelegenen Bergstation. Eine erste Rast ist auf der Zwischenstation möglich. Die Fahrt zum Gipfel ist ungleich aufregender. Die kreisrunden Kabinen rotieren während der Fahrt in gemächlichem Tempo, damit die Passagiere die Aussicht in all ihren Facetten genießen und fotografieren können.

9 Der Monte Baldo: Die Gipfelregion des Baldo-Massivs – das keinen ausgewiesenen Gipfel besitzt, aber fünf Spitzen über 2.000 Meter – ist beliebt bei Leuten, die sich gern auf Mountainbikes, Ski oder an Gleitschirmen hängend in die Tiefe stürzen. Einfach nur wandern (herrliche Ausblicke auf den See und die umliegende Bergwelt sind garantiert) ist aber auch möglich, zum Beispiel über den circa fünf Kilometer langen Rundweg zur Colma di Malcesine und zurück. Von der Colma aus, die wie eine Nase aus dem Massiv ragt und mit gut 1.500 Metern etwas tiefer liegt als die Bergstation der Seilbahn, kann man das nördliche Ende des Gardasees mit dem Städtchen Riva del Garda und seinen spektakulären Felsen, das umtriebige Torbole und sogar Limone am Westufer bestaunen. Drei Restaurants in unmittelbarer Nähe bieten Leckeres aus dem Alpenraum und vom (erstaunlich nahen) Mittelmeer.

10 Der Botanische Garten bei Novezzina: Er ist der einzige alpine botanische Garten Italiens und liegt auf 1.200 Metern an der Höhenstraße des Monte Baldo (Località di Novezzina, 37020 Ferrara di Monte Baldo). Eine Vielzahl endemischer Arten bringt dem Baldo den Ruf ein, eine der interessantesten botanischen Gebiete des Alpenraums zu sein. Der Bergrücken am östlichen Gardaseeufer nennt sich daher auch »Garten Europas«. Auf circa 20 Quadratkilometern kann man sich dazu informieren, sogar an Vorführungen im Labor (etwa zum Thema »Insekten und Bestäubung«) teilnehmen oder bei einem Probekochen inklusive Degustation die Kräuter der Gegend kosten. Infos im Netz: www.ortobotanicomontebaldo.org. Der Botanische Garten öffnet vom 1. Mai bis zum 30. September. Quasi in Sichtweite befindet sich das Osservatorio astronomico del Monte Baldo, das seine Türen ganzjährig für das Publikum öffnet: zu Vorträgen, nächtlichem Sternegucken und Konferenzen. Die Webseite gibt Auskunft über alle aktuellen Veranstaltungen: www.osservatoriomontebaldo.it

11 Die Spiaggetta in Malcesine: Der winzige Strand liegt direkt unterhalb der Scaligerburg und ist nur zu Fuß oder mit dem Boot erreichbar. Man folge zunächst den Hinweisschildern zum Castello, wo man schließlich auf einen Wegweiser mit dem Wort »Spiaggetta« stößt. Zwei große Felsen schützen vor neugierigen Blicken. Tagträumen ist unverdächtig, das Licht zaubert zu jeder Tageszeit fantasievolle Farbtöne auf das Wasser.

12 Pai: Wie so viele Orte am oberen, bergigen Ende des Gardasees muss auch das winzige Pai See und Bergen seinen Platz abtrotzen. Das untere Pai (Pai di sotto) besteht hauptsächlich aus Hotels, Lokalen und einem schmalen Strand. Das obere Pai dagegen besticht durch seine schmalen Gässchen und die entzückende Piazza, eine Art Italien en miniature. Erreichbar ist diese Märchenwelt mit dem Wagen über eine sehr schmale Bergstraße (ausgeschildert von der Gardesana aus), bei Gegenverkehr brauchen Autofahrer gute Nerven. Entspannter steigt man zu Fuß über ein Sträßchen hinauf, das zunächst zur Kirche und dann zur Piazza führt. Im Sommer ist Pai di sopra ein vor Leben berstender Ort, im Winter haben die Restaurants und Bars geschlossen.

BEATRIX MANNEL
AM TISCH MIT KAFKA

RIVA

»Sind Sie tot?«

»Ja«, sagte der Jäger, »wie Sie sehen. – Vor vielen Jahren, es müssen aber ungemein viel Jahre sein, stürzte ich im Schwarzwald – das ist in Deutschland – von einem Felsen, als ich eine Gemse verfolgte. Seitdem bin ich tot.«

»Aber Sie leben doch auch«, sagte der Bürgermeister.

»Gewissermaßen«, sagte der Jäger, »gewissermaßen lebe ich auch.«

Franz Kafka: Jäger Gracchus

Riva del Garda
Villa Cristoforo, 23. September 1913

Meine gute Wilhelmina-Luise,

Dr. von Hartungen drängt mich, dir zu schreiben. Er glaubt, das würde Wunder an meiner Seele wirken, was wahrscheinlich daran liegt, dass er besessen ist von seiner Begeisterung für Sigmund Freud und dessen Psychoanalyse. Es gibt keinen glühenderen Adepten als ihn, obwohl er doch auch Freuds Unzulänglichkeiten gut kennen muss, weil er ebendiese hier in seinem Sanatorium schon erfolgreich behandelt.

Doch ich fürchte, all das wird dir nicht viel sagen, da du dich genau wie Mutter weigerst, den wichtigen Neuerungen der Zeit etwas Aufmerksamkeit zu schenken. Daher sei nur so viel gesagt: Dr. von Hartungen [1] ist ein Arzt, der, anders als ihr beide, zu verstehen scheint, dass der Mensch einen Geist hat und mehr ist als nur ein seelenloses Funktionsgerippe.

Seine zugewandte und stetige Anteilnahme drang schließlich sogar in mein Innerstes vor und erweckte in mir den Eindruck, dass es vielleicht möglich sein könnte, etwas für meine von euch so gequälte Seele zu tun.

Weil er so freundlich ist, und um es uns beiden angenehmer zu machen, folge ich nicht nur seinen Anweisungen, sondern schenke ihm auch interessante und bildreiche Träume wie die von stramm aufrecht stehenden Türmen – kennst du den prächtigen Apponaleturm [2] im Hafen von Riva mit seinem Zwiebeldach? Etwas seltener gebe ich ihm dunkelfeuchte Grotten wie die Grotta Tanella …

Und nun also komme ich seinen wiederholten und eindringlichen Bitten nach. Auch wenn mir nichts ferner liegt, als der Schwester zu schreiben, die den übelsten Verrat beging, den man sich nur vorstellen kann.

Doch halt!

Nun da ich merke, wie allein der Gedanke an deine und Mutters Taten mich erzürnen und meinen Herzschlag deutlich stärker in die Höhe treiben als das morgendliche Luftbad mit Blick auf den herrlichen Gardasee, wird mir verständlicher, warum Dr. von Hartungen mich zum Schreiben dekretiert hat. Ein wirklich kluger Mann, auch wenn er bedauerlicherweise nicht mit großer Schönheit gesegnet wurde. Nun, womöglich macht ihn das zu einem besseren Arzt!

Ich denke nicht, dass es in seinem Sinn wäre, dich mit Elogen über die südliche Schönheit zu langweilen, auch wenn sie hier überall zu finden ist, zwischen den doch sehr monumentalen und gerade zum ersten Mal wieder schneebedeckten Gipfeln. Auch würde er nicht wollen, dass ich dich mit Schilderungen darüber ergötze, wie sich an manchen Tagen das Bergpanorama verblüffend klar in dem satten Blaugrün des Sees spiegelt.

Ich denke, ihm schwebte vielmehr vor, dass ich dir über mein Inneres berichte, doch das ginge denn doch ein wenig zu weit. Allenfalls bin ich bereit dir zu erzählen, wie es meiner Seele zumute war, als ich den Wasserfall von Varone 3 zum ersten Mal besucht habe. Du wirst sicher schon von ihm gehört haben? Es ist das Wasser vom Tennosee, welches sich durch den Berg gefressen hat und so eine 55 Meter lange Schlucht bildet. Es stürzt sich mit einem derart unfassbaren Getöse in solch tiefste Tiefen herab, dass es mich unwillkürlich schauderte. Und das Schaudern ließ selbst dann nicht von mir ab, als ich dem Wasser weiter nach unten folgte, wo es über die sanfte grünsamtige Landschaft dahingluckerte und schließlich nur noch murmelnd dem Gardasee die Geschichten seiner Reise erzählte.

Doch nun genug davon, verlassen wir das südländisch lockige Haar dieses entführten Pudels und dringen gleich zu seinem Kern vor.

Du hattest gehofft, dass die Verbannung an einen Ort, wo die Zitronen blühen, meine Gefühle für Vittorio aufweichen würden. Glaubtest, der heiße Südwind, die Ora, würde ihn mir dann vollends aus meiner Seele wehen.

Im Verbund mit unserer hysterischen und eitlen Mutter hast du es gewagt, meine Liebe zu diesem großartigen und edlen Freiheitskämpfer als Krankheit, als neurasthenisches Leiden, als erotische Manie zu denunzieren, und du dachtest, wenn ich erst hier in diesem oleandrischen Klima Männern begegnen würde, die du und Mutter für wahrhaft groß halten, dann wäre ich ganz von selbst von dem ach so minderwertigen Adeligen aus Fiume geheilt.

Nun ja, Dr. von Hartungen ist in der Tat sehr stolz darauf, dass sowohl die geistig als auch körperlich zerrütteten Geistesgrößen Europas hier Zuflucht suchen und sich unter seiner Leitung von ihrem Leben und der Kunst erholen und als schöpfungswillige Genies nach Hause zurückkehren.

Doch das versöhnt mich trotzdem nicht mit euren hinterlistigen Plänen. Im Gegenteil, sogar vor dem Hintergrund dieser außergewöhnlichen Männer erscheint mir mein Vittorio Pietrazzini della Scaglia nur umso strahlender.

Da ihr meine Worte sicherlich als eine weitere Schwärmerei meines verwirrten Geistes abtut, möchte ich sie euch nicht vorenthalten, diese Menschen. Da wäre an meinem Tisch im Speisesaal ein ungemein bescheidener, etwas merkwürdiger Mann, dessen melancholisch dunkle Augen unter düsteren Brauen alles beobachten. Er hat unbestreitbar gute Manieren, lauscht mit seinen ein wenig abstehenden Ohren beständig und bleibt dermaßen still, dass er die Grenzen der Unhöflichkeit überschreitet und geradezu ungezogen teilnahmslos wirkt. Bei dem Mann handelt es sich um den Schriftsteller Franz Kafka, und Dr. von Hartungen hat mir voller Bewunderung anvertraut, dass er an etwas Großem arbeite. Einem Werk, das inspiriert und durchdrungen sei vom Gardasee, »Jäger Gracchus« 4, eine mysteriöse Novelle um einen Toten, der seit Jahrhunderten in einem Boot durch die Welt getragen und im Hafen von Riva angespült wird.

Auf mich wirkt Kafka, wie schon erwähnt, eher ungebührlich als mysteriös, denn das Einzige, was mir deutlich vor Augen steht, ist Kafkas Faible für die junge Schweizerin am Nebentisch, fast noch ein Kind. Sie scheint von ihm ganz angetan, was ich sogar verstehen kann, denn man merkt Kafkas Körper durchaus auch den Mann an, der viel rudert und schwimmt. Und da dieses männliche Athletentum mit einem Hauch von Melancholie gekrönt ist, umweht ihn eine geheimnisvolle Raffinesse.

Des nachts tauschen Kafka und die Schweizerin keusche Klopfsignale von Wand zu Wand aus, was ich merkwürdig und amüsant zugleich finde. Warum nicht gleich sich treffen? Wo doch ihre Räumlichkeiten so praktisch nebeneinander liegen. Doch ich fürchte, diese Nähe ist nicht das, wonach Kafka sucht.

So gilt der Schweizerin mein ganzes Mitgefühl, denn ich bin sicher, er benötigt ein Weib nur als Spiegel seiner selbst und als nötigen Abfluss für quälend sinnliche Gedanken, die ihn womöglich sonst vom Schreiben abhielten. Wie sollte ein Mann wie Kafka das Wesen der Frauen ergründen können, wenn ihm doch schon seine eigene Existenz ein völliges Rätsel zu sein scheint?

Da lobe ich mir den anderen Mann an meinem Tisch, Oberst Georg von Zwickerberg. Das ist ein prächtiger Mann der Tat, jemand der es gewohnt ist, sein k.-u.-k.-Regiment zu befehligen, jemand, dessen Seele noch nie von Zweifeln heimgesucht wurde. Es ist angenehm, mit einem Mann zu plaudern, der trotz seiner gehobenen Stellung Artemisia Gentileschi für eine Modistin und Niccolò Machiavelli für einen florentinischen Pferdehändler hält.

An dieser Stelle unseres Gesprächs tauchte Kafka dann einmal unvermittelt aus seiner Stummheit auf und sagte ein wenig atemlos – ich hoffe, ich zitiere ihn richtig: »Ich sage nie mehr, was ich glaube, und glaube nie mehr, was ich sage, und wenn mir doch einmal ein wahres Wort entschlüpft, verstecke ich es gleich hinter so viel Lügen, dass es nicht wieder zu finden ist.« Dann sah Kafka uns allen zum ersten Mal ins Gesicht und wollte wissen, wie wir über diese wunderbaren Wort Machiavellis dächten.

Ich war überrascht, denn genau dies ist meiner Meinung nach der Fluch unserer eilig dahinfliegenden, sich selbst verratenden Zeit, in der allein die Erscheinung so viel mehr zählt als das wahrhaft Wesentliche.

Gerade als ich dieser Meinung Ausdruck verleihen wollte, unterbrach uns der Oberst mit einem Augenzwinkern und meinte, jemand der so ehrenlos dächte, ein solcher Lügner, hätte in einer Armee, die auf Ehre und Gewissen gründet, nichts verloren. Daraufhin verstummte Kafka wieder.

Mir scheint, der Oberst hat hier die Oberhand gewonnen, weil er Gefallen an mir gefunden hat, was mir durchaus ein wenig schmeichelt, auch wenn mein Herz auf ewig Vittorio gehört.

Nun bin ich wahrlich ins Plaudern geraten und muss feststellen, dass Dr. von Hartungen ein wirklich listenreicher Mann ist!

Denn obgleich ich immer noch voller Groll gegen dich bin, schließlich habt ihr mich verbannt und mir nur die Wahl zwischen dem Kurhaus von Dr. Apolant in Bad Kissingen und Riva gelassen – und es war wohl keine Überraschung für niemanden, dass ich den herrlichen Gardasee dem tristen Bad Kissingen vorziehen würde –, so muss ich nun erstaunt feststellen, wie erleichtert meine Seele nach diesen wenigen Zeilen nun doch scheint.

Selbst wenn ich niemals von Vittorio ablassen werde, so habe ich hier für die nächsten Wochen tatsächlich eine völlig neue Bestimmung gefunden.

Nun aber genug für dieses Mal.

Man ruft mich zur Freiluftgymnastik, die heute von Arno, dem Bildhauer geführt wird. Und der Anblick dieses nackten, geradezu brünstig virilen Körpers, wie er sich vor uns und dem See in der schwülsanften Ora reckt und streckt, nach vorwärts dehnt und tief nach rückwärts lehnt, ist allein schon meine Anwesenheit in diesen Gefilden wert.

Bitte lies unserer lieben Mutter auch diesen letzten Absatz vor, gern bei einem schönen Tee im Kreise ihrer geschätzten Freundinnen,

es grüßt dich aus ihrem Exil
deine dich liebhassende Schwester Ida-Maria

P.S. Bitte küsse meine geliebten Neffen Franz-Wilhelm und Karl-Gustav! Mögen Sie mit mehr Glück gesegnet sein als ihre arme Tante im Exil.

Prof. Dr. von Hartungen
Villa Cristoforo, 27. September 1913

Verehrte Baronin von Lohengrimm zu Hohenthann,

es ist meine freudigst erfüllte Pflicht, Ihnen zu vermelden, dass sich Ihr reizendes Fräulein Schwester hier in unserer kleinen Gemeinschaft sehr gut eingelebt hat.

Die streng vegetarische Kost, meine homöopathische Medikation und vor allem die Luftbäder scheinen ihrer Neurasthenie sehr zu bekommen. Ihre unerklärliche Übelkeit ist verschwunden, und sie ist weit ruhiger als bei ihrer Ankunft, ihr Blick wieder klar.

Bisher hat sie auch keine verräterischen Briefe von dem bewussten Verführer aus Fiume erhalten. Mir scheint im Gegenteil, dass sie die Gegenwart unseres geschätzten Obersten von Zwickerberg ganz außerordentlich genießt.

Was mich ein wenig überrascht hat, denn nach unseren gemeinsamen Sitzungen, die mir einigen Einblick in ihre erotischen Manien und Neurosen verschafft haben, habe ich vermutet, dass ein Mann wie Kafka eher in der Lage wäre, ihre Aufmerksamkeit auf sich zu ziehen.

Denn sie ist ja für ein Frauenzimmer mit geradezu männlich regem Geist ausgestattet und scheint mir durchaus einiges Talent für das Schreiben zu haben. Sie arbeitet an einem Theaterstück, dessen Aufführung wir hier im Salon mit großer Freude entgegensehen. Leider wollte sie noch nicht verraten, um was es im Detail geht, doch wenn ich ihre Träume richtig deute, so scheint uns ein großes Liebesdrama um die Themen Verrat und Treue zu erwarten.

Allerdings würde ich vorschlagen, dass Ihr Fräulein Schwester noch zwei Monate länger hier bleiben sollte, nur um ganz sicherzugehen, dass ihr Herz ganz geheilt ist.

Ich verbleibe untertänigst,
Und voller Verehrung ganz der Ihre
Etc. ppp
Christoph von Hartungen

Riva del Garda.
Villa Cristoforo, 3. Oktober 1913

Meine liebe Schwester,

Mutter und du, ihr verbannt mich also noch länger in dieses zwar herrlich gelegene Sanatorium, vermutlich im guten Glauben, ich würde Vittorio dann zur Gänze vergessen. Doch das wird niemals geschehen, dafür hat schon die Vorsehung gesorgt.

Allerdings muss ich dir gestehen, dass ich mich mit dieser Verbannung durchaus noch ein wenig länger arrangieren kann. Wenn du wüsstest, welch interessante Menschenwesen hier ein und aus gehen, würdest selbst du deinen, in rechtschaffener Biederkeit erstarrten Geheimratgatten verlassen und zu mir eilen.

Nun ist auch noch Dottore Lombroso angekommen, der uns mit einem Vortrag über sein Buch »Genie und Wahnsinn« recht amüsant unterhalten hat. Heinrich Mann war mit einer etwas zweifelhaften jungen Dame auch hier, doch ist er zu Dr. Hartungens Leidwesen schon wieder fort.

Dafür klopfte des Nachts ein österreichischer Schauspieler an die Tür zur Villa. Er ist wohl in Wien sehr bekannt und die Journaille wüsste sicher gern, was für ein Kriminalstück nötig war, um ihn vor den Nachstellungen seiner noch sehr viel berühmteren Gattin Helene Odilon nach Riva zu retten.

Er muss für dich inkognito bleiben, nur so viel: Er hat sich erboten, die Hauptrolle in meinem Theaterstück zu spielen, obwohl es darin um ein sehr heikles, geradezu kriminell schändliches Thema geht.

Denn ja, meine Liebe, ich schreibe wieder, wie früher, als wir Backfische waren und ich noch nichts von Liebe und

Revolution wusste. Es ist, als ob die Einsamkeit in Verbindung mit den mittelmeerischen Kräuter- und Limonenbrisen meine Schöpferkraft erneuert hätte.

Ich hätte über mein Stück auch gern mit Kafka debattiert, doch der ist so dermaßen in sich und sein über ihn gekommenes Jäger-Werk versunken, dass es eine Unmöglichkeit ist, mit ihm über etwas anderes reden zu wollen als die Prozesshaftigkeit unseres Daseins, was mich nun wiederum vor die Frage stellt, wie ich dir dies nur erklären soll, und ich fürchte, dem bin ich nicht gewachsen.

Du schreibst mir, dass man Mutter zugetragen hat, wie verliebt mein Vittorio mit der jungen Contessa Caterina Orsini del Angolo auf dem großen Herbstball in Fiume herumgetändelt hätte. Nun, das sollte mich wohl kränken, doch weit gefehlt!

Mein Vittorio ist kein Mönch, sondern ein Mann!

Und über die könnte auch Mutter hier viel lernen. Ich für meinen Teil habe jedenfalls durch das unentwegte Luftbaden und all die Freikörpergymnastik nun ein sehr viel klareres Bild von den Auswüchsen des männlichen Geschlechtes. Es ist wirklich amüsant, wie unterschiedlich gewachsen man sie findet und in welchem Ausmaß sich diese, zwischen haarigen Kugeln so absurd schwingenden Anhängsel von der glatten Winzigkeit griechischer Statuen unterscheiden.

Nicht alle sind so prächtig ausgestattet wie der bereits erwähnte Bildhauer Arno und übrigens auch der Oberst, der mit Arno des Öfteren in einen geradezu hitzigen Wettstreit spartanischen Ausmaßes darüber gerät, wer denn nun mehr Liegestützen auf einem Arm zu schaffen imstande ist.

Ebendieser Oberst erweist sich darüber hinaus immer noch als höchst galanter Tischherr. Er durchbricht das uns von Kafka aufgebürdete Schweigen, das ich von nun an nur mehr kafkaesk nennen werde, mit famosen Schilderungen seiner militärischen Heldentaten und macht uns allen sehr deutlich, wie elend wir ohne die k.-u.-k.-Regimenter wären. **5** und **6**

Mit großem Ernst zwirbelt er seinen stramm aufrecht stehenden Schnauzbart, und hin und wieder versteigt er sich zu einem neckenden Zwinkern in meine Richtung aus seinen etwas undurchsichtigen dunkelgrauen Augen.

Für ihn ziemt sich Kunst nur als Beschäftigung für die Damen, der Mann hingegen sollte militärischen Aktionismus leben, worunter er angriffsfreudige Entschlusskraft, zielbewussten Tatendrang und unbeugsamen Willen versteht. Ich vermute, nur deshalb hat er auch die Zimmerflucht gewählt, die ihm einen guten Ausblick auf die geschäftige Garnison gegenüber ermöglicht.

Zu seinen Lieblingsthemen gehört ein Präventivschlag gegen Italien, allerdings spricht er nie darüber, wenn Dr. von Hartungen in der Nähe ist, denn unser Arzt und Seelenretter ist nicht nur Vegetarier, sondern auch ein erklärter Pazifist. Wenn also Dr. von Hartungen auftaucht, schweigt der Oberst von seinem Traum, sich Italien zu unterwerfen, und redet lieber über die Sappeure. War er doch 1912 maßgeblich bei der Einrichtung der Sappeur-Bataillone beteiligt. Darunter muss man sich wohl eine Art Ingenieur-Elitetrupp vorstellen, der die Pioniere der k.-u.-k.-Regimenter beim Vordringen im Kampf unterstützen soll.

Zu Kafka ist er jedoch zuweilen etwas grob. Er fragte ihn, warum er nicht Manns genug sei, seine Luftbäder in einer wirklich offenen Holzhütte zu nehmen. Dazu musst du wissen, die Holzhütten für unsere Luftbäder direkt am Ufer des Gardasees haben für gewöhnlich keine Vorhänge, nur sehr weite Fenster ohne Glas darin.

Kafka schwieg zunächst, doch als der Oberst nicht aufhörte zu insistieren, äußerte er sich wie immer bescheiden, in der Wirkung jedoch nur um so unziemlicher über die seiner Meinung nach unerträgliche Abscheulichkeit des Fleisches und seiner Unreinheit und endete mit einem mich unwillkürlich sehr bewegenden Aphorismus: »Es gibt nichts anderes als eine geistige Welt; was wir die sinnliche Welt nennen, ist das Böse in der geistigen.«

Du siehst, ich werde hier also nicht nur im Geschlechtlichen, sondern auch im Geistigen ganz ungemein gefordert. Weshalb ich nicht unglücklich bin, wenn der Oberst hin und wieder für eine Nacht nach Fiume reist, wo er offensichtlich wichtigen Geschäften nachgeht. Denn während der Abwesenheit des Obersten benimmt sich Kafka dann etwas weniger kafkaesk und versetzt mich mit seinen, teils viel zu kühnen Fragen zu meinem Schreiben in Erstaunen. Er hat mich sogar zu einem Spaziergang eingeladen, wo wir in einem einfachen Lokal **7** eingekehrt sind, dessen bel vedere, also die Aussicht auf den See, uns beiden geradezu den Atem verschlug. Es scheint, als könnte dieser stumme Mann viel tiefer in meine Seele blicken, als für uns beide gut ist. Das macht mir Angst und treibt mich zu noch größerer Eile, denn ich kann es mir nicht leisten, durchschaut zu werden.

Gestern nun ist der Oberst erneut aus Fiume zurückgekehrt, wo er sich mit dem Erwerb eines österreichischen U-Bootes für den Gardasee herumzuschlagen hatte, und heute Abend ist es endlich so weit: Ich werde dem lieben Herrn Oberst mein Stück vortragen, bevor wir dann Ende der Woche mit den Leseproben beginnen können.

Glücklicherweise werden wir dazu seine Suite nutzen, denn es wäre mir nicht recht, wenn jetzt schon alle ob der heiklen Thematik meines Stoffes wüssten.

Herr Kafka wäre wohl nicht abgeneigt gewesen, uns Gesellschaft zu leisten, hat mir auch im Gegenzug sogar schon eine kleine Kostprobe von seinem »Jäger Gracchus« zuteilwerden lassen, doch der liebe Georg bestand darauf, seinen Salon für heute tout seule und nur avec moi zu genießen …

Womöglich seid ihr beide, du und Mutter, ja nun zufrieden, womöglich sogar stolz darauf, wie gut euer hinterhältiger Plan aufgegangen ist. Womöglich aber … nun denn, wir werden sehen.

Ich werde euch berichten, welches Echo meinem Stück von ihm entgegengeschallt ist, bin jedoch sicher, dass es den Obersten – verzeiht mir diesen Gassenjargon – geradezu umhauen wird!

Es grüßt dich deine verbannte Schwester, die gnadenlose Künstlerin, die Verlorene …

P.S. Küss mir die frischen Wangen deiner Jungen!

Prof. Dr. von Hartungen
Villa Cristoforo, den 7. Oktober 1913

Allerverehrteste Baronin von Lohengrimm zu
Hohenthann,

es fällt mir nicht leicht, Ihnen diese Mitteilungen zu machen,
doch es muss sein, denn ich fürchte, Sie könnten von dieser
bedauerlichen Angelegenheit sonst aus anderer und weniger
berufener Quelle erfahren.

Ihre Schwester sieht sich nicht in der Lage, Ihnen zu schreiben, sodass ich die Pflicht auf mich nehme, Sie von dem näm-
lichen Vorfall in Kenntnis zu setzen.

Es betrübt mich als Arzt und ganz besonders als Mensch,
was ich Ihnen nun mitteilen muss, und ich hoffe, Sie halten
sich im Kreise Ihrer Lieben auf, sodass Sie nach der Lektüre
meiner Zeilen nicht allein sein werden.

Die ganze Tragödie hat sich ja nun bedauerlicherweise
an dem Abend zugetragen, als Ihr Fräulein Schwester dem
Obersten ihr Theaterstück – zu dem ich sie mehr als einmal
ermutigt habe – vorgelesen hat.

Es muss dann wohl so gewesen sein, und die Gendarmerie stimmt mir dahingehend zu, dass den Obersten nach der
Lesung und dem Abschied von Ihrer Schwester eine starke
Melancholie überkam, die ihn zu diesem so verzweifelten
und endgültigen Schritt verleitet hat.

Ihre Schwester hat sich in dieser Hinsicht nichts vorzu-
werfen, es ist ihr gutes Recht, die Avancen eines Mannes
zurückzuweisen!

Niemals hätte ich es für möglich gehalten, dass ein Mann
wie Oberst Georg von Zwickerberg so zu handeln imstande
wäre. Ich habe ihn als aufrechten Patrioten, einen standhaf-
ten und mutigen Soldaten kennengelernt und sein tragischer

Freitod hat das Vertrauen in meine Fähigkeit als Arzt schwer erschüttert. Ich habe es nicht kommen sehen!

Es trifft mich umso mehr, als Waffen in unserem Paradies direkt am See sonst unter keinen Umständen gestattet sind und ich hier einer Ausnahme zugestimmt habe. Der Oberst hat nämlich seine Offizierspistole nicht ablegen wollen. Allzeit bereit zu sein, wäre ihm in Fleisch und Blut übergegangen. Er beschwor mich geradezu, flehte um die ihm so liebgewonnene Waffe, ohne die er keinen Schlaf fände und überhaupt nur ein halber Mann sei.

Wie hätte ich ahnen können, dass aus der Schimäre vom halben Mann de facto ein Mann mit nur mehr einem halbem Kopf werden würde!

Da habe ich nun bei Kafka, dem hochsensiblen Melancholiker, darauf geachtet, dass es zu keinen geschlechtlichen Komplikationen kommt, dabei hätte ich den Oberst im Blick behalten müssen. Eine schwere Verfehlung meinerseits! In Zukunft werde ich auch die vermeintlich stabilen Patienten – zu denen ich früher auch Ihre Schwester gezählt hätte – besser im Auge behalten.

Natürlich ist es für keinen meiner Gäste hier im Sanatorium erhebend, wenn die Gendarmerie immer wieder verstörende Fragen stellt, doch die Untersuchung ist nun, da der Leichnam überführt und sein Tod zweifelsfrei als Selbstmord erkannt wurde, auch endgültig abgeschlossen.

All dies hat Ihre Schwester in einen höchst merkwürdigen Zustand versetzt, fiebrig erregt, könnte man sagen. Ja es scheint geradezu, als erwarte sie nun etwas oder warte auf etwas, das jedoch nicht kommen will. Und es will mir trotz meiner Ausbildung nicht gelingen herauszufinden, was in ihrer Seele vor sich geht. Sie besteht auf täglichen einsamen Ruderpartien. Zu ihrer eigenen Sicherheit habe ich unseren lieben Arno angewiesen, ihr unauffällig zu folgen. Er berichtet, dass Ihr Fräulein Schwester jeden Vormittag um zehn Uhr zu einem verlassenen Steg Richtung Linfano rudert, wo sie anlandet, neurasthenisch herumläuft, ohne sich je zu setzen, und nach einer Stunde dann den Heimweg antritt.

Wie hat Ihr Fräulein Schwester denn früher auf unerwartete Schicksalsschläge reagiert? Es scheint mir höchst seltsam, dass sie von einer solch feurigen Unruhe ergriffen ist. Ich warte in dieser Angelegenheit auch auf eine Antwort von Professor Freud, den ich – Ihr Einverständnis erhoffend – zu Rate gezogen habe.

Denn im Gespräch mit mir wirkt sie, anders als früher, geradezu katatonisch, obgleich das Feuer, welches sie verzehrt, für mich deutlich zu erkennen ist und nicht nur in ihren Träumen! Auch im Außen hat es sich gezeigt, denn sie hat just dieses Theaterstück, welches sie an jenem Abend dem Obersten anvertraute, verbrannt. Es drängt mich von ganzem Herzen herauszufinden, welch unglückliches Inferno in ihrem Innersten sie dazu verleitet hat. Und ich versichere Ihnen, dass ich dem mit aller Macht nachgehen werde.

Falls Ihnen jedoch Zweifel angesichts meiner Fähigkeiten gekommen sein sollten und Sie Ihre Schwester darob in eine andere Anstalt verlegen lassen wollten, so hielte ich dies – nicht aus eigennützigen Gründen, denn meine Warteliste ist trotz dieses bedauerlichen Vorfalls recht lang – für keine gute Idee.

Fräulein Ida-Maria wirkt neurasthenischer denn je, isst nur wenig, erscheint eigentümlich selbstvergessen, weigert sich Luftbäder zu nehmen und führt Selbstgespräche. Der Einzige, mit dem sie sonst noch redet, ist der liebe Franz Kafka, der jedoch Ende der Woche zurück nach Prag reisen muss.

Wenn Sie also einverstanden sind, so würde ich vorschlagen, Ihr Fräulein Schwester noch eine Weile hierzubehalten, bis wir herausgefunden haben, was in ihr vor sich geht.

In Erwartung einer baldigen Antwort,
betrübt, doch voll der Hoffnung,

Ihr etc. pp.
Dr. von Hartungen

Riva del Garda
Villa Cristoforo, den 14. Oktober 1913

Liebe Schwester,

du erkundigst dich nach meinem Befinden, als wäre ich
schwer krank!

Dabei könnte es mir gar nicht besser gehen. Ich habe getan,
was ich tun musste und sollte und was rechtens war, und nun
verzehre ich mich nur noch nach meinem rebellischen Prinzen.

Ich schreibe dir diesmal nicht, weil Dr. Hartungen es so
dringend von mir verlangt, sondern weil ich möchte, dass du
mich verstehst, auch wenn du Mutter stets in ihrem Kampf
gegen mich unterstützt hast.

Ich tue es um meiner Neffen willen, die nicht glauben sollen, dass ihre Tante ein schlechter Mensch ist. Nicht schlecht
bin ich, nur durchglüht von einer Liebe, von deren Dimensio-
nen du dir keine Vorstellung machen kannst. Denn für mich
ist sie das Einzige, was zählt, und es fiel mir in meinen früheren Briefen sehr schwer, nicht deutlicher zu werden. Aber
ich durfte Vittorios Auftrag nicht gefährden, denn den musste
und wollte ich erledigen, bevor wir zusammen dorthin gehen
können, wo unsere Liebe auf einen fruchtbaren Acker fällt.
So voller Liebe bin ich nun, dass sie sogar auf euch hinüber-
strahlen soll, und nur aus diesem Grund möchte ich, dass ihr
euch keine Sorgen um mich macht, wo ich nun endlich mein
Glück leben darf.

Denn wenn dich dieser Brief erreicht, bin ich bereits mit
Vittorio zum Monte Verità abgereist, wo wir mit Menschen,
die an ein besseres Leben glauben, etwas aufbauen werden,
das die Welt so noch nicht gesehen hat.

Eine Gemeinschaft voller Liebe und Freiheit. Eine Welt, in
der niemand unschuldige Tiere allein zum Genuss des Men-

schen tötet. Eine Welt, die den Boden ehrt, dem sie entsprungen ist, und in der alle wahrhaftig gleich sind. Ich weiß, das ist für dich, die du so verstrickt bist mit deiner so überreichlich bis zum Ersticken bestickten Berliner Kommerzienratswohnung, kaum zu verstehen. In einem Viertel, wo sich ein jeder eine Berta für das Grobe hält, da entsetzt die Vorstellung von Gleichheit mehr als die verabscheuungswürdige französische Krankheit, und selbstverständlich fällt man in Ohnmacht, wenn jemand unverheiratet schwanger wird **8** .

Ich halte inne …

… um dir Gelegenheit zu geben, dies jetzt zu tun!

Ich hoffe, du hattest etwas Riechsalz in der Nähe.

Mich wundert, dass es Dr. von Hartungen nie angesprochen hat, womöglich ist er mehr Gentleman als Arzt, oder doch kein so guter Arzt, wie ich anfangs dachte. Die Seelen seiner Gäste sind ihm ja eminent wichtig, doch er ergründet sie nicht tief gut genug, bleibt gefangen im Außen, sosehr er sich auch müht.

Mein Zustand ist nun vor allem beim Luftbaden nicht länger zu verbergen und mein geliebter Vittorio wird mich in Kürze in Linfano abholen, von wo wir Richtung Ascona ziehen werden. All meine Habseligkeiten lasse ich in Riva zurück, denn sie passen nicht in mein neues Leben.

Doch nun zu Wichtigerem: Ja, ich habe mich versündigt. Und nein, die Rede ist nicht von meinem Zustand. Guter Hoffnung zu sein, kann niemals eine Sünde sein.

Schuld lädt man vielmehr auf sich, wenn man dabei zusieht, wie jemand sein Leben beendet, ohne dies zu verhindern.

Obwohl der Oberst den Tod mehr als verdient hatte. Ein übler Spion, ein Doppelagent, der jeder Seite weismachen wollte, er würde nur mit ihr kooperieren. Er war nicht das tumbe kriegslustige Soldatenschaf, das er vorgab zu sein. Er gehorchte nur einem einzigen Befehl: dem seiner Lust. Seinem Geschlecht. Und das hat ihm die ganze Misere überhaupt erst eingebrockt.

Mein Theaterstück handelte von genau so einem angeblichen Sodomiten, der bei der »Unzucht« erwischt und dann von seinen eigenen Leuten, den Österreichern, gezwungen wird, die Italiener auszuspionieren; der dann von den Italienern ebenfalls seiner Neigungen überführt und dazu erpresst wird, als Doppelagent tätig zu werden, nur um sein Leben zu schützen. Mein Stück schildert sein Leben, er wäre enttarnt gewesen, und er musste handeln.

Vittorio hat mir beteuert, dass wir dem Obersten die Möglichkeit zu einem ehrenvollen Tod gewähren sollten, und das war mir sehr recht, denn so abscheulich der militärische Verrat des Oberst auch ist, er war dazu gezwungen, allein um seine erotischen Bedürfnisse zu verheimlichen. Er hatte keine Wahl. Auch das wird auf dem Monte Verità besser sein! Dort wird all der geschlechtlichen Freuden gehuldigt, die der Leib uns zu schenken bereit ist, als ein Ausdruck des Reinen und Göttlichen. Jegliche Lust wird dort als Ausdruck und Funken heiligster Verzückung gesehen, gänzlich ohne die philisterhafte Schamhaftigkeit, mit der wir unser Leben hier in sittsamer Erstarrung vergeuden.

Doch zurück zum Oberst. Da also der Freitod für ihn eine ehrenvollere Lösung war als Verhaftung, Folter und Hinrichtung, tat ich alles, damit unser Plan gelingen konnte. Denn dass dem Tun des Obersten ein Ende gesetzt werden musste, war unausweichlich. Vittorio verlangte zunächst, ihn ohne viel Aufhebens zu erschießen, doch so schuldig konnte ich mich, auch um meines Kindes willen, nicht machen. Deshalb hat Vittorio in meinen Plan nicht nur eingewilligt, sondern ihn ob seiner List und Umsicht sehr geschätzt. Ich habe dem Oberst mit meinem Stück klargemacht, dass sein Spiel aus ist. Es war nicht ohne Reiz dabei zuzusehen, wie er die Fassung verlor und bleich wurde. Ich hoffe nur, dass der Knall seiner Pistole keinen bleibenden Schaden an meinem ungeborenen Kind hinterlassen hat.

Und ja, es hat mir große Freude gemacht, das Stück aufzuschreiben, auch wenn es nun außer Kafka niemand mehr lesen wird. Im Übrigen steht auch er der Liebe unter Männern nicht so tolerant gegenüber wie ich. Ihm widerstrebt einfach alles Fleischliche. Auch meinen schwellenden Bauch bedachte er mit reichlich merkwürdigen Blicken. Er war der Einzige, der ihn bemerkte, und der Beweis meiner Fleischlichkeit schien ihn gleichermaßen zu ängstigen und zu erstaunen. Weshalb ich ihm eines Tages bei einer verbotenen Süßigkeit, zu dem wir uns wie Verbrecher von der Villa Cristoforo hoch in die Via Marocco in die Gelateria Natale **9** und **10** schlichen, alles erzählt habe. Davon, wie Leidenschaft mit Liebe sich vereinen kann, dass dies möglich ist. Doch, entschuldige, ich schweife ab.

Falls mein Kind nun ein Mädchen werden sollte, so werde ich sie nicht nach dir und Mutter nennen. Sie soll Stella heißen, weil ich ihr alle Kraft der Sterne wünsche, denn was wären wir ohne sie? Ja, ich gestehe, ich hoffe geradezu, dass es ein Mädchen wird, denn nur das vermeintliche schwache Geschlecht ist in der Lage, durch die Stärke seiner Liebe die Welt zu verändern. Und ich werde alles dafür tun, dass dieses von mir jetzt schon über alles geliebte Menschlein in eine bessere Welt hineingeboren wird.

Nun aber mache ich mich auf zu der Ruderpartie, von der ich nicht zurückkommen werde. Doch du weißt ja nun, dass eine leere Barke nicht wirklich meinen Tod bedeutet, sondern vielmehr von der Größe unserer Liebe und meiner Wiedergeburt in einer besseren Welt zeugt.

In Liebe deine Schwester Ida-Maria

P.S. Bitte grüße Mama ein letztes Mal von mir.

Prof. Dr. von Hartungen
Villa Cristoforo, 16. Oktober 1913

Allerverehrteste Baronin von Lohengrimm zu Hohenthann,

Sie sehen mich voller Trauer und nahezu unfähig, mein tief empfundenes Mitgefühl zum Ausdruck zu bringen.

Es ist mir völlig unerklärlich, und auch Dr. Freud hat nicht erhellen können, was in Ihrer Schwester realiter vor sich gegangen ist.

Das Wenigste, was ich tun kann, ist Ihnen von Ihren letzten Stunden zu erzählen.

Nachdem Sie ja Tag für Tag zu dem Steg in Linfano gerudert ist, kam es dann gestern nach dem Frühstück kurz vor ihrer täglichen Ruderpartie zu einem Zusammenbruch.

Sie las die Zeitung und sackte wortlos in sich zusammen. Selbstverständlich haben wir sie sofort erfolgreich wiederbelebt, und da ich dies nicht für einen Zufall hielt, blätterte auch ich die Zeitung durch. Sogleich stach mir die Radierung der Vermählung von Vittorio Pietrazzini della Scaglia mit der Contessa Caterina Orsini del Angolo in Fiume ins Auge.

Doch es schien mir wenig wahrscheinlich, dass diese Vermählung allein ihr so zugesetzt hatte, wo sie meines Wissens nach keinerlei Briefe von diesem Vittorio erhalten hat. Neben den Ihren sind nur Briefe einer Tante aus Fiume hier angekommen. Selbstverständlich haben wir ihre Briefe jedoch nie geöffnet.

Ich habe sie dann ausführlich untersucht und dabei festgestellt, dass sie guter Hoffnung war. Diesen Umstand hatte sie bisher sehr geschickt vor mir verborgen, und natürlich kann er auch die Ursache für ihre Neurasthenie gewesen sein.

Nach dem Zusammenbruch haben wir Ihr unglückliches Fräulein Schwester in ihr Zimmer gebettet und eine Pflegerin bestellt, die ihr nicht von der Seite weichen durfte. Nachdem sie zwei Tage sehr unruhig war, schien sie am dritten Tag wieder ganz gefasst und bat um etwas mehr Privatsphäre, die wir ihr gern gewährten. Jedoch, sie hatte uns getäuscht, denn ihr schwebte offensichtlich das Fürchterlichste vor!

Vorgestern Nacht hat sich ihr bedauernswert verwirrtes Fräulein Schwester zum Bootshaus geschlichen und ist mit einer Barke auf den Gardasee hinausgerudert. Womöglich hat auch der Vollmond, der in den späten Abendstunden den See wie mit einem himmlischen Lampion illuminierte, ihrem Vorhaben eine romantische Färbung verliehen, und wie ich sehr hoffe, ihre letzten schwarzen Stunden wenigstens ein wenig erhellt.

Doch solche Spekulationen, so fürchte ich, werden Ihren Schmerz angesichts des unfassbaren Verlustes nicht verringern können.

Realiter wissen wir ja nicht wirklich, was geschehen ist, nur so viel, dass unsere Barke gestern weiter südlich an Land getrieben wurde.

Leer.

Leider wurde Ihr Fräulein Schwester trotz intensiver Suche von der Gendarmerie, Fischern und Freiwilligen bis heute nicht gefunden, und ich fürchte, ich kann Ihnen auch keine Hoffnung mehr darauf machen, denn so schön unser herrlicher Gardasee auch in der Sonne glänzt, so selten gibt er seine Opfer wieder preis.

Mit der nächsten Post übersenden wir Ihnen alle Habseligkeiten Ihrer Schwester. Darunter befindet sich auch eine Kopie vom »Jäger Gracchus«, einer Novelle, die Kafka hier in Riva geschrieben und der Verschollenen offensichtlich zum Lesen gegeben hat. Darf ich mir erlauben, Sie darum zu bitten, mir die Novelle zu überlassen? Ich denke auch nicht, dass er sie Ihrer Schwester zugeeignet hat, denn sie ist einer gewissen Stella gewidmet. *Für Stella oder ihren Sternenbruder, denn sie legen Zeugnis davon ab, dass Leib und Seele von Mann und Weib eins sein können. Heilig muss dieser Moment zum Leben finden, so nur diese reine Liebe bleibt.*

Ich vermute, dass Sie angesichts seiner kryptischen Worte keine Einwände dagegen haben und Sie mir das gestatten.

Ich werde Ihr bezauberndes Fräulein Schwester als ein wunderbares Geschöpf Gottes in Erinnerung behalten, standfest in ihren Überzeugungen, wenn auch fehlgeleitet durch die Liebe, und ich erbitte untertänigst Ihre Vergebung,

sowie auch die Ihrer Mutter,

in tiefer hochachtungsvollster Trauer
Ihr Prof. Dr. von Hartungen

1 Das berühmte Sanatorium von Dr. von Hartungen befand sich 1913 auf dem Gelände in Riva del Garda, wo heute das wunderbare Hotel du Lac steht. Damals gingen dort die Geistesgrößen der Zeit ein und aus. Heute findet man im Hotel du Lac ein eher finanzkräftiges Publikum. Allerdings kann man sich nach einem harten Wander-, Kite- oder Biketag durchaus einen Gin Tonic in der Loungebar des Hotels, dem Molo44, leisten, in der man in einem Park voller Palmen und Blumen sitzt und mit jedem weiteren Gin Tonic deutlich weniger neurasthenisch wird.

2 Der Apponaleturm ist in jeder Hinsicht traumhaft und man sollte ihn besteigen! Denn der Glockenturm Torre Apponale ist das Wahrzeichen der Stadt, wurde um das Jahr 1200 zur Verteidigung des Hafens »A Ponale« errichtet und um 1555 noch einmal auf die jetzige Höhe von 34 Metern aufgestockt. Zu seinen Füßen gelegen waren damals Weizen- und Salzlager und die für den Handel notwendigen Wechselstuben. Es sind zwar 165 Stufen, die man bezwingen muss, bevor man es geschafft hat und mit der prächtigen Aussicht auf den alten Hafen, die Dächer von Riva, die Sarca-Ebene bis nach Arco und den nördlichen Gardasee belohnt wird. Kleiner Extratipp: Man sollte auf die Uhrzeit achten, denn das Läuten im immer noch voll funktionsfähigen Turm mit den riesigen Glocken aus dem Jahr 1532 kann im wahrsten Sinne des Wortes ohrenbetäubend sein.

3 Wasserfall von Varone. Nicht nur unsere Heldin, auch Franz Kafka besichtigte den Wasserfall in Varone, aber am meisten beeindruckt von ihm war offensichtlich Thomas Mann, der zwischen 1901 und 1904 oft nach Riva kam. 20 Jahre später verwendete er seine Notizen über dieses Erlebnis für seinen »Zauberberg« und verlegte kurzerhand den Wasserfall von Riva nach Davos. Das liest sich dann so: »Die Besucher waren dicht herangetreten auf schlüpfrigem Felsengrunde und betrachteten, feucht angeatmet und angesprüht, in Wasserdunst eingehüllt, die Ohren überfüllt und dicht verpolstert vom Lärm, dazu Blicke tauschend und mit verschüchtertem Lächeln die Köpfe schüttelnd, das Schauspiel, diese Dauerkatastrophe aus Schaum und Geschmetter, deren irres und übermäßiges Brausen sie betäubte, ihnen Furcht erregte und Gehörstäuschungen verursachte. Man glaubte hinter sich, über sich, von allen Seiten drohende und warnende Rufe zu hören, Posaunen und rohe Männerstimmen.«

Und ehrlich, genauso ging es mir auch! Ein schöner Ausflug für die ganze Familie. Für aktuelle Informationen bitte diesen Link nutzen:

www.cascata-varone.com/de/gardasee-wasserfall-preise-und-zeiten.htm

4 An dieser Stelle möchte ich Ihnen vorschlagen, sich einen gemütlichen Platz am Hafen von Riva zu suchen. Einen lauschigen Ort findet man übrigens auch in dem Garten hinter der Festung La Rocca. Wenn Sie den dann gefunden haben, sollen Sie dort in den »Jäger Gracchus« von Kafka hineinlesen. Die mysteriöse Geschichte wird ganz sicher jede Menge Stoff für Diskussionen liefern, Sie ins Grübeln bringen oder auch ärgern, aber in keinem Fall langweilen. Man kann sie daher auch dem Partner an einem regnerischen Nebeltag im Bett vorlesen … Und falls Sie gerade keinen Kafkaband zur Hand haben, das geht auch digital übers Handy, denn die Geschichte ist nicht nur wunderbar, sondern auch wunderbar kurz: gutenberg.spiegel.de/buch/-9763/18

5 und 6

Es hätte den Obersten vielleicht gefreut, dass diese militärischen Festungen, die er sicher als Zeugnis der großen Zeit der k.-u.-k.-Monarchie verstanden hätte, heute noch erwandert werden können. Doch es hätte ihn sicher verärgert, dass man den Weg ausgerechnet den »Sentiero della Pace« nennt. Er zieht sich über etwa 500 Kilometer entlang der ehemaligen Grenze der Donaumonarchie. Das Königreich Österreich-Ungarn begann ab der zweiten Hälfte des 19. Jahrhunderts auch am Gardasee einige Festungen zu errichten, um die südliche Grenze vor italienischen Übergriffen zu schützen. Heute führt der »Friedensweg« entlang der Frontlinien des Ersten Weltkrieges, über zehn Jahre lang wurde an diesem Wanderweg »gebaut«. Dabei wurden vorhandene Wanderwege, alte Kriegsstraßen, Saumpfade und Steige reaktiviert. Schützengräben und Unterstände wurden restauriert, Wegweiser und Informationstafeln aufgestellt. Diese leichte circa sechs Kilometer lange Wanderung führt nun über einen Teilabschnitt des »Sentiero della Pace« rund um den Monte Brione, dabei sind nur rund 300 Höhenmeter zu bewältigen. Der Monte Brione wurde 1992 unter Naturschutz gestellt, denn dort wachsen über 500 Pflanzenarten und es finden sich wilde Orchideenarten. Es gibt keine Einkehrmöglichkeiten unterwegs. Je nach Fitnesslevel dauert die Wanderung zwei bis drei Stunden. Die Wanderung ist zwar für größere Kinder, aber nicht für Kinderwägen geeignet, da sie über viele Treppen und überwachsene Wege führt.

Ausgangs- und Endpunkt ist Riva del Garda. Vom Hafen San Nicolò am östlichen Stadtrand Rivas geht es los. Nach einem Abstecher zum ersten der vier Festungswerke, dem am Hafen liegenden »Forte San Nicolò«, folgt man dem dahinter abzweigenden Pfad auf den Monte Brione. Dieser führt auf einen mit Treppen versehenen Weg, der sich schnell in die Höhe schraubt. Schon bald erreicht man den »Forte Garda«, einen gut getarnten, gewaltigen Festungsbau aus Stahlbeton, der Anfang des letzten Jahrhunderts errichtet wurde und damals zu den modernsten Militäranlagen seiner Zeit zählte. Von hier windet sich der Weg weiter Richtung »Batteria di Mezzo«, die zur Überwachung der Gegend um Nago und der Mündung des Flusses Sarca diente. Von dieser Festung gelangt man dann zum Letzten der vier Festungswerke, dem »Forte Sant'Alessandro«. Es ist die kleinste und höchstgelegene der vier Batterien und stark überwuchert. Die hier Stationierten sollten die Gegend um Arco überwachen, alles beobachten und den anderen dann schnell zu Hilfe eilen. Von hier geht es wieder zurück nach Riva, es gibt dabei viele Pfade, am besten hält man sich bergab nach Südwesten und erreicht so wieder Riva del Garda, wo es dann viele Einkehrmöglichkeiten gibt. Mir gefällt es besonders gut in der Pasticceria Maroni in der Via S. Maria 2. Doch ich sitze dort nicht nur deshalb so gern, weil es guten Cappuccino, sondern weil es immer viel zu »glotzen« gibt!

7 Bei dem Lokal, von dem hier die Rede ist, handelt es sich um das Ponale Alto Belvedere, was lange geschlossen war und seit 2014 wieder geöffnet hat. Man gelangt dorthin, wenn man von der Altstadt in Riva am alten Hafen vorbeigeht, dem Seeufer folgt, bis zum historischen Wasserkraftwerk (unbedingt auch anschauen, auch mit Kindern sehr interessant!) am Ortsende im Südwesten. Für circa einen Kilometer geht man auf der Gardesana Occidentale bis zum Tunnel Richtung See, dort folgt man den Wegweisern: Alpiner Höhenweg, Via del Ponale D01, Richtung Val di Ledro. Schon gleich nach dem ersten Tunnel möchte man nicht mehr aufhören zu fotografieren …

Die Strada del Ponale ist heute ein Rad- und Fußweg und war früher die einzige Verbindungsstraße zwischen Riva del Garda und Biacesa, das auf 330 Metern liegt. Von dort führte sie weiter zum Lago di Ledro und von dort nach Pregasina, bis sie dann durch die beiden neu gebauten Tunnel ersetzt wurde. Nach etwa 90 Minuten erreicht man das Ponale Alto Belvedere, das schon um 1900 eröffnet wurde und großen Anklang bei den Besuchern fand. Von hier hat man nun den ultimativen Blick (und hoffentlich noch genug Speicher!), Zeit für eine Pause mit guter italienisch-österreichischer Küche. Der Ausflug eignet sich gut für Kinder, mit denen man noch den Ponale-Wasserfall bestaunen kann. Der Rückweg ist der gleiche, fühlt sich aber anders und noch schöner an, weil man das Panorama viel mehr vor Augen hat.

Leider ist diese Strecke auch von Mountainbikern in Beschlag genommen worden, die beim Runterfahren ziemlich rasen, von daher empfehle ich diese Wanderung mit Kindern lieber unter der Woche und nicht im Hochsommer anzutreten.

8 Egal, ob man schwanger ist oder schwanger werden will, oder sogar wenn man ein Mann ist, lohnt es sich die Kirche Santa Maria Inviolata in Riva del Garda zu besuchen. Sie ist der heiligen, »unversehrten« Madonna gewidmet. Außen eher schlicht im Renaissancestil ist sie innen klar dem Barock zuzuordnen. 1603 erbaut wurde sie schon 30 Jahre später zu einem Wallfahrtsort, durch dessen Besuch die Gläubigen sich Wunder, wie z. B. eine lang ersehnte Schwangerschaft erhofften. Der prächtige Barockstil ehrt die heilige Jungfrau mit reichlich Gold- und Bronzeverzierungen. Die Kirche hat nicht nur einen Marmorboden und fünf Altäre, sondern auch ein Gewölbe mit Fresken und Stuck, die Beichtstühle sind aus geschnitztem Holz. Das Gemälde auf dem Hauptaltar stellt die wundertätige Madonna dar. Interessant sind nicht nur weitere Altarbilder von Palma il Giovane, Wand- und Kuppelgemälde von Pietro Ricchi »il Lucchese«, Teofilo Polacco oder Guido Reni, sondern auch die vielen Zeugnisse von Wundertaten, die die Gläubigen in den Säulen hinterlassen haben. Und ich finde, wenn man sich ein paar Minuten hinsetzt und die Augen schließt, überkommt einen ein innerer Frieden, der durchaus an ein Wunder grenzt!

9 und **10**

Via Marocco. Obwohl das pittoreske und immer noch sehenswerte Marocco-Viertel, das auf den Felsen an den Hängen des Berges Rocchetta neben der alten Stadtmauer errichtet wurde, so herrlich afrikanisch klingt und man sich fragt, welches Geheimnis wohl dahintersteckt, gibt es eine höchst prosaische Erklärung für diesen Namen. Im Dialekt werden große Felsbrocken »marocche« genannt, und viele der Häuser in diesem mittelalterlichen Viertel sind auf solchen Steinen gebaut; genauso wie Teile der alten Stadtmauer von Riva, wie man hier ab und zu im Mauerwerk sehen kann.

Das beste Eis gibt es aber heute nicht mehr in diesem interessanten Viertel, sondern in der Viale Rovereto 54, und zwar in der Gelateria Flora. Und wer weiß, vielleicht treffen Sie ja dort auf Nachfahren von Stella oder ihrem Sternenbruder …

TESSA KORBER
CASTA DIVA

SIRMIONE

»Violetta!« – »Violetta!« Die Stimmen der jungen Männer riefen förmlich im Chor nach ihr.

Violetta, die Tochter des Schreiners Tortone, tat dennoch so, als hörten weder sie noch ihre Freundinnen etwas davon, während sie an ihren Verehrern vorbei über die Zugbrücke **1** durch das Tor der alten Skaligerburg **2** flanierten. Die ausgestellten Röcke ihrer Sonntagskleider wippten und ließen die Waden sehen. Routiniert klackerten die Absätze ihrer bunten Pumps auf die Steine. Die farblich passenden Handtäschchen, ihr ganzer Stolz, schwangen munter mit, einladend winkend, während die Trägerinnen Gleichgültigkeit vortäuschten. Sie schienen sich allenfalls dafür zu interessieren, dass ihre Bienenkorb-Frisuren saßen. So verschwanden sie im Abendschatten der alten Gemäuer, ohne irgendwen eines Blickes zu würdigen. Man würde sich ohnehin auf der Piazza Carducci **3** wieder begegnen, um dort nähere Bekanntschaft zu schließen, das war Teil des Rituals, das die Jugend Sirmiones jeden Sonntag am frühen Abend vollzog.

Auch Alfredo Caletta schlug diesen Weg ein, jedoch abseits der anderen. Mit düsterer Miene schaute er der knatternden Vespa 125 nach, die natürlich Burattoni gehörte, diesem Angeber. Nur weil sein Vater ein Hotel betrieb und er im Stadtrat saß. Und seit Neuestem besaß Capuletti ebenfalls einen solchen fahrbaren Untersatz. Sein Vater baute Wein ▪4 an auf den Hängen am südlichen Ufer des Gardasees und wurde reich und reicher dabei. Der Sohn ließ es gern alle merken.

Das selbstbewusste, fröhliche Knattern der Maschinen, ihre eleganten Linien, selbst die verlockenden Eiscremefarben des Lacks, all das ergrimmte den jungen Alfredo. Zu gut konnte er sich Violettas Rock vorstellen, wie er sich nachher im Fahrtwind bauschen würde, wenn sie im züchtigen Damensitz hinter einem der Fahrer Platz genommen hätte für eine kleine Runde über den Corso Vittorio Emanuele. Ihre braunen Beine unter den Volants, ihre schlanken Fesseln. Er wusste, dass Burattoni sie im Rückspiegel zu betrachten suchen würde, er redete ja beim Tischfußball in der Bar von nichts anderem als von Violettas Beinen. Und natürlich würde er versuchen, das Mädchen zu einem Abstecher zu den Grotten des Catull ▪5 zu überreden, wo die Lichter endeten und zwischen den Büschen die Grillen zirpten. Zahllose Zigarettenkippen lagen dort in der Macchia. Und einer wollte von einem gebrauchten Kondom gehört haben, ganzer Stolz der männlichen Stadtjugend und der Schrecken der Mädchen, die bangten, an welcher das Gerücht hängen bleiben würde, sie sei keine Jungfrau mehr.

Alfredo rauchte nicht. Dafür konnte er seinen Catull auswendig: »Oh Sirmio, du Augenstern. So viele Inseln und Halbinseln die Seen und das weite Meer Neptuns auch tragen – wie gerne kehre ich, wie fröhlich heim zu dir. Oh freut euch, ihr flinken Wellen auf dem See. Oh, lacht doch, alle Gelächter ihr im Haus.« Ob ihr das gefiele? Er könnte sie hernach vielleicht seinen Augenstern nennen, heller als alle.

Und er könnte Violetta erzählen, dass es sich bei der sogenannten Grotte nicht um eine Höhle, schon gar keine der Lust, sondern vielmehr um die Reste einer Villa handelte. Und von den heißen Quellen, die die Römer hier hatten bauen lassen. **6** Er hätte ihr auch erzählen können, dass ihr eigener Name, Violetta das Veilchen, der einer Gestalt aus seiner Lieblingsoper war. Wie hätte »La Traviata« nicht seine Lieblingsoper sein können, hieß doch deren Heldin ebenfalls Violetta. Und dass die Callas diesen Part wie niemand vor ihr gesungen hatte, mit all der Süße und Tragik und Todestraurigkeit im Herzen, die auch Alfredo empfand, wenn er seine Violetta sah, die nicht die Seine war.

Manchmal kam sie in die kleine Eisdiele, die Alfredos Vater betrieb, mit Hilfe der Mutter und der Schwester, während er, Alfredo, zu lernen hatte. Denn er sollte Musiker werden. Niemand wusste, wer dem alten Caletta dies eingeredet hatte. Sein Vater war Koch gewesen bei den Meneghinis, die Mutter Küchenhilfe. Seine Frau, Alfredos Mutter, war die Tochter des dortigen Gärtners. Vielleicht war es auf diese Weise gekommen, dass Alfredos Vater den Hausherrn persönlich hatte kennenlernen dürfen.

Die Meneghinis waren reich geworden mit Zement. Giovanni Battista Meneghini trug handgenähte Schuhe und eine Armbanduhr, für die die Arbeit des ganzen Lebens des alten Caletta nicht ausgereicht hätte. Dennoch hatte er eines Tages mit ihm über die Rosen gesprochen, die sein Schwiegervater gerade anpflanzte. Jedes einzelne Wort dieses Gesprächs war in der Familie überliefert. Und Meneghini ging in seiner Jovialität noch weiter; er stellte dem entgeisterten Caletta seine neue Frau vor. Nicht irgendeine Frau, eigentlich gar keine Frau, vielmehr eine überirdische Erscheinung, noch unfassbarer als der Reichtum der Meneghinis es war. Doch da stand sie: Maria Callas, Operndiva von Weltruhm. Sie war es, die die neuen Rosen gekauft hatte, die der Gärtner gerade mit Hilfe seiner Tochter und seines Schwiegersohnes in die Erde senkte. Über zehn Jahre war das her. Die Stöcke blühten jetzt vor der gelben Villa **7**, auch an diesem Abend würden sie die Luft mit ihrem süßen Duft schwängern, das wusste Alfredo.

Er selbst erinnerte sich nicht an die Callas, obwohl er bei der denkwürdigen Begegnung damals dabei gewesen, ja, der Held dieser Begebenheit geworden war. Er kannte nur die Erzählungen seiner Familie, die mit derselben Innigkeit und Hartnäckigkeit Wort für Wort der Überlieferung treu heruntergebetet wurden. Dass er abseits spielte und vor sich hin sang, selbstvergessen, wie kleine Kinder das taten. Dass die Diva ihn bemerkte und ihm über das Haar strich, das seine Mutter immer so akkurat scheitelte und pomadisierte, schon bei dem Siebenjährigen. Und dabei machte die Callas eine freundliche Bemerkung über die Schönheit und Ausdruckskraft seiner Stimme, die von der Familie Caletta in den Stand einer Prophetie gehoben worden war. Eine Maria Callas konnte nicht irren.

Also erhielt Alfredo Gesangsunterricht, und als sich erwies, dass seine Stimme, dem Orakelspruch zum Trotze, nicht unbedingt das Instrument war, mit dem er in den Himmel der klassischen Musik würde aufsteigen können, zusätzlich noch Klavierstunden. Er musste das Gymnasium besuchen, denn ein Künstler durfte kein Barbar sein. Und hätte er noch Zeit gehabt, mit den anderen zu spielen, seine Kleidung hätte es verhindert, die er nicht schmutzig machen durfte. Als gälte es, jederzeit bereit zu sein, vor den gehobenen Vorhang zu treten. Seine Schwester wurde im Familienbetrieb eingespannt, kaum, dass sie laufen konnte. Doch dass er sich die wertvollen Virtuosenhände rot fror an der Eismaschine **8**, kam nicht infrage.

Was seine Eltern, die Tag und Nacht schufteten, zumal seit sie sich selbständig gemacht hatten, all dies kostete, wagte Alfredo sich nicht vorzustellen. Er kam sich ohnehin schon wertlos vor und undankbar, wenn er nicht übte, übte, übte. Und doch hätte er alles gegeben dafür an diesen Abenden, hätten seine Eltern ihn ein Handwerk lernen lassen und ihm statt des teuren Unterrichts eine Vespa geschenkt.

So blieben ihm nur das Fahrrad und der Schatten, aus dem heraus er das Treiben beobachtete. Ob die Callas wusste, was sie angerichtet hatte mit ihrem unbedachten Lob? Er hatte sich die Frage manches Mal gestellt, wenn er von seinem Professore kam und an ihrer Villa vorbeischlenderte. Manchmal sah er sie, von Weitem, wie sie auf dem Balkon stand und zwischen Palmen und Zypressen hindurch auf die türkisfarbenen Schatten des Sees hinausschaute. **9** Oft, vor allem am Abend, hörte er sie singen. Es waren Stimmübungen zumeist, nichts weiter, ihr tägliches Programm, um geschmeidig zu bleiben. Manchmal jedoch konnte man hören, wie sie ihre Stimme, gelassen und doch kraftvoll, die Tonleiter hinaufschickte, als wollte sie über die Hänge der Ufer hinauf und höher, immer höher in den Himmel steigen bis zu jenem sagenhaften hohen Es, das sie am Ende des zweiten Aktes der »Aida« 1950 in Mexico City gesungen und wodurch sie das Publikum zu endlosen Ovationen hingerissen hatte.

Doch es war nicht nur die Höhe und Klarheit des Tones allein gewesen, die Alfredo hatte innehalten lassen. Es war das Empfinden, das in dem Klang lag, der so brennend und doch so fremd und einsam in der Luft stand. Es glich seinem eigenen Gefühl, wenn er Violetta betrachtete.

»Heh! Violetta! Heh!« Die tollpatschigen jungen Männer lockten die Mädchen, als wären es Hündchen, verstiegen sich hier und da zu einem Kompliment, je lauter, desto kühner. Sie waren für die Reihen ihres Publikums gesprochen, Demonstrationen ihres vermeintlichen Mutes, und die Schönen wussten das und blieben spröde.

Einige kauften sich ein Eis. Alfredo wusste seine Eltern und die Schwester drinnen beschäftigt. Der Abend wurde heißer, wenn man sich die Zungen auf den Kugeln vorstellte, wie sie kosten und kosteten und leckten … Alfredo blieb im Schatten und betete, dass seine Mutter nicht herauskäme, oder die Schwester, um für einen Moment teilzuhaben am lauen Abend und ihn hier entdeckten. Ihm war, als stünden seine glühenden Gedanken im Abendrot geschrieben.

Von S. Pietro in Mavino **10** her schlug es sieben, bald darauf fiel auch Santa Maria Maggiore **11** ein. Alfredo mochte die kleine mittelalterliche Kirche lieber als die barocke; ihm gefielen die Wandmalereien. Auch darüber hätte er gerne mit Violetta gesprochen. Ob sie ihn verstehen würde? Er stellte sie sich als jemanden vor, der alles verstehen würde, was er ihr anvertraute. Das verrieten ihre Augen, die hell waren wie Honig, fast vom selben Ton wie ihr Haar. Alles an ihr war so sanft gefärbt und weich, auch ihr kleiner Mund, der ihn an die Mandarinen erinnerte, die seine Mutter einlegte für die Eisbecher für Verliebte und mit blauem Likör übergoss. Er war beinahe sicher, dass Violetta, wenn er wundersamerweise mit ihr ins Gespräch geraten wäre, alles begriffe, was er ihr sagen könnte über die Welt und sich selbst, dass sie alles ganz genau so sähe wie er und dass ihre Mandarinenlippen, die Lippen einer keuschen Göttin, seiner Casta Diva, nur ein Wort hauchen würden: »Ja.« Und dann seinen Namen.

»Oh, es sind alles solche Idioten.«

Er zuckte zusammen, als er die Frauenstimme vernahm. Sie erklang von ganz nah. Er hörte ein Feuerzeug klicken und bekam fast im selben Moment den stechend-aromatischen Geruch einer frisch entzündeten Zigarette in die Nase.

»Dumme kleine Angeber! Dieser Michele allen voran.«

Das war sie. Das war Violetta, seine Violetta. Alfredo traute seinen Ohren nicht. Und Michele, das war Burattoni. Dem seine Vespa nicht half. Ein Idiot war er also, ein Angeber. Hatte er doch gewusst, dass sie die Welt mit denselben Augen betrachteten, Violetta und er!

Im nächsten Moment, er wusste nicht, was ihm den Mut eingab, hatte es ihn aus dem Schatten geschleudert, sodass er vor ihr stand. »Komm«, sagte er. Wie plump und dumm! Wie unbeholfen. Er starrte seine Hand an, die ausgestreckt war und zitterte. Doch er zog sie nicht zurück. »Ich möchte dir etwas zeigen.«

Auch Violetta betrachtete seine Hand. Sie lächelte nicht maliziös, wie ihre Nachbarinnen mit den bemalten Mündern. Was war es, das sie vortreten ließ? Hatte sie die Dringlichkeit in seiner Stimme verstanden? Sprach das Beben seiner Finger zu ihr und vermittelte ihr eine Botschaft, die ihr Handeln bestimmte?

Alfredo kam nicht dazu, darüber nachzudenken, denn sie setzte sich auf den Gepäckträger seines Fahrrades und schlang die Arme um seinen Leib, den er nicht mehr spürte ab diesem Moment, oder vielmehr, der sich in etwas Flüssiges, Heißes verwandelte. Oder in etwas Kaltes, Taubes, das alles konnte er keineswegs mehr unterscheiden. Auch fühlte er nicht mehr, wie seine Füße traten und seine Knie pumpten, um das Rad in Bewegung zu setzen. Auch mit seinen Ohren stimmte etwas nicht, in denen mehr als der Fahrtwind surrte. Er sah unscharf, er war nicht fähig, auch nur eine von den Phrasen oder Empfindungen festzuhalten, die in ihm herum rotierten und es ihm unmöglich machten, sich auf eine einzige Handlung zu konzentrieren.

Und doch fuhr das Rad. Und doch saßen sie beieinander, so dicht, dass ihn schwindelte. Er hätte sie riechen, sie fühlen können. Violetta. Ihre Wärme spüren. Ihre Hände sehen können, verschränkt vor seinem Leib. Doch er fühlte nichts. Oder alles und nichts Bestimmtes, und mit dem Nichtbegreifen zugleich kam das brennende Bedauern darüber auf. Doch er konnte es nicht ändern.

Das, was Alfredo von jenem Moment an bis hierher geleitet hatte, führte ihn mit einer Sicherheit, die er selber nicht zu empfinden in der Lage war, zur Villa der Callas.

»Was willst du mir denn zeigen, Alfredo?« Das war Violettas Stimme, die durch die Membrane einer anderen Welt bis zu ihm klang, frisch und direkt, unangemessen sorglos, ein schwingender Gelbton, den er nicht zu fassen bekam, um ihn zu dem dunklen Gold zu formen, das ihm vorschwebte.

»Eine Göttin.« Hatte er das gesagt? »Meine Casta Diva.« Und wieder: »Komm.«

Noch einmal ergriff sie seine Hand und ließ sich von ihm zu dem Platz am Strand ziehen, von dem aus man den Balkon der Meneghinis gut sehen konnte. Die Palmen waren zu grazilen Schatten geworden. An den Hängen jenseits des Wassers flirrten die Lichtpunkte der Häuser. Das Türkis des Sees selbst war silbern. Um sie herum duftete es nach unsichtbaren Blumen, nach sonnenwarmem Stein und ein wenig fischig. Aufreizend wie der Salzgeruch von Schweiß.

Der Balkon war leer, doch die hohen Türen alle geöffnet, und die Vorhänge wehten im Abendwind und gaben einen warmen Schein frei. »Sie ist da. Sie wird gleich kommen. Sie kommt immer.«

»Die Callas.« Auch Violetta flüsterte jetzt. »Du kennst sie?«

»Sie strich mir übers Haar. Nur einmal.« Er spürte noch die Hand. War es die Violettas?

In der Stille hörten sie das Tuckern des letzten Ausflugsbootes, das von seiner Tour zur Isola del Garda `12` zurückkehrte. Der Umriss des schneeweißen Schiffes war noch auf dem Wasser auszumachen. Lachen klang herüber. Die Touristen dort waren in Feierlaune, wie es schien.

Violetta folgte dem Schiff nachdenklich mit den Blicken. »Sie war auf der Yacht von Onassis eingeladen, dem reichsten Mann der Welt. Die muss riesig sein. Und luxuriös. Wie im Märchen.« Ihre Stimme klang andächtig.

Alfredo hörte, dass Violetta etwas sagte, doch er hatte Mühe, sie zu verstehen. Seine Gedanken waren zu weit voraus gewandert. Wenn die Callas doch endlich herausträte. Oh, wenn sie die Arie der Violetta sänge, vom Ende des ersten Aktes, »'s ist seltsam«, so wie in der La Traviata-Inszenierung von Visconti. An diesem Abend hatte er Glück, er fühlte es, alles würde sich ihm und seinen Wünschen fügen. Oder nein, besser noch, sie sänge die Norma, ihren Schmerz, ihre Ahnung, ja, »Casta Diva« sollte sie singen. Alfredo wünschte mit der Gewissheit eines Götterlieblings. Heute konnte es nicht anders sein, als dass ihm alles gelang. Ihm war fast schon, als könnte er die ersten Töne aufsteigen hören, geflügelte Liebesgötter, die sein Herz über den Himmel von Sirmione zu Violetta trügen, durchbohrt von Eislöffeln und lustigen Schirmchen. Sollte sie es auskratzen wie einen Liebesbecher per due.

Sie hörten ein Klatschen. »Du Hure.«

Gefolgt von einem Poltern. »Schwanzloser Versager.«

Erstarrt standen die beiden jungen Leute nebeneinander. Der Abend war mit einem Schlag kalt geworden. »Mich zum Hahnrei zu machen, vor der gesamten Weltöffentlichkeit. Hast du keinen Takt? Kein Schamgefühl? Du kleines griechisches Flittchen. Du warst nichts als ein singender Walfisch auf einer Provinzbühne, als ich dich entdeckt habe.«

»Dich zum Hahnrei machen? Dazu müsstest du erst einmal ein Hahn sein, ein Mann. Aber dir steht der Kamm ja nicht mehr. Ich mag fett gewesen sein, Giovanni, aber du warst alt, damals schon. Und jetzt bist du uralt, und ich eine Frau, eine Frau, verstehst du? Eine Frau will gut gefickt werden.

Mit Feuer und Leidenschaft. Mit Kunst, Giovanni. Aber du bist immer ein Stümper gewesen, und jetzt bist du gar nichts mehr, schau dich doch an.«

Die Worte kamen schnell, Salven, aus der Hüfte geschossen. Ihre Stimme schraubte sich höher und höher dabei. Das hohe Es erreichte sie nicht, wohl aber, dass der nachtblaue Himmel gerann und der Duft des Abends ins Faulige stach.

Alfredo begann, am ganzen Körper zu zittern. Er schloss die Augen, um die Tränen zurückzuhalten. Er wankte, seine Füße suchten Halt auf den flachen Steintafeln, die den berühmten Strand von Sirmione bildeten. Sie fanden keinen.

Dann das Lachen, frei und ungeniert. Sie lachte, seine Casta Diva, lachte hellauf – und tötete ihn.

»Sie streiten«, sagte Violetta, als sie wieder zu Atem kam, »Santa Maria, sie beharken sich wie die Fischweiber.« Und sie lachte erneut.

Alfredo hob heftig die Hand. Um sich die Ohren zuzuhalten. Um sich über die Augen zu wischen. Um seine Existenz in dieser Welt auszulöschen. Die er hasste. Oh, wie er sie hasste in all ihrer Hässlichkeit, vor der es kein Entrinnen gab. Wohin nur mit diesem Hass?

Er spürte einen Schmerz, er hörte ein hohles Knirschen. Dann die Stille, in der Violetta dalag. Sie lachte nicht mehr. Sie bog sich nicht mehr mit in die Hüften gestemmten Händen. Ihr Handtäschchen lag seitab. Ihr Rock war verschoben. Das Dunkle, das aus ihrem Kopf floss, hob sich in der Nachtschwärze kaum mehr ab. Eine schüchterne Welle leckte daran, löste es auf, nahm es fort.

Alfredo setzte sich neben sie. Eine Weile sah er dem Spiel der Wellen zu. Oben war das Licht ausgegangen. Der Streit war vorbei. Violettas Unterröcke waren das einzig Helle im Licht des aufsteigenden Mondes. Er hätte sie berühren können. Hätte die Finger in ihnen vergraben können und auch in dem Fleisch darunter. Er dachte es mit leichtem Ekel. Fleisch, darauf lief alles hinaus. Auch Violetta war nur aus Fleisch gewesen.

Er drückte mit den Beinen gegen ihren Körper, der schwer und widerspenstig war und sich nur mit Mühe weiter ins Wasser schieben ließ. Schließlich half der See. Sie schwebte für einen Moment; dann langsam, inmitten ihres geblähten Kleides, ging sie unter.

Der See war nicht tief hier. Man würde sie liegen sehen. Alfredo musste ihr nach, musste tauchen, musste sie noch einmal umfassen und sie weiter nach draußen ziehen. Ihn graute.

Für einen Moment saß er da, in seinen besten Kleidern, die sich mit Wasser vollgesogen hatten, und er tat sich unendlich leid. So sehr, dass er nun tatsächlich weinte. Er dachte nicht mehr an die Callas. An seine Mutter dachte er. »Mamma!« Es entfuhr ihm mit einem Schluchzer. Er spürte, wie sie sein Haar kämmte und pomadisierte, es zurechtlegte und ihm dann mit beiden Händen die Wangen hielt, Stolz und Liebe in dem Blick, mit dem sie ihr Werk prüfte. Er war ihr guter Junge. Das würde sie allen sagen, der ganzen Welt würde sie das erklären, seine Mamma. Alfredo fiel vor auf Hände und Knie und machte Anstalten zu kriechen, nach Hause, zu ihr.

Doch zugleich sah er das Bild der Carabinieri, dahinter die Weltpresse, die angezogen wurde vom Mord im Garten der Diva. Das Blitzlichtgewitter, während seine Mutter einsam mit verschränkten Armen dastand, Sirup auf der Schürze, es blendete Alfredo.

Die Blitze fraßen sich in seinen Kopf, der schmerzte und immer mehr schmerzte. Unter seinen Fingern der Fels, der nicht nachgab, keine Melodie spielte, nicht mal einen Trauermarsch, als er, ohnmächtig und blind beinahe, kehrt machte und auf allen vieren dem See entgegenkroch. Kein Deus ex Machina, keine Stimme von oben, keine verklingende Arie, nur das Gurgeln des Wassers, das noch sehr kalt war. Das bis zu seinen Knien stieg, seinen Lenden, seinem Gesicht. Violetta lag dort unten und wartete. Er würde sie umarmen und mit ihr in der Tiefe verschwinden.

»'s ist seltsam«, wollte er murmeln. Doch er spürte schmerzhaft, dass da kein Publikum war, den verklingenden Tönen nachzulauschen. Zehn Jahre vergeblich geübt, dachte er, keine Vespa, Mamma, ich will nicht … Bis er endlich gnädig ertrank.

Auf der Piazza hatte jemand eine Gitarre hervorgeholt und brachte ein Ständchen. Aus den Häusern kamen sogar einige der Älteren und machten den Jungen vor, wie man tanzte. Füllig, vorsichtig und doch voller Grazie drehte man sich auf dem Pflaster.

Alfredos Schwester stieg zu Burratoni auf die Vespa und fuhr zu den Grotten, wo sie das Kind empfing, um dessentwillen sie sechs Monate später in Santa Maria Maggiore mit viel Aufwand heirateten. Sie nannte es nach ihrem verschwundenen Bruder Alfredo. Die Ehe wurde nicht besser oder schlechter als viele andere.

1 Sirmione liegt an der Spitze einer Landzunge und wird durch diesen engen Eingang betreten, was den ganz besonderen Charme der ohnehin schon besonderen, abgeschlossenen Lage ausmacht. Man betritt es wie eine eigene kleine Welt. Autos dürfen hier nicht fahren; sie bleiben auf dem großen Parkplatz vor den Toren der Burg. Das macht den Besuch der Altstadt doppelt reizvoll.

2 Die wohlrenovierte, hellgraue Burg mit den drei Türmen und den romantisch anmutenden Schwalbenschwanz-Zinnen wurde im 13. Jahrhundert vom Stadtherrn Veronas, Matino I. della Scala, auf den Resten eines Römercastells erbaut. Als einziger Zugang zur Stadt prägt sie samt ihrem zinnenummauerten Hafenbecken das Bild Sirmiones. Von hier aus kann man Sirmione mit einer Bootstour erkunden. Oder den Turm besteigen, der einen sagenhaften Ausblick auf den halben Gardasee erlaubt.

3 Die Piazza öffnet sich zwischen den engen Gassen der Altstadt auf den Hafen hin. Sie wird von vielen historischen Bauten geschmückt, unter anderem dem Palazzo Callas, benannt nach der Sängerin, der als Kulturhaus betrieben wird. Hier findet man im bunten Betrieb zahlreiche Restaurants und Bars zum Draußensitzen, vor allem am Abend. Sie ist heute genau wie zu Alfredos und Violettas Zeiten der Treffpunkt der Einheimischen und Besucher.

4 Zwischen Desenzano del Garda und Peschiera del Garda nahe Sirmione liegt ein kleines, aber feines Weinanbaugebiet mit dem Namen »Lugana«. Der Name steht für einen strohgelben, leichten Sommerwein mit floral-fruchtigem Bukett, der mit dem Qualitäts-Siegel DOC geschützt wird. Unbedingt zur Pasta probieren. Altstadtnah in Sirmione selbst kann der Lugana zum Beispiel in der Cantina »Cà dei Frati« in der Via Frati gekauft werden.

5 Alfredo, der Held der Geschichte, hat völlig recht: Die angebliche Grotte, gelegen ganz an der Spitze der Landzunge, war eigentlich eine Villa und ein Thermalbad; denn schon die Römer nutzten die warmen Quellen, die auch heute noch in Sirmione sprudeln. Ein Besuch des teils mit Olivenbäumen bewachsenen, zwei Hektar großen Geländes voller Säulen, Mauern, Mosaike und Ruinen ist lohnend; ein kleines, aber modernes Museum stellt die dort gemachten Funde aus. Wer Badezeug mitbringt, findet nur zu Fuß zugängliche einsame Bademöglichkeiten. Nicht-Wanderer können vom Ort aus die Touristen-Bimmelbahn nehmen.

6 Durch den Parco Maria Callas mit seinen Kunstausstellungen geht der Weg hinunter ans Ufer und nach rechts – dort findet man das Rohr, aus dessen Ende das fast 70° Celsius heiße Schwefelwasser in den See fließt, gut zu erkennen an der gelben Farbe. Man positioniere sich im flachen Wasser je nach Temperaturwunsch näher oder weiter weg vom Zufluss. Wellness à la nature.

7 Die Villa beherbergt heute private Eigentumswohnungen. Sie steht etwas außerhalb der Altstadt, gegenüber dem zum Andenken der Sängerin angelegten »Parco Maria Callas«, der wechselnde Ausstellungen moderner Kunst und Skulpturen bietet. Die Rosenstöcke des schön angelegten Gartens sind noch dieselben, die die Diva pflanzen ließ. Eine Plakette erinnert an die berühmte Bewohnerin.

8 Wer Sirmione besucht, bekommt schnell den Eindruck, es mit der Stadt der Eisdielen zu tun zu haben, großer Eisdielen mit langen Theken, deren Spezialität besonders große Portionen sind. Die Bewertungen im Internet sind durchweg gut, und das zu Recht; Spitzenreiter mit nur geringem Vorsprung ist die Cremeria Bulian. Dort das Apfel-Zimt-Eis probieren!

9 Der Balkon der Callas ist heute nicht mehr zugänglich. Doch bietet Sirmione aufgrund seiner Lage einige der schönsten Blicke auf den Gardasee. Am weitesten nach Norden sieht man, wie gesagt, vom Turm der Scaligerburg aus. Aber auch der Blick etwa von der äußersten Nordspitze der Halbinsel ist empfehlenswert.

10 Die kleine romanische Kirche ist die älteste Sirmiones. Sie steht auf den Fundamenten eines römischen Tempels und wurde im 8. Jahrhundert von langobardischen Mönchen erbaut. Der Name Mavino leitet sich vermutlich vom lateinischen »ad summa vineas« ab, was »Ort der oben gelegenen Weingärten« bedeutet. Tatsächlich liegt die Kirche inmitten von Olivenbäumen. Im Inneren befinden sich berühmte gotische Fresken aus dem 12. bis 16. Jahrhundert.

11 Im Herzen der Altstadt gelegen, mit Terrakotta und einem Säulengang verziert, fügt sich die Kirche S. Maria Maggiore eng in das Stadtbild ein. Auch sie steht auf älteren Fundamenten, so ist eine der Vorbausäulen römisch und der Almosenkasten im Innenhof ursprünglich ein Gedenkstein für Jupiter. Freunde des spätgotischen und barocken Kirchenschmucks werden im Inneren bei den Heiligenstatuen fündig. Überhaupt lohnen die zahlreichen Dekorationen den Besuch.

12 Eine Bootstour von Sirmione aus ist unbedingt ratsam. Neben der Rocca di Manerba und San Biagio wird als Höhepunkt die Privatinsel des Grafen Borghese-Cavazza, Isola del Garda angesteuert, die einen botanischen Garten und eine gotisch-venezianische Villa beherbergt. Für eine Besichtigung der Villa samt Aperitif auf der Terrasse müssen Sie vorbestellen.

RICHARD BIRKEFELD
LADY CHATTERLEYS LETZTER LIEBHABER

GARGNANO

Er legte sorgfältig die Decken zurecht, eine gefaltet für sie als Kopfkissen. Dann setzte er sich einen Augenblick auf den Stuhl und zog sie an sich, hielt sie mit einem Arm fest an sich gedrückt und tastete mit der freien Hand nach ihrem Leib. Unter ihrem hauchdünnen Unterrock war sie nackt.

Virginia ist Constance!

Diese Unruhe, dieses Herzrasen, diese nahezu schmerzhafte Sehnsucht, die sich durch meine Eingeweide frisst, allein, wenn ich nur an sie denke.

Und die Erinnerung an ihre Hingabe, ihre Leidenschaft und ihr erotisches Raffinement – die raubt mir nahezu den Verstand.

Unglaublich – ich liebe, wie ich noch nie in meinem Leben geliebt habe, und ich begehre eine Frau, wie ich noch nie eine begehrte!

Das ist allerdings auch nicht schwierig, da muss ich mir nichts vormachen, denn ich hatte noch nie eine feste Freundin, also eine fürs Herz *und* für die Hoden. Noch nie!

Gut, Sylvia, in die ich damals als Konfirmand verliebt war, ließ mich mal ihre kleine Brust anfassen, aber küssen wollte sie mich nicht. Die dicke schwarze Warze auf meiner Oberlippe würde sie stark irritieren, sagte sie kichernd, und dann hatte sie sich kurz danach Leander zugewandt, sich diesem knutschend an den Hals gehängt und war mit ihm in einer dunklen Ecke des Partykellers verschwunden.

Als sie zwei Tage später erfuhr, dass ich es war, der Leander wenige Stunden zuvor die Fresse poliert hatte, war Schicht mit meinen sexuellen Erfahrungen. Weder sie redete jemals wieder mit mir, noch gab mir in den Folgejahren irgendein weibliches Wesen zu verstehen, dass ich ihm etwas bedeuten könnte. Meine Annäherungsversuche endeten alle kläglich, aber denen, denen ich mein Herz schenken wollte und die sich angewidert abwandten, denen zahl ich es seit circa drei, vier Jahren heim. Unerkannt natürlich, in irgendeiner dunklen Gasse oder einem anderen stillen Ort. Ich vergewaltige sie nicht, das würde ich nie machen, aber ich prügle ihnen meine Wut in die schönen Fressen, hau ihnen ihre strahlenden Augen blau, die geschwungenen Lippen dick und ihre zierlichen Stupsnäschen schief, weil ich diese ständige Ablehnung nicht mehr länger ertragen kann.

Sie mögen mich einfach nicht, diese Weiber! Ich denke, das lag und liegt an meinem wenig attraktiven Äußeren, der Warze, meinem pyknischen Körperbau und meinen aknevernarbten Wangen.

Wer heutzutage so aussieht wie ich, hat auf dem Marktplatz der Eitelkeiten keine Chance. Außerdem neige ich zur Rechthaberei und bei Widerspruch oder Enttäuschung zum Jähzorn und unter bestimmten Umständen auch zu Gewaltausbrüchen.

Das sind alles keine guten Voraussetzungen, das weiß ich natürlich, um in der Frauenwelt Sympathie erzeugen zu können. Das schmerzt sehr, zumal in mir der gleiche Wunsch nach Anerkennung, Zärtlichkeit und Liebe lodert wie bei jedem dieser arroganten Arschgesichtern auch, denen die Frauenherzen nur so zufliegen, weil sie den aktuellen männlichen Schönheitsidealen entsprechen. Diese weibi-

schen Beaus, die mit ihren rasierten Beinen und Brustkör-
ben, ihren gezupften Augenbrauen, stylischen Föhnfrisuren
und transplantierten Sixpacks aussehen, als wären sie von
zwei sexgeilen Milfs in einem Telefongespräch während eines
Friseurbesuches ausgedacht worden – die sind für mich die
reinsten Brechmittel.

Ein Mann, ich meine, so ein richtiger Kerl – der muss
nicht schön sein! Aber welchen dummen Nacktschnecken
erzähl ich das!

Doch selbst meine Intelligenz, meine literarische Belesen-
heit, mein allgemeines Interesse an schöngeistigen und künst-
lerischen Dingen, die durchaus für einen jungen Mann außergewöhnlich und normalerweise für kulturinteressierte Frauen
anziehend sind, haben bisher noch kein Weibchen hinter dem
Ofen hervorgelockt. Mein Äußeres scheint wie eine abschre-
ckende Kröte vor den Werten meines inneren Honigtopfes
zu sitzen.

Bisher war das so.

Aber seit knapp drei Wochen ist alles anders.

Keine Frage, sie ist meine Lady Constance Chatterley,
und ich scheine ihr Oliver Mellors zu sein. Die Villa Feltrinelli **1** ist unser Wragby Hall.

*

Sie geht mir nicht mehr aus dem Kopf: Virginia! Oh, bella
bellissima, welch göttliches Geschöpf hat mir das Schicksal
über den Weg laufen lassen, besser gesagt, am kleinen Strand
vom Spiaggia Castello **2**, dort, wo auch die feinen Gäste aus
dem Feltrinelli ihr Sonnenbad nehmen, die Wellen des Gardasees leise an den Kiesstrand schwappen, die zwei Bade-
stege umspülen und der Duft der Zitronenbäumchen an der
Promenade die Sinne der Badenden betört.

Ich liege in meinem Hotelzimmer Garni Riviera an der Via Marconi/Ecke Roma, nicht weit entfernt vom kleinen Hafen an der Piazza Feltrinelli.

Obwohl eine leichte Brise, der vormittägliche Pelèr, vom See in das geöffnete Fester weht, ist die Luft stickig und schwül.

Der Ventilator über mir dreht sich träge und verschwimmt vor meinem müden Blick zu einem Hamsterrad, in dem ich mich zu sehen glaube, laufend, und doch keinen Zentimeter vorankommend.

Ich habe den Mann verfolgt, den sie mir gezeigt hatte, ihren unsympathischen Gatten, diesen bärtigen alten Faun in seinem Rollstuhl, genau wie Clifford Chatterley, der ihre Schönheit und Anmut nicht zu würdigen weiß, sie behandelt wie »den letzten Dreck«, wie eine »Schlampe vom Straßenstrich«. So hat sie ihn mir beschrieben, als sie sich über ihn beklagte und ihre Ehe mit ihm verteufelte. Ein widerlicher, herrschsüchtiger Mann sei er, ein Südtiroler, reicher Bauherr aus Bozen, der über Leichen gehe und seine ehemaligen Geliebten besser behandele als seine Ehefrau. Sie, meine Geliebte, Virginia Hofer, meine Lady Chatterley, wünsche ihm die Pest an den Hals.

Ich bin aber noch keinen Schritt weitergekommen mit meinem Plan. Der alte Kerl rollt gemütlich die Promenade an der Zanardelli runter, verweilt wie fast jeden Tag, den ich ihn bisher beobachtet habe, mehrere Minuten auf dem kleinen Landungssteg der Fähre, scheint nachzudenken und blickt dabei stets für längere Zeit auf den schneebedeckten Monte Baldo **3** auf der anderen Seite des Gardasees. Dann setzt er sich wieder in Bewegung, rollt am Rathaus vorbei, umrundet das Hafenbecken und fährt dann in diesen schmalen Gang zwischen der »Italian Bar« und dem Tabakladen, von wo aus er ein paar Meter weiter in einer

Toreinfahrt verschwindet. Irgendwen scheint er dort regelmäßig aufzusuchen.

Ich hatte mich zwar draußen in der »Italian Bar« an einen Tisch gesetzt, zwei, drei Espressi getrunken und die Durchfahrt beobachtet, aber mein Blick schweifte auch über die kleinen Yachten, die im Hafen vertäut waren, und blieb schließlich am altrosafarbenen Gebäude der Banco di Brescia hängen, in der D. H. Lawrence einst mit seiner Geliebten Frieda Weekley von Richthofen zeitweise gewohnt haben soll. Aber meine Recherchen hatten ergeben, dass Lawrence während seines gesamten Aufenthaltes in Gargnano fast nur in der Villa Igea gewohnt hatte, weiter südlich in der Via Colletta 44.

Als aber meine Zielperson am heutigen Tag nach einem Anisée immer noch nicht aufgetaucht war, hatte ich keine Geduld mehr, länger auf den Krüppel zu warten.

Doch als ich ins Hotel Feltrinelli zurückkehrte, war auch sie verschwunden. Meine Suche nach ihr am Strand, auch am Spiaggia Fontanella **4** und dem Restaurant oder in der Chiesa di San Francesco **5**, die sie oft, nahezu jeden Nachmittag aufsuchte, um dort in der Abgeschiedenheit des Kreuzganges die schattige Kühle zu genießen, blieb erfolglos. Irgendwann kehrte ich danach enttäuscht in mein Hotelzimmer zurück.

Na gut, heute Abend würde ich sie ohnehin treffen, in der Trattoria San Martino. Dort, wo auch Lawrence mit seiner Geliebten zu dinieren pflegte, als er im Sommer 1912 in Gargnano weilte, und aufgrund seiner mit der verheirateten Frieda gemachten Erfahrungen wohl schon jene Geschichte in seinem Kopf heranreifte, die ihn Jahre später weltberühmt machen sollte: Lady Chatterleys Lover.

Lawrence, der hier im Ort zunächst seinen Roman »Söhne und Liebhaber« vollendete, ist eigentlich der wahre Grund, warum ich überhaupt im Süden bin, seinen Spuren folge, um meine Doktorarbeit über Lawrences Aufenthalte in Oberitalien zu vollenden.

Ich weiß alles über Lawrence, mehr wahrscheinlich, als er zeit seines Lebens über sich selbst wusste, aber seit ich Virginia kennenlernte, liegen meine Recherchen, meine Studien und meine Notizen auf Eis, und ich versuche stattdessen Verhaltensweisen über einen Ehemann im Rollstuhl in Erfahrung zu bringen, damit ich Mittel und Wege finde, dieses Ungeheuer irgendwie zu beseitigen.

*

»Ich bin nur wirklich frei für dich, wenn das Schwein tot ist!«

Der Satz schwebt im Raum wie der Qualm von Virginias Zigarette. Sie liegt neben mir, splitternackt, ein Bein angewinkelt, den Kopf abgewandt, einen Aschenbecher auf ihrem flachen Bauch.

Ich antworte nicht, weiß, was sie von mir erwartet, und bin bereit, das bisher Unvorstellbare zu tun. Ungewöhnliche Verheißungen verlangen nach ungewöhnlichen Maßnahmen.

Ich blicke an ihrem Körper hinunter und sehe die weißen Blüten des Sternanis, die ich ihr noch vor wenigen Minuten geschickt in den braunen Flies ihres Venushügels geflochten habe.

Wie Oliver Mellors seiner Constance.

Im Grunde passt alles zusammen, ist wie für mich gemacht, von mir inszeniert, um meinen Traum realisiert zu sehen; obwohl ich bezweifle, dass Virginia jemals Bücher von Lawrence gelesen hat und die Symbolik meines Tuns zu ermessen vermag.

Als ich ihr am Abend unserer ersten Verabredung im Restaurant La Tortuga erzählte, dass ich aus Göttingen komme,

Komparatistik, also vergleichende Literaturwissenschaft, studiere und hier in Gargnano verweile, um über den englischen Schriftsteller David Herbert Lawrence zu promovieren – Arbeitstitel: D. H. Lawrence und Italien im Spiegelbild englischer Literaten im ersten Drittel des 20. Jahrhunderts –, hatte sie nur gelangweilt in ihrem Essen herumgestochert, keine einzige Nachfrage gestellt, mich aber die ganze Zeit dabei angesehen, als wünschte sie, sofort und auf der Stelle, am besten direkt auf dem gestärkten weißen Tischtuch von mir genommen zu werden.

Gut, ihre Schönheit entschuldigt alles, ihre Wildheit verzeiht jedes literarische Bildungsdefizit und ihr Hardbody ist über jede Kritik erhaben.

Sie scheint einen Narren an meiner Visage gefressen zu haben. Das erfreut mich natürlich außergewöhnlich, stärkt meine Selbstsicherheit und wirkt wie Balsam auf meine geschundene Seele.

Ich wollte schon immer, wie zum Beispiel Serge Gainsbourg, meine Visage selbstbewusst ins Leben halten, hässlich zwar, aber mit jener intellektuellen Ausstrahlung, jener Grandezza und gleichzeitiger Chuzpe, die Frauen einfach schwach werden lassen, besonders – seltsamerweise – immer die Schönsten unter ihnen.

Seit ich Virginia kenne, habe ich das Gefühl, diesem Wunschdenken sehr nahe gekommen zu sein. Ich bin mir aber ehrlicherweise nicht ganz sicher, ob mir meine Selbstgefälligkeit oder ein neu entdecktes Selbstbewusstsein eine Art Sicherheit vorgaukelt, dieser Frau in allen Belangen gewachsen zu sein.

Ob Gainsbourg auch eifersüchtig war, gar Angst hatte, eine von seinen zauberhaften Gespielinnen an einen gut aussehenden Kerl zu verlieren?

»Wer war eigentlich dieser große blonde Typ, der dir heute Nachmittag am Castello den Rücken eingecremt hat?«

Auch dieser Satz kräuselt träge in die Rauchschwaden, verharrt über dem Bett wie eine Schäfchenwolke, bis ihre Antwort das Gebilde mit einem kaum wahrnehmbaren Hauch vertreibt.

»Keine Ahnung! Irgend so 'n Gast aus dem Feltrinelli!«

»Ihr schient sehr vertraut miteinander.«

»Blödsinn – wie kommst du denn darauf?«

Sie antwortet, ohne mich anzublicken, zieht an ihrer Zigarette, stößt den Rauch aus, streift die Asche ab, streckt das angewinkelte Bein aus und legt ihre linke Hand auf die Scham. Die Finger bewegen sich, beiläufig, streichen zärtlich über die Blütenblätter.

»Mir ist diese Selbstverständlichkeit aufgefallen, mit der du den Verschluss deines Bikinioberteils geöffnet hast, damit er dir besser den Rücken einschmieren kann.«

»Unsinn!«

»Es schien, als flüsterte er dir die ganze Zeit etwas ins Ohr!«

»Quatsch! Er hat mir nur irgendeinen langweiligen Kram über den Palazzo Bettoni **6** hier im Ort erzählt und von so einer bescheuerten Segelregatta namens Centomiglia **7**, die einmal im Jahr in Gargnano stattfindet.«

Sie drückt die Zigarette aus, stellt den Aschenbecher neben das Bett, rollt sich auf die Seite und streckt mir ihr Gesäß entgegen wie ein paarungsbereites Bonoboweibchen.

Welch ein Anblick!

»Das hast du dir eingebildet!« Sie flüstert diesen Satz und atmet tief aus. »Schatz, komm, ich bitte dich …«

Und seine Hand strich sachte, ganz sachte über die geschwungenen Linien ihrer Rundungen, in blinder, instinktiver Zärtlichkeit.

Ich kann nicht anders, berühre diesen göttlichen Hintern, drücke mich an ihn.

Ihre Stimme ist jetzt ganz leise, fast nur ein Hauchen. »Es geht hier um wichtigere Dinge als um deine alberne Eifersucht.«

Ich spüre, wie sie mein Drängen erwidert, ihre Hand nach hinten greift und mich führt, während ich vorsichtig beginne, den Sternanis in ihrem Schoß zu entflechten.

*

Ich muss nachdenken.

Heute hat sie ihren Urlaub hier unterbrochen und ist mit ihrem Mann für zwei Tage zurück in ihre Heimatstadt Bozen gefahren, weil er dort etwas Wichtiges bei seinem Anwalt regeln wollte und sie ihn bei solchen Angelegenheiten zu fahren hätte. Er würde sie ohnehin nur wie eine Angestellte behandeln, beklagte sie sich.

Übermorgen Abend würde sie wieder Zeit für mich haben, versprach sie mir gestern noch mit einem vielversprechenden Lächeln und meinte, ich könnte mir ja mal überlegen, wie wir unser Problem – sie sagte tatsächlich *unser* Problem – regeln könnten. Schließlich sei ich ein verdammt smarter Bursche, der nicht nur im Bett einer leidenschaftlich verliebten Frau seinen Mann stünde, sondern auch jenen Mumm in den Knochen hätte, der es ihm ermöglichen sollte, auf unkonventionelle Art und Weise der Geliebten aus der Bredouille zu helfen. Dabei hatte sie mich zum Abschied geküsst und mir in den Schritt gefasst. »Ich brauche einen Kerl, der Eier in der Hose hat!«

Hatte Mellors nicht Ähnliches zu Constance gesagt? *Wenn ein Mann kein Hirn hat, sagt man, dass er ein Narr ist, und wenn er gemein ist, dass er kein Herz hat, und wenn er ein Feigling ist, dass er keinen Mumm in den Knochen hat, und wenn er nicht das feurige wilde Etwas von einem Mann in sich hat, sagt man, dass er keine Eier hat.* Und war Mellors auf Constances Nachfrage nicht stolz darauf zu bestätigen, dass er Eier in der Hose habe?

Keine Frage, ich bin dieser Frau verfallen, mit Haut und Haar. Ich denke, ich würde alles tun, hülfe es, sie an mich zu binden; ja, sie vielleicht sogar in der Hand zu haben, sollte es möglicherweise in Zukunft einer dieser Schönlinge wagen, sie mir wegbalzen zu wollen.

Aber ich muss mir alles genau überlegen.

Sie verbringt hier noch bis zum Spätsommer mit dem Krüppel ihren Urlaub im Feltrinelli. Das muss ein Vermögen kosten. Geld spielt wohl keine allzu große Rolle in ihrem Leben. Aber bei mir schon. Ich muss spätestens in zwei Wochen wieder in Göttingen sein. Mehr lässt mein Doktorandenstipendium nicht zu. Dann sollten hier meine Forschungen über Lawrence auch abgeschlossen sein. Aber ich bin jetzt schon im Verzug. Die ersten Tage nach meiner Ankunft folgte ich den Spuren von Lawrence ins wunderschöne Alto Garda Bresciano, besuchte den Lago di Valvestino **8**, wanderte zum Cima Comer **9** und hoch zum Monte Pizzocolo **10**, um meine eigenen sinnlichen Eindrücke mit seinen Beschreibungen abzugleichen. Auch auf dem steinigen Weg zur pittoresken Pestkapelle von San Valentino **11** oberhalb Gargnanos folgte ich den Spuren des Dichters.

Ich studierte die Texte und fertigte Exzerpte über seine Orts- und Landschaftsbeschreibungen an, sammelte Textpassagen seiner Betrachtungen über die Einheimischen und ihrer abgeschiedenen Lebensweise aus der Sicht eines englischen Zivilisationskritikers in den Anfängen der Moderne.

Aber ich muss immer noch einige Orte aufsuchen, an denen sich Lawrence aufgehalten hat, die entsprechenden Textstellen einfühlsam und genau lesen, sie daraufhin interpretieren, was er empfunden haben könnte, und mit eigenen Augen sehen, was er betrachtet hat.

Dieses kontemplative Versinken in ein geistiges Nachempfinden schafft auch immer Platz für Assoziationen zu Problemstellungen, die gewissermaßen parallel mitlaufen. Abfallprodukte geistiger Kreativität gewissermaßen.

Ich werde mich also heute wieder einmal mit Lawrence beschäftigen, in der Hoffnung, dabei auch auf Lösungen und Möglichkeiten zu stoßen, diesem rollenden Unmenschen den Garaus zu machen.

Ich mach mich zu Fuß auf den Weg zur Chiesa di San Tommaso Apostolo **12**, knapp einen Kilometer von meinem Hotel entfernt. Erst die Via Roma entlang, dann einige Meter auf der vielbefahrenen Gardesana Occidentale, die erst in den 20er-Jahren aus den steilen Felsen über Gargnano gesprengt wurde.

Der Ort selbst war zu Lawrences Zeiten nur mit dem Boot erreichbar, nahezu abgeschnitten von der Zivilisation. *Wir leben an dieser Bucht im Exil und in Armut, aber in Sonnenschein und Glück*, schrieb er in jenen Tagen, als er mit seiner preußischen, verheirateten Baroness aus dem kalten England ins sonnige Oberitalien durchgebrannt war.

Obwohl dies Glück, wie ich recherchieren konnte, mit viel Streitereien über finanzielle und familiäre Probleme gewürzt war, vor allem, als sie zeitweise oben an der Straße nach Muslone wohnten, in San Gaudenzio, bei der Familie Capelli.

Nun aber folge ich gerade der Via Torrione bis hoch zur Convento am Ende der Straße. Der schmale weiße Glockenturm weist mir den Weg. Im dortigen Garten bin ich mit den örtlichen Chronisten und Lawrence-Kenner Signore Domenico Cappuci, verabredet. Er ergänzt mein bisheriges Wissen mit seinen profunden Kenntnissen über den schlanken Rotschopf Lawrence und seiner üppigen Geliebten Frieda. Ich notiere mir jedes Detail und darf schließlich nach einer

Stunde Interview durch Cappucis Fürsprache beim Padre den Glockenturm besteigen.

Der Ausblick über den See ist grandios.

Nun, schreibt Lawrence über diesen Augenblick, *ich klomm die brüchige Treppe hinauf und stand unversehens, wie durch ein Wunder, ganz schlicht auf der Plattform meiner San Tommaso Kirche im prallen Sonnenschein. Ich stand im klaren, prallen Sonnenschein auf einer Plattform, die im Licht hing. Dicht unter mir das Gewirr der Ziegeldächer des Ortes mit dem blassblauen Wasser, dahinter, tiefer unten. Und mir gegenüber von Angesicht, erhob sich jenseits des Sees die klare schneebedeckte Bergwelt, scheinbar in gleicher Höhe, wenn auch in Wirklichkeit weit über meinem Standort.*

Ich schließe die Augen. Fühle, wie ich eins werde mit Lawrence, und erinnere mich schlagartig an die unveröffentlichte Urfassung von Lady Chatterley. Die Sonnensprenkel auf der Wasseroberfläche blinken als helle Punkte über meine geschlossenen Lider. Constance. Virginia.

Virginia!

Das Blut schießt mir in die Lenden. Ich werde übermannt von einer berauschenden Mischung aus Wollust und Mordlust.

In dieser Urversion zieht Oliver Mellors in Erwägung, Constances Mann, Clifford Chatterley zu töten.

Noch zögere ich, mich endgültig und mit allen Konsequenzen auf diese Möglichkeit einzulassen. Es wird wohl seinen Grund gehabt haben, warum sich Lawrence schließlich doch noch für eine andere Fassung entschieden hatte. Andererseits ist mir aber schon klar, dass Virginia auf die Dauer nicht zu halten ist, sollte ich nicht ihren Wünschen entsprechen. Und solch ein traumhaftes Weib wie Virginia, das mein Äußeres akzeptiert, wie es nun einmal ist, würde mir niemals mehr für den Rest meines Lebens begegnen.

Das ist so sicher wie die Erektion in meiner Hose. Wie schrieb Lawrence, als Oliver Mellors das erste Mal mit Constance geschlafen hat? *Ein Mann konnte nicht länger zurückgezogen und für sich leben. Die Welt duldete keine Einsiedler. Und jetzt hatte er sich auf die Frau eingelassen und sich selbst in einen neuen Kreislauf von Schmerz und Verderben begeben. Denn er wusste aus Erfahrung, was das bedeutete.*

*

»Er trifft sich mit einer Frau. Eine, die nur unwesentlich jünger aussieht als er.«

Ich stehe mit dem Rücken zum Fenster und spüre die immer noch heiße Nachmittagssonne auf meiner Haut. »Sie wohnt in dieser schmalen Gasse direkt am Hafen.«

Virginia raucht. Sie liegt völlig unbekleidet auf meinem Bett, nahezu schamlos. Sonnenflecken tanzen über ihren makellosen Körper. Über dem Bett schimmert der Zigarettenqualm wie eine Staubschwade im Gegenlicht.

»Wann hast du sie gesehen?« Sie rutscht ein wenig hoch und lehnt ihren Kopf an die sienafarben gekalkte Wand.

»Heute Morgen. Er ist zu ihr gefahren, und dann haben sie die Limonaia La Malora **13** besucht, unten an der Via della Libertà. Es sah so aus, als hätten sie dort eine geschäftliche Besprechung gehabt.«

Virginia sagt nichts. Sie scheint nachzudenken.

Ich drehe mich um und schaue aus dem Fenster, über mehrere Ziegeldächer, über das Fleckenlicht eines alten Olivenbaums bis hin zum Golddunst, der über dem See liegt. Es riecht nach Rosmarin und Thymian, und die Luft vibriert von den Leibesschwingungen der Singzikaden.

»Pass auf, dass sie dich nicht entdecken …«

Ich dreh mich wieder zu ihr um.

»… und rede bloß nicht mit den beiden!« Sie schaut mich streng an. »Kein Kontakt! Verstehst du! Bloß keinen persönlichen Kontakt!«

Ich nicke. »Weißt du, wer die Frau ist?«

»Nein, ist mir auch egal. Wahrscheinlich eine von seinen Verflossenen. Der hat doch vor unserer Ehe und bis zu seinem Motorradunfall von Bozen bis Verona alles gevögelt, was einen Rock trug. Wahrscheinlich gehört ihm auch das Haus in der Gasse, in der diese Frau wohnt.« Ihre Stimme klingt hart. »Und jetzt kriegt er keinen mehr hoch, dieser Schlappschwanz, behandelt mich wie Luft, und seine ehemaligen Nutten verwöhnt er, als wären sie es gewesen, die ihm jahrelang den Arsch abgewischt hätten.«

Wir sehen uns schweigend an. Die harten Worte, einer Lady nicht wirklich würdig, lassen ihre Mundfalten hervortreten, und für eine Sekunde erstarrt ihr Gesicht zu einer Larve aus der Commedia dell'arte. Sie drückt die Zigarette aus und stellt den Aschenbecher langsam auf das Nachtschränkchen. Sie überlegt einen Moment, verharrt in ihrer Bewegung, dann heben sich ihre Augenlider zu einem verklärten Blick.

»Komm zu mir!« Ihre Stimme ist wieder sanft, lockend. Sie streckt eine Hand aus und öffnet ein wenig die Beine. »Komm, mein Schatz, ich brauch dich so!«

Ich gehe auf sie zu, traumwandlerisch, wie auf Watte. Der im Zimmer stehende Zigarettenrauch empfängt mich wie eine rosarote Wolke …

Sie klammerte sich an ihn, mit einem Laut des Erstaunens, in dem beinahe Ehrfurcht lag, und Schrecken. Er hielt sie fest, sagte aber nichts. Er sagte nie etwas. Sie drängte sich näher an ihn, nur um dem sinnlichen Wunder in ihm näher zu sein. Und ihr Herz zerschmolz in einer Art Ehr-

furcht. Dieses Mal war sein Eindringen ganz sanft und schimmernd, vollkommen sanft und schimmernd, so wie es kein Bewusstsein zu erfassen vermochte. Als die Wahrnehmung der Außenwelt langsam zurückkehrte, klammerte sie sich an seine Brust und murmelte: Mein Geliebter, mein Geliebter …

»Mein Geliebter! Mein Geliebter!«

Ich öffne die Augen.

Ich liege auf dem Rücken, ganz dicht über mir Virginias verschwitztes Gesicht.

»Mein Geliebter, ich bitte dich, sei nicht eifersüchtig, aber dieser blonde Langeweiler, der Gast aus dem Feltrinelli, du weißt schon, der Eincremer, hat mich morgen eingeladen, mit ihm nach Santuario di Montecastello **14** zu fahren.«

»Wieso?« Ich richte mich auf. Sofort brennt mir der Magen.

»Ach, Schatz, mir geht's doch nicht um den Typen. Das wäre nur *die* Gelegenheit. Ich hätte ein perfektes Alibi – und zwischen dir und meinem Mann gibt es eh keine Verbindung, verstehst du, kein Motiv – alles wäre perfekt – niente, nessuna connessione, nessun motivo – perfetto!«

»Ich verstehe nicht ganz?« Die Liebestrunkenheit verflüchtigt sich langsam wie der letzte Sonnenstrahl im Fenster.

»Also, Schatz, du musst dich jetzt endlich mal durchringen, das Schwein zu beseitigen! Unbedingt! Und zwar morgen – eine bessere Möglichkeit wird sich uns nicht bieten! Dann gehöre ich dir. Für immer!«

Ich nicke nur stumm.

Sie gibt mir einen flüchtigen Kuss, steht auf, schlüpft in ihr kurzes Leinenkleid und öffnet die Zimmertür.

»Wir treffen uns dann übermorgen Mittag im Kreuzgang! – Ciao bello!«

Die Tür fällt zu.

Es ist ganz ruhig im Zimmer. Die blaue Stunde am Gardasee. Die Zikaden verstummen. Für fünf Minuten.

Dann beginnt die Nachtschicht zu zirpen …

*

Er ist bis an den Rand des Landungsstegs gerollt und schaut wieder hinüber ans andere Ufer. Es ist noch früh am Tag, die Sonne blinzelt gerade über den Rücken des Monte Baldo, die Kirchenglocken läuten zur sonntäglichen Frühmesse, und die Uferpromenade wirkt wie ausgestorben.

Ich stehe hinter einem Pfeiler der Rathausarkaden, löse mich aus ihrem Schatten, quere die Promenade und lehne mich halb verdeckt an einen der vierarmigen Straßenkandelaber. Er ist jetzt keine sechs Meter mehr von mir entfernt. Die Gelegenheit ist günstig. Die Rollläden der zwei kleinen Häuser hinter mir sind noch geschlossen, das Café dazwischen hat noch nicht geöffnet, und auf der Promenade unter den Zitronenbäumen ist keine Menschenseele zu erkennen. Ein kurzer Stoß nur, und er fällt mit seinem Rollstuhl ins Wasser.

Virginia hat mir erzählt, dass er wegen des künstlichen Darmausganges auf dem Stuhl fixiert ist. Es ist hier am Fähranleger wahrscheinlich nicht allzu tief, aber das Gewicht des Rollstuhls würde ausreichen, ihn bis zum Ertrinken unter Wasser zu halten.

Ich bin zwei, drei Schritte hinter ihm, strecke schon die Arme aus, als sein Telefonino klingelt.

Ich bleibe abrupt stehen.

Er rollt mit dem Stuhl herum, hält sich das Handy ans Ohr, blickt mir kurz in die Augen, fährt an mir vorbei und dann langsam zurück auf die Promenade.

»Ja? Thomas Alberto Hofer!« Er hat eine angenehme und freundliche Stimme.

Ich drehe ihm den Rücken zu und stelle mich vor das Schild mit den Fahrzeiten der Fähre, als studierte ich die An- und Ablegepläne.

»Buon giorno, Signor Avvocato! – Ja, ich bin wieder in Gargnano ... Si, si ... Überweisen Sie das Geld für meine Schwester auf ihre hiesige Bank ... Ja, wie besprochen, auf den Namen Yvette Boltoni ... Ja, dann können wir die Sache mit ihren Geschäftsanteilen an der Limonaia endlich unter Dach und Fach bringen.«

Für einen Augenblick kann ich nichts verstehen. Eine dreirädrige Ape knattert laut vorbei und biegt am Hafen ab.

»... muss ja! Sie hilft mir täglich ... Si, si – wem sagen Sie das ...« Er hört für längere Zeit zu. »Und hat sich Ihr Kollege Battista schon wegen des Testaments bei Ihnen gemeldet? Ich war ja letzte Woche mit meiner Schwiegertochter in Bozen ... Ah, ich verstehe ... Nein, er bleibt der Haupterbe ... Ja, meine Schwester bekommt aber zusätzlich noch die Liegenschaften in der Schweiz ... genau – und das Aktienpaket auch ... Nein, um die kann sich mein Sohn kümmern.« Der Mann lacht. »Si – so sieht's aus, ich bin doch nicht von gestern. Ich bezahl sie ja schon übertariflich für ihre Sekretärinnenarbeit.« Er lacht wieder auf. »Tja, wo die Liebe des Nachwuchses halt so hinfällt ... Okay, machen Sie das ... Dann ist so weit alles klar ... Bitte? – Ja, mache ich, er ist aber immer nur sonntags hier in Gargnano, das Bauprojekt in Trient lässt ihm keine Zeit. Heute ist er übrigens mit ihr nach Montecastello gefahren ... Si, si, mach ich! Ciao, Avvocato ... ja, ciao, ciao!«

Er rollt herum und bewegt sich langsam in Richtung Hafenbecken. Er grüßt mich noch kurz und meint, dass die erste Fähre nach Malcesine erst in drei Stunden geht.

Ich blicke ihm nach, wie er die Kaimauer entlangfährt, oben links an der Piazza Feltrinelli abbiegt und wie jeden Tag in die schmale Gasse rollt, um, wie ich nun weiß, seine Schwester aufzusuchen, die sich hier in Gargnano um ihn pfleglich zu kümmern scheint.

Aber ich muss tief durchatmen.

Das Gehörte hat mich in einen heftigen Schockzustand versetzt.

Das kann doch wohl alles nicht wahr sein! Der Verdacht, der durch meine Glieder fährt, ist unerträglich. Mir wird schwindelig.

Ich lasse mich auf eine der Promenadenbänke nieder, zücke mein Handy und google den Namen des Mannes »Thomas Alberto Hofer«, sie hatte ihn immer »Marcello« genannt. Ich hatte schon vor Tagen aus reiner Neugier unter »Marcello Hofer« gegoogelt, war aber im Web nicht fündig geworden.

Jetzt aber finde ich alles Wissenswerte über den Mann, obwohl der italienische Google-Übersetzer unzureichend ist, und kann das, was für mich wichtig ist, in Erfahrung bringen. Er ist eine große vermögende Nummer in der Baubranche, Jahrgang 1950, und für viele spektakuläre Bauprojekte in Oberitalien verantwortlich.

Das Informativste aber sind die Bilder, die ich unter seinem Namen aufrufe. Bereits unter den ersten Fotos finde ich eine Aufnahme von einer Benefizveranstaltung in Meran auf dem roten Teppich: »Thomas Alberto Hofer, der große Bau-Tycoon, sein Sohn Marcello (35) und dessen bezaubernde Frau Virginia, gern gesehene Gäste auf der Spendengala für krebskranke Kinder im Hotel Bavaria.«

Virginia sieht auf dem Foto hinreißend aus, und auch Marcello erkenne ich sofort. Er ist der blonde Typ mit der Sonnencreme!

Welch raffiniertes Luder! Ich muss meinen aufkommenden Zorn zügeln. Das Weib treibt ein falsches Spiel! Ob ihr Mann in dem mörderischen Plan involviert ist oder aber ihren teuflischen Absichten selbst völlig ahnungslos gegenübersteht, ist mir letzten Endes völlig egal. Wahrscheinlich ist er ebenso ahnungslos, wie ich es war, denn wer tötet schon seinen eigenen Vater? Das ist ja wohl eher selten.

Gut, aber wenn ich mir alles richtig zusammenreime, dann geht's ihr wohl eher darum, dass ihr Ehemann schneller in den Besitz des Vermögens ihres Schwiegervaters kommt und sie daran persönlich auf mittelbare Weise partizipiert, in Form eines gehobeneren und noch großzügigeren Lebensstils beispielsweise, durch größere gesellschaftliche Anerkennung und Aufmerksamkeit. Oder aber der geplante Tod ihres Ehemannes könnte – als Teil eines perfiden Masterplans – der nächste Schritt ihrer sukzessiven Bereicherung sein.

Warum sie diese Nummer in Wahrheit durchziehen will, interessiert mich ehrlicherweise nicht wirklich. Auch den Schwiegervater oder Ehemann über Virginias Vorhaben aufklären zu wollen ist ohne Zeugen und Beweise ohnehin total müßig, wäre mir viel zu anstrengend und nervig und ginge mir sowieso am Arsch vorbei.

Für mich zählt einzig und allein, dass sie mich benutzen wollte und ein falsches Spiel mit mir trieb: mit mir, der Warze, dem pyknischen Narbengesicht!

Die Wut treibt mir die Tränen in die Augen.

So flammte im Fluss des neuen Erwachens die alte harte Leidenschaft für eine Weile auf, und der Mann schrumpfte zu einem verachtenswerten Objekt, dem bloßen Phallusträger, der in Stücke gerissen wurde, wenn er seine Schuldigkeit getan hatte.

Es fällt mir schwer aufzustehen, mich dem anbrechenden Tag zu stellen, dessen Sonnenstrahlen langsam das Hafenbecken in helles Licht tauchen und den ersten Touristen lange Schatten als Begleiter bescheren.

Ich zwinge mich dazu, auf den Fähranleger zu gehen bis an den Rand des Stegs, und blicke auf die tanzenden glitzernden Wellen des Wassers.

Der Anruf kam zur rechten Zeit. Eine Sekunde später, und der Rollstuhl wäre auf den Grund des Gardasees gesunken.

Wie schrieb Oliver Mellors am Schluss des Romans an seine Geliebte, Constance Chatterley, über ihren Ehemann Clifford? *Am Ende wird er dich ausspucken wollen wie ein abscheuliches Ding.*

*

Ich muss nicht mehr nachdenken.

Ich liege in meinem Hotelzimmer und beobachte den Ventilator über mir. Ein Hamsterrad. Ich stehe auf und schalte ihn aus.

Meine Affekte haben das Ruder übernommen. Ich will nicht, dass meine Wut abkühlt.

Es ist das ewig gleiche, kränkende Spiel. Der andere, in diesem Fall der große Blonde, ist der Gewinner und ich der Verlierer.

Das Biest – von der Schönen missbraucht. Benutzt von einer attraktiven Frau für ihre egoistischen Interessen, die glaubte, mich, den Freak, um den Finger wickeln zu können, weil sie annehmen konnte, durch ihre Attraktivität bei mir bedingungslose Hingabe auszulösen.

Fast wäre es ihr ja auch gelungen.

Ich hätte es wissen, wenn nicht erahnen sollen. Lawrence hat sie gleich auf den ersten Seiten des Buches beschrieben, die dunkle Seite des Weibes: *Eine Frau konnte einen Mann nehmen, ohne sich selbst wirklich herzugeben. Sie konnte ihn nehmen, ohne sich selbst seiner Macht auszuliefern. Vielmehr konnte sie alles Geschlechtliche dazu benutzen, Macht über ihn zu gewinnen, während er bloß ihr Werkzeug war.*

Ich Idiot! Ich bin der Mann ohne Hirn, auch ohne Herz; denn ich hätte getötet, nur um ihr beweisen zu wollen, dass ich Mumm in den Knochen und Eier in der Hose hätte. Ein Kretin, schwanzgesteuert und gelenkt von einer bildschönen, doch völlig manipulativen und bösartigen Frau.

Sie würde heute Abend zurückkehren, mit ihrem blonden Mann, zurück ins Feltrinelli, und sie würde ihren Schwiegervater unversehrt vorfinden und sich fragen, was wohl schiefgelaufen sein könnte.

Sie würde brennen vor Ungeduld und Neugier und morgen unseren Treffpunkt aufsuchen, mich bedrängen, so schnell wie möglich den Versuch zu wiederholen. Süßholz raspeln, sich als Lohn anbieten und eine gemeinsame rosige Zukunft ausmalen.

Hätte ich die Tat ausgeführt, wären meine Tage mit ihr wohl gezählt gewesen, wahrscheinlich auch die meines Lebens.

Aber geschenkt!

Ihre Strafe, mit einem so hässlichen Mann wie mir völlig umsonst gevögelt zu haben, reicht als Genugtuung für mich allerdings noch nicht aus.

Meine Rachsucht verlangt nach mehr.

Denn ich werde morgen Mittag da sein.

Dieser stille Platz, diese kaum von Dritten frequentierte romanische Kirche, diese abgelegene Stelle kontemplativer Einkehr ist nämlich genau jener dunkle Ort, den ich brauche, um mir die Art Satisfaktion zu verschaffen, die mein Unwohlsein über meine physischen Unzulänglichkeiten vorzüglich kompensieren wird.

Constance bleibt natürlich Constance, ewiglich – aber Virginia wird danach nicht mehr Virginia sein, nur noch eine sich verflüchtigende Rauchschwade von vergänglicher Schönheit in den auflandigen Winden des Pelèr.

Das ist so sicher wie das zerstörte Gesicht einer Porzellanpuppe, das von roher Hand eingeschlagen wurde.

1 1892 errichtete die Verlegerfamilie Feltrinelli das spektakuläre Gebäude am nördlichen Stadtrand von Gargnano. Allein die architektonische Pracht, die sich entfaltet, wenn man sich der Villa Feltrinelli mit einem Boot
von der Seeseite nähert, gibt Aufschluss über den Luxus,
den das heutige Hotel im Inneren ausstrahlt. So ist es
auch kein Wunder, dass hier die Reichen und Schönen
absteigen, um den hoteleigenen Park mit seinem langen Swimming Pool unter exotischen Baumbeständen
zu genießen.

2 Spiaggia Castello: Kleiner freier Strand mit zwei Bade-
stegen in der Nähe der Villa Feltrinelli, 50 Meter vom
Zentrum entfernt in Via Castello.

3 Der Monte Baldo ist ein schneebedeckter Bergrücken
am Ostufer des Gardasees, gegenüber von Gargnano.
Er lädt zu vielseitigen Freizeitaktivitäten ein und ist von
Malcesine (Fährverbindung nach Gargnano) mit einer
Seilbahn zu erreichen.

4 Spiaggia Fontanella: Ein kinderfreundlicher und knapp
200 Meter langer Sand- und Kiesstrand, südlich vom
Grand Hotel Feltrinelli, mit verschiedenen Wasser-
sportmöglichkeiten und einem Surf-Club. Zwischen
Strand und Uferstraße befindet sich eine Grünfläche
mit schattenspendenden Bäumen. Das direkt am See
gelegene rustikale Restaurant »Le Fontanelle« lädt zu
schmackhafter Pizza und Pasta ein.

5 Chiesa di San Francesco: Die Kirche wurde 1289 von Franziskanermönchen errichtet. Auf der rechten Seite des Gebäudes erhebt sich der Kreuzgang des alten Klosters. Er wurde in der ersten Hälfte des 14. Jahrhunderts erbaut und präsentiert sich wie ein kleiner, quadratischer Hof, umgeben von einem Säulengang mit Rundbögen.

6 Der südlich von Gargnano gelegene Palazzo Bettoni ist wohl der größte Palast am Gardasee. Seine Uferfront ist von beeindruckender Schönheit und fast schon klassizistischer Strenge. Leider wurde der angrenzende Garten beim Bau der Gardesana Occidentale vom Hauptgebäude abgeschnitten, gibt andererseits aber dadurch für den Interessierten den Blick durch ein schmiedeeisernes Gitter frei auf die barocke Grünfläche mit ihren Treppenbauten. Denn die Anlage selbst kann man nur im April betreten, wenn dort einmal im Jahr ein Gartenmarkt veranstaltet wird.

7 Centomiglia: Wenn hunderte von bunten Segeln vor Bogliaco auf dem Wasser zu sehen sind, dann ist es September und der Beginn der international bekannten Regatta »Centomiglia«, die seit 1951 auf dem gesamten Gardasee ausgetragen und zumeist in Gargnano gestartet und beendet wird.

8 Zwischen hohen Bergen und nur wenige Kilometer von Gargnano entfernt liegt fast fjordartig und sehr malerisch der Lago di Valvestino, ein künstlicher Stausee, der noch kaum touristisch erschlossen ist. Die kurvenreiche Straße, die von Gargnano ins Vesta-Tal zum See führt, wird gerne von Motorradfahrern genutzt.

9 Wer die Bergtour zum Cima Comer (1.282 Meter) von Gargnano über Sasso auf sich nimmt und dann oben am Gipfelkreuz steht, kann nicht nur den herrlichen Ausblick über den Gardasee genießen, sondern auch die Bergwelt des Brescianer Hinterlandes bewundern.

10 Der südwestlich von Gragnano gelegene Monte Pizzocolo (1.581 Meter) ist der höchste Berg im Süd-Westen des Gardasees und lädt zu einer längeren, aber leichten Bergtour ein. Auch von hier ist die Fernsicht auf den See überwältigend und belohnt den Aufstieg.

11 Pestkapelle von San Valentino: Auch hier führt der Anstieg von Gargnano aus über das zauberhafte Bergdorf Sasso. Über den teilweise etwas schwierigen, aber sehr romantischen Pfad gelangt man nach etwa zwei Stunden schließlich durch eine kleine Holztür zur eigentlichen Kapelle. Die ehemalige Einsiedlerklause schmiegt sich an eine leicht überhängende Felswand und wird zur Seeseite von einer Reihe Zypressen begrenzt, durch deren Lücken man über den baumbewachsenen Abhang das Blau des Gardasees schimmern sehen kann.

12 Die im Jahre 1557 fertiggestellte Chiesa San Tommaso Apostolo liegt an der Via Torrione, etwas südlich vom Stadtzentrum, zwischen der Via della Libertà und der Via Angelo Feltrinelli. Sie ist wohl die monumentalste Kirche in der Stadt und weiß durch ihre barocken Fresken zu überzeugen. In ihr wird der Schutzpatron Gargnanos, der Heilige Sebastian, verehrt. Der Kirche angeschlossen ist ein Kloster, das noch bis vor wenigen Jahren von Franziskanermönchen bewohnt wurde.

13 Die Limonaia La Malora ist eine Zitronenplantage. Es handelt sich um ein antikes Anwesen aus dem 16. Jahrhundert zum Anbau von Zitronen. Es hat eine einzigartige Struktur im Vergleich zu benachbarten Anwesen, die meist brachliegen oder als Wohnraum oder Garten genutzt werden. »La Malora« ist heute ein Anwesen, welches sich noch in Produktion befindet, perfekt restauriert ist und besucht werden kann.

14 Santuario di Montecastello in Tignale: Knapp 13 Kilometer nördlich von Gargnano liegt wohl eine der spektakulärsten Wallfahrtskirchen des Gardasees. Auf einem Felsvorsprung errichtet thront die im 17. Jahrhunderte erbaute Kirche 700 Meter über einem steil zum Wasser abfallenden Hang. Der Kirche angeschlossen sind ein Kreuzgang und ein Kloster. Von dort führt ein Weg zum Gipfel des Monte Castello, der den Wanderer mit einem grandiosen Ausblick über den Gardasee belohnt.

Die kursiven Textzeilen sind den Büchern »Lady Chatterleys Liebhaber« und »Italienische Dämmerung« von D. H. Lawrence entnommen.

UTA-MARIA HEIM
ERFOLGREICH ABGEMELDET

BARDOLINO

Die Leiche, die bäuchlings auf dem Wasser trieb, war männlich. Klara Kerner konstatierte das in einem nüchternen Satz, der Giulia Franca abstieß. Beide trugen Joggingklamotten, beide knieten auf dem Lungolago, der Strandpromenade, die von Lazise nach Garda führte **1**, sie waren Mutter und Tochter. Unterschiedlicher konnte man nicht sein, die eine drahtig, die andere weich, und dennoch sahen sie das Gleiche, obschon nicht dasselbe. Klara Kerner, einiges über 80, erblickte eine leblose Person, die auf ungeklärte Weise zu Tode gekommen war. Mehr nicht. Giulia Franca, Mitte 50, bedauerte einen Mann, der mehr oder minder freiwillig aus dem Leben gefunden hatte. Er tat ihr leid.

Keine fünf Meter von ihnen entfernt schaukelte die Wasserleiche hinter der steinigen Uferböschung auf den Wellen. Obwohl der Gardasee zum Land hin flach war, berührte sie offenbar nicht den Grund. Der Anblick war verstörend, aber nicht ekelhaft. Er provozierte etwas zunehmend Gelassenes, Sorgloses, fast schon Heiteres. Auf dem Rücken des dümpelnden Leichnams blähte sich ein dunkelblaues T-Shirt. Er war barfuß und in Jeans; die grau melierten Haare wogten lebhaft. Sie flossen ihm über die Schulter. Der Mann war weder dick noch dünn. Er war eher groß, nicht mehr ganz jung und hatte die Arme wie in einer Abwehrhaltung über dem Kopf ausgebreitet.

Die Stelle lag genau zwischen Bardolino und Garda. **2** Das Ufer war noch menschenleer. Giulia und Klara hatten den Campingplatz in aller Herrgottsfrühe verlassen, um bei Sonnenaufgang eine Runde joggen zu gehen. Klara, wie gesagt einiges über 80, hatte sich eben neue Schuhe gekauft. Sie lief langsam, aber diszipliniert. Giulia, wie gesagt Mitte 50, hatte sich ihr zuliebe Laufschuhe angeschafft. Es waren ihre ersten.

Es war der Versuch, im Alter doch noch zueinander zu finden. Giulia lebte in Florenz, die Mutter in Stuttgart. Und das schon seit ewigen Zeiten. Langsam wurde beiden bewusst, dass es nicht endlos so weiterging. Irgendwann würde die eine die Urne der andern am Faden in die Erde senken. Klara hoffte, dass Giulia sie überleben würde. Giulia hoffte das auch.

Samstagmorgen also. Sie hatten sich am Vorabend auf dem Campingplatz Meraviglia **3** getroffen, ein Vorschlag der Mutter, die ihn seit Menschengedenken begeistert bespielte. Es ging gegen Mitte August, Ferragosto war gerade vorbei. Sie wollten zumindest das Wochenende zusammen verbringen, vielleicht auch die ganze kommende Woche. Je nachdem, wie es lief. Giulia hatte sich vorsorglich Urlaub genommen, was nicht ganz einfach gewesen war, weil sie neben der Tourismusagentur in Florenz auch noch das Ristorante in Marina di Santo Stefano am Hals hatte.

»Na ja«, sagte die Mutter. »Wir werden uns unsern Spaß hier nicht verderben lassen. Wir wollen keinen Ärger.«

»Auf keinen Fall.« Giulia drückte die Notruftaste. »Ich meld das jetzt mal. Dass wir auf dem See ein Kleiderbündel gesehen haben, das man sich vielleicht einmal näher angucken sollte.«

»Der liegt noch nicht lang da drin.«

»Wie willst du das wissen?«

»Er wäre sonst abgetrieben.«

»Es gibt doch gar keine Strömung.«

Nachdem Giulia den Notruf anonym abgesetzt hatte, deutete die Mutter vis-à-vis auf eine hölzerne Parkbank. Davor stand ein Paar Schuhe. Möglicherweise gehörten sie dem Toten im Wasser. »Rahmengenäht«, befand sie, ging hin und wog den rechten Schuh in der Hand. »Braun, Budapester, klassisch. Wo sind die Socken?«

Doch die Socken waren nirgends zu finden. Dafür lag auf der Bank eine Baumwolltasche. Sie trug einen Aufdruck des Goethe-Instituts. Giulia schaute hinein. »Eine Kladde, ein Adressbuch, ein Füller. Und ein Taschenbuch. 4 Kein Laptop, kein Handy.«

»Die Tasche nehmen wir mit«, sagte die Mutter. »Natürlich geben wir sie dann hinterher irgendwo ab. Es hat ja nichts mit der Leiche zu tun.«

Nein, natürlich nicht, dachte Giulia. Das war wieder mal typisch Mutter. Sie machte einfach ihr Ding. Stracks liefen sie zurück auf den Campingplatz. Giulia wunderte sich nicht wirklich, dass ihr am ersten Morgen, den sie mit ihrer Mutter am Gardasee verbrachte, gleichsam auf halber Strecke zwischen ihrem Zuhause in Florenz und der alten Stuttgarter Heimat so etwas Einschneidendes zugestoßen war. Die Mutter bürgte für lebenstechnische Unfälle. Mit Fleiß und Hingabe hatte sie stets scharfe Konflikte heraufbeschworen und dabei Menschen in arge Schwierigkeiten gebracht. Es war Giulias Job gewesen, dafür geradezustehen. Ein knallharter Job und eine Berufung. Am Ende musste es jedes Mal irgendwie gut ausgehen, sonst war es noch nicht das Ende. Giulia hatte keinerlei Lust, den Sinn dieses dummen Spruchs zu vertiefen. Die Mutter war in einem Alter, in dem andere dement in einem Rollstuhl hockten. Sie war glasklar im Kopf und zäh. Natürlich war das Ganze hier Zufall. Falls es Zufälle gab.

»Der Tote ist ein Deutscher.« Die Mutter hockte sich vor

dem Zelt auf den Boden und blätterte im Adressbuch. Ihre kurzen grauen Haare verliehen ihr im klaren Licht des Morgens einen kalten Heiligenschein.

»Hör doch auf mit dem Theater.« Giulia band sich die blonden Strähnen am Hinterkopf zusammen. In Shorts und T-Shirt stand sie vor der Mutter, fröstelnd, breitbeinig wie ein Girlie. »Du bist zu spät gekommen, nicht wahr? Du kennst den Mann. Womöglich hast du ihn hierher bestellt.«

»Was fällt dir ein!« Entrüstet blickte die Mutter auf, blitzte sie an mit ihren kalten grünen Augen. »Wie redest du überhaupt mit mir?«

»Nun ja, wir kennen uns ja jetzt lang genug. Und ich lasse mich von dir nicht wieder einspannen. Das hatten wir doch schon mal. Wie lange bist du jetzt im Ruhestand? 15, 20 Jahre? Aber du kannst einfach keine Ruhe geben.«

»Ich habe dir mit meinem Beruf erst die Kindheit versaut, und nun verderbe ich dir das beginnende Alter. Dazwischen haben wir uns kaum noch gesehen. Dein Erwachsenenleben habe ich einfach nicht mitgekriegt. Stimmt schon, ich bin selber schuld.«

Die Mutter verfiel mehr und mehr ins Schwäbische, es hatte einen warmherzigen heimatlichen Ton, und Giulia musste lachen. Klara fiel ein.

»Es ist nicht komisch, wenn es einen Toten gegeben hat.« Auch Giulia sprach jetzt stärker in ihrer alten mundartlichen Färbung, die sie in all den Jahren in der Fremde nie ganz verloren hatte.

»Gewiss nicht.« Klara seufzte und schlug das Notizbuch zu. »Aber glaub mir, ich hab das nicht angezettelt.«

»Also kein Fall für den Verfassungsschutz?«

»Was weiß denn ich?«, rief Klara und bekam ein ganz spitzes Gesicht.

Tommaso Rammollito erwachte schweißüberströmt vom fauligen Geruch seines Schlafsacks. Er lag allein in seinem schwülen Zelt, kniete sich vor den Eingang, öffnete den Reißverschluss und blinzelte. Sein Kumpel Fabrice Cavoletti war mit dem geklauten Mountainbike zur Rezeption gefahren, um frische Cornetti und eine »Gazzetta dello Sport« zu holen. Tommaso kratzte sich an der Brust und schlüpfte nach draußen. Er füllte die Espressokanne mit Wasser und Kaffeepulver und hielt das Feuerzeug an den Gaskocher. Es gab eine hohe Stichflamme. Er verbrannte sich den Finger, ließ das Feuerzeug fallen und fluchte. Dann regulierte er die Gaszufuhr, stierte in das züngelnde Feuer und stellte die achteckige Aluminiumkanne auf den viereckigen Aufsatz.

Fabrice nannte das Ding nicht Espressokanne, sondern Caffettiera. Er sprach auch nicht von Espresso, sondern von Caffè. Vor jeder Benutzung kontrollierte er das Sicherheitsventil, weil seine Oma durch eine explodierende Kaffeekanne verletzt und im Gesicht verbrüht worden war. Im Gegensatz zu Tommaso, der eigentlich Tom Eiermann hieß, war Fabrice ein waschechter Italiener. Er kam aus der Gegend südlich von Neapel und hatte eine an traditionellen Werten orientierte Erziehung genossen. Fabricio liebte seine Mutter, Teigerzeugnisse in jeder Darreichungsform und redete beim Essen gern über die Verdauung. Er war in seinen Normen vollends gefestigt und wusste stets genau, was Gut und Böse war. Er lachte laut, telefonierte polternd und schrie beim Singen. Im Übrigen pflegte er einen unkomplizierten Hang zur Kleinkriminalität.

»Idiota«, schimpfte Tommaso, als Fabrice wiederkam und das gestohlene Fahrrad an einen Baum lehnte. »Musst du dich auf dem ganzen Campingplatz damit zeigen?«

»Das ist die beste Tarnung«, entgegnete Fabrice.

Das rot-weiße Bike war ein neuwertiges Rocky Mountain Thunderbolt 799 MSL und kostete 12.000 Euro. Es war vollgefedert, besaß eine Shimanos XTR-Di2-Schaltung, und sein Carbonrahmen wog keine zweieinhalb Kilo.

»Ich finde das Teil schwer«, meinte Tommaso, der versuchte, das Gefährt hinter dem Zelt zu verstecken.

»Das sind die Reifen«, erklärte Fabrice, der Zeitung und Cornetti-Tüte neben den Gaskocher fallen ließ. »Da kannst du am Gewicht nichts machen.«

Es war der fetteste Fisch, den sie bisher an die Angel bekommen hatten, und es würde nicht ganz einfach sein, ihn zu einem fairen Preis zu verscherbeln. Stellario hatte ihnen eingeschärft, auf das Mittelmaß zu setzen, kein Schrott, kein Ramsch, gediegene Modelle, aber eben keine Luxuskarossen. Jetzt hatten sie sich eine eingefangen, doch sie hatten es zu spät gemerkt.

Die Espressokanne röchelte. Tommaso drehte das Gas ab und füllte den Kaffee in zwei gelbe Plastikbecher. Einen davon reichte er Fabrice, der ihn mit abgespreiztem kleinem Finger entgegennahm.

»Wir sollten dieses Monster wieder loswerden.« Tommaso deutete auf das Rad. »Wenn Stellario davon erfährt, wird er nicht unbedingt begeistert sein.«

»Umsonst? Bist du wahnsinnig?« Fabrice schüttelte den Kopf.

»Si è verificato un errore durante il passaggio del comando.«

Bei der Weitergabe des Befehls ist ein Fehler aufgetreten? Simba schüttelte den Kopf, was Chi natürlich nicht sehen konnte, und so deutete er die Pause als Schweigen.

»Die Ware ist weg. Verschwunden. Zusammen mit der Verpackung«, erklärte Chi dann auf Englisch, das er immerhin besser beherrschte als Italienisch.

Obwohl sie eigentlich Adofo (Krieger) und Ata (erster Zwilling) hießen und beide Ghanesen waren, konnten sie sich in ihrer Muttersprache nicht verständigen, weil sie grundverschieden war. Es gab über 100 Sprachen in Ghana. Simba sprach eine Kwa-Sprache, Chi eine Gur-Sprache, und ihre Väter hätten sich nicht gegenseitig in ihre Häuser eingeladen. Das war den weißen Männern in Europa egal. Sie glaubten, einmal Ghanese, immer Ghanese. Einmal Dealer, immer Dealer.

Als Simba und Chi an der italienischen Mittelmeerküste aus ihrem Rettungsboot gestiegen waren, wurden sie gleich von zwei Mafiosi in Empfang genommen, die sie irgendwo in der Campania südlich von Neapel in ein Trainingslager brachten. Obwohl sie angaben, sie seien aus Nigeria, wurden sie sofort als Ghanesen identifiziert. Im Lager wimmelte es von Ghanesen. Es war größer als ihr Dorf.

Die Ausbildung dauerte zwei Wochen, und man lernte in der Gruppe, wie man die Ware in Empfang nimmt, wie man sie verpackt und wie man sie weitergibt. Man lernte nicht, wie man mit Handys umgeht oder Nachrichten verschlüsselt; das hätte eh keinen Sinn gehabt, weil Ghanesen an solche Maßnahmen nicht glaubten. Das Leben eines Ghanesen war von jeher nicht sehr viel wert – man konnte einen Ghanesen binnen eines Tages durch zwei neue ersetzen. Wer einen Fehler machte oder aufflog, verschwand. Auch das hatten Simba und Chi gleich am Anfang begriffen. Dass sie dennoch sorglos über ihre Smartphones kommunizierten, hatte erstens mit ihrem Leichtsinn zu tun und zweitens mit einem Mangel an Alternativen. Für die Leute, die das überwachen mussten, war das ärgerlich, denn es bot eine Menge Stoff. Die Datenmenge, die Simba und Chi täglich produzierten, war gigantisch. Das meiste davon war komplett unerheblich und für die Ermittlungen nicht zu gebrauchen.

Viele der jungen Männer, die Simba und Chi in der Campania kennengelernt hatten, wurden nach Süddeutschland gebracht, an den Bodensee, in die Gegend von Konstanz. Sie kontrollierten die Grenze zur Schweiz. Simba und Chi wurden an der Schweizer Grenze zu Italien stationiert, was ein ziemlich fließender Begriff war, denn ihr Tätigkeitsfeld erstreckte sich von Chiasso bis Verona. Es zeigte sich nämlich immer wieder, dass man die Dinge in Italien nicht sich selbst überlassen konnte. Man musste das regeln. So war es auch jetzt wieder, und dennoch war ihnen die Fracht durch die Lappen gegangen. Das war ihnen noch nie passiert, denn ihr Transporttrick war genial. Sie waren ziemlich auf sich selber gestellt und organisierten die Sache so, wie sie es wollten. Das machten sie nun schon den zweiten Sommer. So, wie sie sich aufführten und bewegten, stellte man sich den idealen jugendlichen Geflüchteten vor. Ihre Tarnung war perfekt, und in den Pässen stand, sie seien 16 Jahre alt.

Keinen ihrer Auftraggeber hatten Simba und Chi jemals persönlich kennengelernt. Sie hatten nur junge Afrikaner zu Gesicht bekommen, die in der gleichen bescheidenen Lage waren wie sie. Vielleicht waren die andern in der Hierarchie ein wenig aufgestiegen, weil sie ein paar Jobs bravourös erledigt hatten, und durften dadurch ein paar Entscheidungen treffen. Beispielsweise die, wie sie Simba und Chi für ihre Dummheit bestraften. Man konnte sie einfach ins Feuer werfen, aber es gab auch Tausend weitere Möglichkeiten, ihnen einen Denkzettel zu verpassen, die noch schmerzhafter und nachhaltiger waren.

»Wo bist du?«, fragte Simba in sein Telefonino.

»In Garda. Ich bin am Gardasee entlanggeradelt. Bis dahin ging alles gut. Der See lag da wie gemalt. **5** Unten am Ufer haben sie mir dann das Fahrrad geklaut. Ich wollte mir nur schnell ein Eis holen.«

Der Tote wurde aus dem Wasser gezogen und rechtsmedizinisch untersucht. Klara und Giulia konnten das zwar nicht sehen, weil das Gelände von der Polizei weiträumig abgesperrt worden war, aber sie machten sich trotzdem so ihre Gedanken. Giulia fantasierte vom Zustand der Leiche, von dem sie, bei Licht besehen, nicht die geringste Ahnung hatte, die Mutter dachte an deren Identität.

»Du kennst ihn.« Giulia blieb stehen und sah sie an. »Jetzt sag schon.«

Sie hatten ihre Laufschuhe gleich anbehalten und sich nach einem kargen Frühstück auf den Weg nach Bardolino gemacht. In einer Bar tranken sie einen schnellen Caffè und wanderten zur Rocca di Garda. **6**

Sie liefen viele breite Stufen hinauf durch einen schattigen Wald. Es ging gegen halb zehn, als sie den Aussichtspunkt erreichten. Es war warm, aber noch nicht heiß, ein lauer Wind wehte. Der Himmel war von einem satten Blau, der Blick über den See gigantisch. Auf dem türkisfarbenen Wasser segelten weiße Boote. Der Ufersaum zog sich dahin in einem romantischen Grün. Der kleine Aufstieg war leicht gewesen – die Mutter schwitzte kaum. Sie krempelte sich die Ärmel ihrer karierten Bluse hoch und nahm einen Schluck Wasser aus ihrer Plastikflasche.

»Und?« Giulia trank ebenfalls.

»Du hast recht«, sagte die Mutter und schenkte ihr einen träumerischen Blick. »Ich weiß, wer der Mann ist.«

»Und wir sind hier, weil er sich hier rumtreibt. Beziehungsweise rumgetrieben hat.«

»Das nun wiederum nicht.« Klara seufzte. »Es ist Zufall. Es muss doch auch Zufälle geben im Leben. Ich bin hier, weil ich gerne hier bin. Weil ich Bardolino liebe.«

Giulia glaubte ihr kein Wort. Dass sie die Nächte in ihrem Alter in einem Wanderzelt auf einem Campingplatz verbrachte, der ihr seit Jahrzehnten vertraut war, hatte weniger mit Nostalgie zu tun als mit Notwendigkeit. Die Mutter war hinter irgendwas her.

Giulia setzte sich auf den Felsen und blickte hinunter nach Bardolino. Klara holte ein Stück Schaumstoff aus dem Rucksack und hockte sich neben sie. Sie schwiegen.

»Der Tote ist tatsächlich einer von uns«, sagte die Mutter schließlich. »Er hat als V-Mann für das Amt gearbeitet. Zumindest zu meiner Zeit.«

»Das ist 20 Jahre her.«

»Nicht ganz. Und keine Ahnung, was er heute macht.«

»Hast du das aus seinen Unterlagen?«

»Woher sonst? Ich kann mich an seinen Namen nicht mehr erinnern. Es war wohl auch nicht sein richtiger. Aber an seine Handschrift.«

Das, dachte Giulia, ist etwas, was es in ein paar Jahren nicht mehr geben wird. Kaum einer kennt mehr die Handschrift des andern.

»Diese Handschrift ist vollkommen einmalig«, erklärte die Mutter, ohne zu erläutern, woran sie das festmachte. Sie hatte sich für Schriftbilder immer interessiert. Früher identifizierte man so anonyme Bekennerschreiben.

»Was hast du sonst über ihn herausgefunden?«

»Nichts. Das Adressbuch ist so gut wie leer, und in der Kladde stehen Notizen zu dem Buch, das er gerade liest. Oder zuletzt gelesen hat.«

»Was ist es denn?« Giulia hatte nicht darauf geachtet, als sie die Baumwolltasche des Goethe-Instituts inspizierte.

»Wieso geht man mit einem leeren Adressbuch spazieren? Und es ist ein teurer Füllfederhalter. Montblanc.« Die Mutter hing ihren eigenen Gedanken nach. »Die Kladde stammt von der Marke Silvine. Die ist aus England.«

»Wie kommst du darauf?« Sie hat einfach eine unglaubliche Kombinationsgabe, dachte Giulia. Sie war nicht umsonst ein hohes Tier gewesen beim Landesamt für Verfassungsschutz. Das LfV dirigierte ihr Denken bis zum heutigen Tag.

Die Mutter grinste. »Steht auf dem Umschlag: ›British made‹.«

»Also, was ist das denn jetzt für ein Buch?«

Wieder ging Klara nicht auf die Frage ein. »Mir machen die Socken Sorgen. Es gibt ja Männer, die keine tragen im Sommer. Aber nicht bei solchen Schuhen.«

Da ertönten die Glocken der Chiesa di Santo Stefano. Giulias Telefonino klingelte. Sie wischte über das Display. »Pronto!«

»Ich bin's. Der Justus.« Die Stimme klang zart und gequält.

Justus Fischer, der katholische Pfarrer der Konstanzer Katharinen-Kirche, Giulias deutscher Freund. Obwohl er zwölf Jahre jünger war als sie, schien seine Lebensklugheit größer zu sein als ihre. Jedenfalls hatte er ihr mit seiner Besonnenheit schon einige Male geholfen.

»Was plagt dich?«

»Ich versuche, einem jungen Mann zu helfen, der sich in Schwierigkeiten gebracht hat. Er sitzt in Untersuchungshaft und braucht Kontakte nach Italien. In die Toskana. Er hat dort Verwandte. Ich bin schon unterwegs.«

»Du meine Güte.« Giulia langte sich ans Hirn. »Ich bin nicht in Florenz, ich bin in Bardolino. Und was kann ich bitte für dich tun?«

»Bardolino am Gardasee? Umso besser. Das sind vielleicht nur fünfeinhalb Stunden.«

Tommaso und Fabrice streunten herum und verbrachten den Samstag damit, sich nach geeigneten Fahrzeugen umzusehen. Neben klassischen Fahrradtypen interessierten sie sich auch für E-Bikes und speziell für Pedelecs, bei denen der Motor nur dann ansprang, wenn in die Pedale getreten wurde. Da sie damit nicht über 25 Kilometer pro Stunde kamen, gingen sie als Fahrräder durch und waren nicht zulassungspflichtig.

Sie fanden lange nichts, das sie problemlos knacken konnten, und beschlossen, kein Risiko einzugehen. Erst mussten sie das Monsterbike loswerden. Sie hatten keine Ahnung, wie das ging, ohne erheblich aufzufallen, wenn sie auch nur annähernd den realen Wert des Fahrrads verlangten. Aber keiner, der noch bei Trost war, leistete sich ein gebrauchtes Mountainbike für eine fünfstellige Summe. Sie steckten in der Klemme.

Es war ein schöner, sonniger, nicht zu heißer Tag. Gegen Abend, die Sonne stand schon tief, stach ihnen an der Uferpromenade ein robustes Rennrad ins Auge, das herrenlos und ungesichert an einem Baum lehnte. Es war ein Canyon Inflite AL SLX 8.0: Ein innovatives Cyclocross Bike für den Querfeldeinrennsport und absolut hip. Es wies deutliche Gebrauchsspuren auf, war ziemlich verdreckt und damit trotz seines aquamarinfarbenen Rahmens unauffällig und nahezu unscheinbar. Mit 1.000 Euro Verhandlungsbasis hatte es den soliden Mittelklasse-Marktwert, der Stellario vorschwebte.

Das Rennrad lief ihnen sozusagen zu, und sie befiel ein spontanes Bike-Fieber.

»Damit fährst du über alle Wurzeln.« Fabrice zeigte auf die ovalen Kettenstreben. »Du hast optimale Reifenfreiheit. Rutschige Abfahrten sind überhaupt kein Problem. Damit kannst du durch den Schlamm pflügen wie blöd. Das Rad hat eine irre Brems- und Schaltperformance, auch wenn noch so viel Schlamm am Rad klebt. Schade, dass das Wetter heute nahezu makellos ist.«

Sie schoben das Rad auf den Campingplatz und legten ihre Berufskleidung an: Radleroutfit, Helm, Brille. Fabrice klemmte sich hinter den Lenker, Tommaso schwang sich auf das Rocky Mountain Thunderbolt 799 MSL. Am Eingang fuhren sie los. **7** Obwohl es schon spät war, beschlossen sie, den See im Uhrzeigersinn zu umrunden. An der Promenade herrschte Hochbetrieb. Zwischen Badegästen, Joggern, Flaneuren, Inlineskatern, Rollstuhlfahrern und angeleinten Dackeln schlängelten sie sich im Schritttempo am Ufer entlang nach Norden. Als sie am Ortsrand von Garda eintrafen, deutete Fabrice auf die weiß eingedeckten Tische vor einer Pizzeria. »Hier gibt es die beste Holzofen-Pizza.«

»Wir sind gerade mal ein paar Meter gefahren.« Tommaso, der Protestant war, protestierte. »Wir können doch jetzt nicht schon aufgeben. Außerdem ist es von Vorteil, wenn wir die Räder unter unserm Allerwertesten aus der Schusslinie nehmen.«

»Du kannst mich mal am Abend besuchen.« Fabrice stieg ab. »Ich nehme Diavolo mit einer Extraportion Peperoncino. Und dazu einen halben Liter Cola.«

Um es ihm zu zeigen, trat Tommaso in die Pedale. Er fuhr mitten in die Menge und bremste vor einer dünnen alten Frau mit Krückstock jäh ab. Es gab einen ohrenbetäubenden Knall. Der Vorderreifen platzte. Tommaso und die Frau standen inmitten einer weißen Wolke, die explosionsartig nach oben stob und sich als pudriger Nebel wieder senkte.

Tintenfischringe essen in Bardolino – Simba und Chi konnten sich nichts Besseres vorstellen. Die Trattoria »Da Vinci« **8** lag im Ortskern und wurde betrieben von Luigi Pomodoro. Dem konnte man nicht vorwerfen, dass er sich übertrieben intensiv um sein Geschäft kümmerte. Seine eigentliche Passion waren nicht mit Semmelbrösel bestreute, fettgoldene Calamari fritti, sondern mit weißem Pulver gefüllte Fahrradreifen. Woraus das weiße Pulver bestand – Heroin, Kokain, Puderzucker – war nicht so wichtig. Hauptsache, es brachte was ein. Je voluminöser diese Reifen waren, desto mehr liebte er sie. Deshalb ließ er sich vom Durchmesser verleiten, auf ein Rad zuzugreifen, das oberhalb seiner Preisklasse lag und deshalb Schwachstellen hatte, die er nicht einkalkulieren konnte. Das zentrale Problem lag darin, dass solche hochpreisigen Bikes von irgendwelchen Schwachköpfen geklaut wurden, die nicht wussten, wer er war, und seine Drogenkuriere konnten das nicht verhindern.

Simba und Chi hockten auf der Terrasse und kauten ihre Tintenfischringe, die zäh waren wie Gummi. Sie hatten keine Ahnung, dass ihr Gespräch von Luigi Pomodoro abgehört wurde. Sie kannten ihn ja gar nicht, hatten von der Existenz der Mafia und des Organisierten Verbrechens am Gardasee keine Ahnung. Luigis Ragazzi wähnten sich ganz allein und glaubten, sie seien die einzigen Gauner, während um sie herum die Gesetzlosigkeit in allen Kategorien und Schattierungen blühte.

Sie sprachen Englisch, weil das die einzige Verkehrssprache war, in der sie rudimentär zum Ausdruck bringen konnten, was sie bedrückte. Um sie herum wurde auch Englisch geredet – die Terrasse war proppenvoll mit essgestörten Amerikanern. Um die kleine Piazza herum gruppierten sich Andenkenläden, die alles feilboten, was die Kinderarbeit in China erschuf, sogar Kondome mit Pinocchios Nase. Kleinkinder wuselten unter den Ständen hindurch, spielten Fangen und Verstecken und brachten alles zum Einsturz. Erstaunlich wendige Matronen, die in schwarzen Schürzen aus dem Dunkel der Geschäfte hechteten, bauten die Gestänge wieder auf und sortierten die Sachen ein, schwitzend, spuckend, »dio, dio« murmelnd, Fluch oder Gebet. An ihnen vorbei drängelten sich vermummte Touristen mit Vollbart, Nikab oder Mundschutz, die aus dem Nahen, Mittleren und Fernen Osten kamen. Dazwischen schlängelten sich Nordeuropäer wie Nattern, glattrasiert, gelbköpfig und schuppig. Alles war unterwegs, bewegte sich und war im Fluss – ein lichter, lauer Samstagabend im August, an dem es verhalten dunkelte, als zögerte der Sommer noch, sich langsam zu verabschieden.

Obwohl Bardolino vom Zentrum bis zum See gestopft voll mit Menschen, deren Gefährten und fahrbaren Untersätzen war, wirkte der Ort in seinem Dahinfließen seltsam leicht. Auch der Wein floss und beileibe nicht nur der Bardolino **9**, in den Luigi Pomodoros Nonna das Weihwasser kippte und das Blumenwasser. Ersteres, um die Gäste und deren Geld zu segnen und Zweiteres, um Ersteres zum Teufel zu wünschen, der Fluch der verdammten Touristen. Das eine schloss das andere nicht aus, und Luigi hatte von seiner Nonna alles gelernt, was er für sein Geschäft und seine Passion brauchte.

Während Luigi in seiner blutwurstroten bodenlangen Baristaschürze und im steifgebügelten fliederweißen Hemd zwischen den Tischen umhertänzelte, hochaufgerichtet und in Tangoposition, während die Lederabsätze seiner Lackschuhe auf das Pflaster einhämmerten und die Hörstöpsel in seinen Ohren quasi anschwollen, unterhielten sich Simba und Chi völlig ungeniert über das Malheur, das ihnen passiert war. Zwei Dummbaddel hatten ihre Maschine entführt, und dabei war der Tank geplatzt.

Luigi ließ beinahe das Tablett fallen. Es war das erste Tablett, das sein Großvater, als er vor über 70 Jahren von Palermo nach Bardolino gekommen war, gekauft hatte. Es war noch aus Bakelit. Der Nonno hatte das Tablett gekauft, bei einem Haushaltswarenhändler, der aus Südtirol kam und Hitlerdeutsch sprach, und der Nonno hatte bei diesem Tablett geschworen, dass nun eine neue Zeit anbrach. Bereits in den 50er-Jahren hatte die Trattoria floriert, und seitdem gehörte sie als kulinarische Institution zum Kulturerbe Bardolinos. Dass sie »Da Vinci« hieß, war dem intellektuellen Horizont des Großvaters zu verdanken, für den das Festland Italiens gleichbedeutend war mit einem Pizzabelag: Alles lag überall verstreut.

Nun aber kam Chi in Fahrt. Er bezichtigte Simba, und Simba beschuldigte Chi. Er habe alles vermasselt. Chi, dem das Blut ins Gesicht schoss, was man freilich nicht sehen konnte, sprang auf. Sein Arm schnellte nach vorn mit der Geschwindigkeit eines fliegengewichtigen Boxers. Fast sah es aus, als wolle er Simba schlagen, aber er bremste mitten im Schwung und wischte ihm nur einen Klecks Knoblauchsoße von der Kartoffelnase, mit einer geradezu zärtlichen Geste. »Siehst du diesen Kellner?«, raunte er ihm zu. »Wie wütend er dich anblickt? Er soll dir mal eine knallen. Ich bestelle bei ihm ordentlich eins in die Fresse.«

»Ist mir auch schon aufgefallen«, gab Simba freundlich zurück. »Aber ich glaube, er meint eher dich. Er kann dich nicht leiden. Ich frag ihn mal, was es kostet, wenn er dir eine reinpfeift.«

Chi nickte. »Er mag uns nicht, weil wir Schwarze sind.«

»Du kannst nicht immer alles darauf zurückführen«, erwiderte Simba, der sich auf seinen Strohstuhl fallenließ und ungerührt den nächsten Gummiring in den Knoblauch tunkte. »Du hast schon voll die Paranoia.«

»Kein Wunder«, meinte Chi. »Aber erlaubt die Gewerkschaft diesem Kellner, dass er bei der Arbeit unausgesetzt Musik hört?«

»Das ist bestimmt die Verbindung mit der Kommandozentrale«, erklärte Simba. »Der Kellner kriegt gesagt, was er an welchen Tisch bringen soll.«

»Und was machen wir jetzt?«, fragte Chi. Irgendwie hatten sich ihre Rollen verkehrt. Während Chi zunächst der Coolere gewesen war, strauchelte er nun von einem Gestrüpp ins andere.

»Abhauen«, sagte Simba. »Wenn ich das hier aufgegessen habe, gehen wir zum Zelt und packen unsere Sachen.«

»Das ist das Blödeste, was wir jetzt tun können.« Chi, der angeblich aus einer Diplomatenfamilie stammte und frankophil erzogen worden war, biss mit großem Eifer in sein flockiges Baguette. »Nein, nein, ich habe eine andere Idee.«

»Heißt?« Okay, dachte Simba. Chi behält seine Position bei.

»Wir sorgen für Gerechtigkeit. Du wirst schon sehen.«

Dass die Sonne nicht über dem See unterging, gehörte zu den Bagatellen, die man nicht ändern konnte. Eine klitzekleine Kleinigkeit. Die Oma ärgerte sich trotzdem darüber. Sie war jetzt fast ganz dement – volldement, ihr Hirn war Zement, Demenzwerk, sozusagen –, aber sie wusste noch ganz genau, wo Osten und wo Westen war. Im Osten geht die Sonne auf, im Westen geht sie unter. Dieses Wasser lag eindeutig nicht im Westen.

»Ich mag das Mittelmeer nicht«, sagte die Großmutter zu Justus Fischer und deutete auf den See. »Tu es weg. Knips es aus meinetwegen, wenn du den Schalter findest.«

»Es ist die Adria, Oma.« Fischer seufzte. Er hatte den pflegebedürftigen Großvater in der Obhut seiner anders begabten Schwester Sarah lassen müssen und umgekehrt, um mit der schwachsinnigen Oma im Schlepptau nach Bardolino zu reisen. Obwohl er eine gut aussehende Freundin hatte und seinen Job als Gottesmann dafür an den Nagel hängen musste, wurden die Prüfungen, die der Himmel ihm auferlegte, nicht einfacher. Noch immer kamen Leute zu ihm und suchten den

Schutz der Kirche. Er zweifelte daran, ob er ihn als Religions-
lehrer noch gewähren konnte, aber er tat so, als ob. Die an
ihn gestellten Anforderungen waren übertrieben, die Leute
um ihn herum wurden immer krüppliger. Die Tage der stein-
alten Großeltern waren gezählt. Obwohl ihn das alles über-
forderte und beelendete, würde Fischer nicht noch einmal
klein beigeben. Nie wieder begab er sich ins Fegefeuer der
Psychiatrie, wo er unter der Watte der Wirkstoffe begraben
und über der glühenden Tablettenkohle gegrillt wurde. Das
Feuer, das er selbst entfachte, entzündete und erhellte fortan
wieder seine kleine heile Welt.

»Das ist nicht die Adria, mein Sohn«, erwiderte die Oma.
Sie breitete die Arme aus und winkte gen Wind und Wellen.
»Das ist der Lago Maggiore. Ich lass mich doch nicht für
dumm verkaufen.«

»Der Lago Maggiore.« Fischer war platt. »Wie kommst
du denn darauf?«

»Ich war da mit deinem Opa auf einer Pilgerfahrt, die wir
mit einem späteren Papst vornahmen, wie hieß er noch, jedenfalls war er so ziemlich mein Jahrgang.« Die Oma drehte sich
um zum Strand, fuchtelte wild und zeigte auf ein hölzer-
nes Ankleidehäuschen, das in einem matten Minzton frisch
gestrichen war. »Da! Das stand da damals schon. Wir haben
dich da drin …«

»Schon gut.« Fischer seufzte. Wo sie recht hatte, hatte sie
recht. Er war tatsächlich aus Versehen an den Lago Maggiore gefahren. Das waren dann nochmal drei Stunden. Da
wären sie schneller in Florenz gewesen. »Komm, Oma. Wir
kehren um.«

Der Dämmer des Samstagabends wollte kein Ende nehmen. Matt glänzte der See, aus dem kleine Perlen aufstie-
gen. Klara und Giulia ließen sich durch die Massen spülen,

die von der Uferpromenade zum Centro glitten und umgekehrt. Es herrschte ein heilloses Gewusel von Armen, Beinen, von Köpfen, Körperteilen und Hunden, von fahrbaren Unter- und Aufsätzen, ein Ineinander von visuellen Wahrnehmungen, Geräuschen und Gerüchen. Die Sinnesreize hieben aufeinander ein. Holländische Satzfetzen, der Gestank nach Fischstäbchen und fauligem Rosenholz, das tollwütige Hämmern eines späten Spechts, der sich verflogen hatte, die Ausrufe an den Karussellbuden, das Schleifen der Boxautos und das Kreischen der Kinder beim Aufprall. Als Klara und Giulia am Rummelplatz vorbeiflanierten, der den Lido säumte, blieben sie eine Weile stehen und sahen den Kleinen dabei zu, die sich konzentriert und mit angespannten Mienen damit abmühten, mit den Stoßstangen aufeinander zu krachen.

Sie setzten sich in eine Bar nahe am Wasser, um einen Apéro zu trinken und den Enten zuzuschauen, die vergebens versuchten, einen Schwan aus ihrer Gemeinschaft auszuschließen. Der Soloschwan war offenbar beseelt von dem Gedanken, in der Gesellschaft der Enten eine neue Heimat zu finden; was diese ums Verrecken vereiteln wollten. Das Ganze führte zu nichts, die Enten scheuchten ihn zum Teufel, der Schwan aber blieb.

Klara, die stur auf den See stierte, schüttelte den Kopf. »Die Natur ist genauso bescheuert wie der Mensch, und angesichts des Stumpfsinns der Tiere könnte man sich hinterdenken.« **10**

Wie immer, wenn es philosophisch wurde, pflegte die Mutter ihr behäbigstes Schwäbisch, wogegen sich angesichts der berühmten Vorlage der Phänomenologie und der Dialektik auch nichts einwenden ließ. Auch Giulia verstärkte automatisch wieder ihren Akzent, den sie in bald 35 Jahren Toskana nie abgelegt hatte.

»Es ist ein wunderbares Licht«, wandte Giulia ein und

meinte damit den Himmel, das Wasser, die Steine. Und den bleichen Vollmond, der die runden Kiesel scheinbar spiegelte.

Klara ließ das als Antithese so stehen. Sie bestellten zwei Spritz. Bevor der Barista sie an den Tisch bringen konnte, wurde seine Hütte von sechs Typen umlagert, von denen einer schlimmer aussah als der andere. Sie trugen verspiegelte Sonnenbrillen, Militärstiefel und Cargohosen; bis auf die gerippten Unterhemden waren ihre verschwitzten Oberkörper nackt. Sie waren behaart, stiernackig und kahl. Die einzige Frau darunter war klein und drahtig und offenbar am ganzen Körper tätowiert. Sie hatte nichts an als kurze schwarze Lederhosen und ein über Kreuz geschnürtes Top. Die langen schwarzen Haare hatte sie zu einem Pferdeschwanz hochgebunden, der aufreizend wippte. Die Truppe traktierte den Tresen und verlangte lautstark nach Bier.

»Du meine Güte.« Giulia betrachtete die fiesen Fressen dieser Leute, die aussahen wie Bilderbuchkriminelle. Als seien sie für einen wirklich miesen Fernsehkrimi gecastet worden. »Was für Manieren. Sind das nur Prolls oder verticken die auch Drogen und so? Oder fahren sie in ihrer Freizeit heimlich Motorrad?«

»Das sind verdeckte Ermittler der Carabinieri«, erklärte die Mutter. »Die haben hier in der Nähe ihre Einheit. In Italien gehören die ja zum Militär.«

»Und was machen die hier?« Giulia fasste es nicht.

»Siehst du doch. Die haben Spaß. Die machen zusammen einen drauf, ehe sie zu zweit ausschwärmen und diesen oder jenen hopsnehmen. Samstagabend ist eine Menge los. In der Nacht wird es etliche Zugriffe geben.«

»Wieso denn?«

»Auf welcher Rechtsgrundlage, meinst du? Diebstahl, Einbruch, Nötigung, Körperverletzung, Vergewaltigung, Drogendelikte. Na ja, und Menschenhandel.«

»Welchem Verbrechen ist denn dein Toter zum Opfer gefallen?«

»Du meinst, ob es fahrlässige Tötung war, ein Unfall mit Todesfolge, Totschlag oder Mord? Wie kann ich das bei einer Wasserleiche wissen? Vielleicht hat er ja am Ufer seine Socken verbrannt und sich dabei mit den Gasen suizidiert.«

»Nein, ich meine, was war das Motiv, ihn umzubringen?«

»Habgier«, sagte Klara.

»Interessant.«

»Er war Rentner. Bei Rentnern ist es fast immer Habgier. Was sollte es denn sonst sein?«

Die Mutter hatte recht. Aber so kam man freilich nicht weiter.

Der Barista brachte endlich die Getränke. Er stellte die großen, wohlgeformten Gläser mit einem eleganten Schwung formvollendet auf den Tisch. Die Rüpel am Tresen applaudierten, was damit zwar nichts zu tun hatte, aber hervorragend passte. Die grellorangefarbene Flüssigkeit strahlte im letzten Licht. Sie war mit durchlöcherten Eiswürfeln gespickt sowie mit einer Orangenscheibe und einem dicken roten Plastikhalm versehen. Dazu wurden in einer Glasschale mitsamt einem Silberlöffel gesalzene Erdnüsse gereicht, und in einem Bastkorb lag ein Haufen Chips.

»Was siehst du da?«, fragte Klara. Sie drehte das Glas zwischen den Fingern.

Giulia überlegte nicht lange. »Ein ordentlich zubereitetes Getränk in einem ansprechenden Umfeld, das den Erwartungen, die man an einen Aperol Spritz haben kann, optisch in vollem Umfang entspricht.«

»Genau«, erwiderte die Mutter und hob ihr Glas. »So ist es. Prost!«

Sie stießen an, steckten die Halme zwischen die Lippen und tranken. Dann stellten sie die Gläser wieder ab. Giulia löffelte ein paar Erdnüsse, legte sie auf den Handteller und schob sie sich in den Mund. Klara langte zu bei den Chips.

»Und was hast du bei der Leiche gesehen?«

»Wie, bei der Leiche?«

»Na ja, beschreib mir das mal.«

Das war wieder typisch ihre Mutter. So war sie immer gewesen. Kalt. Kontrollierend. Fordernd. Einen auf eine Prüfung stellend, die man nicht begriff.

Giulia fühlte sich wieder wie ein kleines Kind. »Was soll ich beschreiben? Da war halt dieser Mann mit den grauen Locken, der schaukelte mit dem Bauch nach unten im Wasser, man sah Rücken und Beine, und sein T-Shirt warf so komische Blasen. Ja, und er hatte die Arme erhoben.«

»War das der typische Zustand einer Wasserleiche?«

»Das weiß ich doch nicht.«

»Stellst du dir so eine Wasserleiche vor?«

»Ja«, antwortete Giulia spontan. »Genau so. Es ist, als hätte ich das Ganze schon einmal gesehen.«

»Das hast du auch. Vermutlich sogar schon oft. So was kommt in Büchern vor, oder auch in Filmen. Kriegt ihr in Florenz eigentlich den ›Tatort‹?«

»Natürlich kriegen wir den ›Tatort‹«, erwiderte Giulia pikiert. »Aber ich schau mir den nicht an. Ich hasse Krimis. Seit mein Lebensgefährte Roberto verschwunden ist …«

»Wurde er vom Meer verschluckt?«

»Nein. Himmel, Mama, was soll die blöde Frage. Du weißt doch, es hat Zeugen gegeben, die letztendlich nicht ganz glaubhaft waren. Demnach lag er tot in einem Fischerboot, das gegen einen Felsen schlug. Vermutlich war er schon mumifiziert, aber das hat man mir nicht gesagt. Angeblich wurde er umgebracht.«

»Das ist alles ein wenig seltsam.«

»Ja. Im Wortsinn merkwürdig.«

»Und bei dieser Wasserleiche hier?«

Giulia dachte nach. »Da nicht. Es ist alles irgendwie …
erwartbar.«

»Bis auf eines.«

»Und das wäre?«

Klara lächelte. »Die Socken. Die fehlenden Socken.«

»Und was schließen wir daraus?«

»Die Leute, die das ganze Spektakel drapiert haben, haben
die Socken vergessen. Das sind Dilettanten, Anfänger, Stümper, gnadenlose Nichtskönner. Idioten.«

Giulia schnappte nach Luft. »Dann meinst du, es gab gar
keine Wasserleiche?«

Klaras Augen wurden grün. Sehr grün. »I wo. Im Wasser
schwamm eine Puppe. Die Attrappe stellte einen Mann dar,
der jetzt von den Behörden für tot erklärt wird und unbehelligt untertauchen kann, ehe er irgendwo, mit einer neuen
Identität versehen, wieder ans Tageslicht kommt.«

Die beiden Leichen, die bäuchlings auf dem Wasser düm-
pelten, waren männlich. Sie hatten die Arme nach oben
gereckt, als wollten sie einen Angriff abwehren; so schau-
kelten sie ziemlich genau an der Fundstelle der Puppe auf
den Wellen und trieben sanft im See. Sie entsprachen vollends dem Klischee, waren aber bestürzend real. Man
konnte sie nur nicht sehen, denn irgendwann nach Mitternacht waren die Laternen ausgegangen. An der verwais-
ten Uferpromenade war es stockdunkel. Nur ein einzel-
ner Mann war unterwegs. Auf leisen Mokassins lief er am
Wasser entlang.

Chi, der neben Simba hinter einem Kiosk kauerte, richtete sich auf und horchte.

»Hier ist jemand«, zischte Simba ihm ins Ohr.

»Das ist der Typ, der die beiden Spackos gekillt hat. Dieser Stellario.« Chi schluckte. »Scheiße, was will der noch hier? Wieso kommt er zurück?«

Simba und Chi hatten alles mit angesehen. Sie waren zum See gelaufen und hatten Tommaso und Fabrice aufgelauert, um ihnen wegen der geplatzten Ladung einen Denkzettel zu verpassen, bevor sie selber dran glauben mussten, durch die Hand von Luigi Pomodoro, der inkognito aktiv wurde, aber Stellario war schneller gewesen und außerdem bewaffnet. Nach einem kurzen Wortgefecht hatte er die beiden kurzerhand erschossen. Mit dem Schalldämpfer machte es einfach nur zweimal geschwind boff, und die Leichen landeten im See. Dann war es mit einem Schlag dunkel geworden.

»Oma!«, rief der Mann in die Nacht. »Oma, wo bist du? Oma?«

»Was will der?« Simba konnte kein Wort Deutsch.

»Das ist nicht Stellario«, stellte Chi fest. »Das ist dieser katholische Priester aus Konstanz, der noch so spät auf dem Campingplatz eingecheckt hat. Er hat ganz hinten links einen Bungalow genommen.«

»Woher weißt du, dass er ein Priester ist?«

»Seine Großmutter hat es mir gesagt. Sie spricht ziemlich gut meine Gur-Sprache, weil sie ein paar Jahre in Ghana war.« Chi lachte laut auf und packte Simba am Arm. »Komm! Auch wenn du sie nicht verstehst, versuch es einfach auf Englisch.«

Beide erhoben sich aus ihrer Deckung, liefen auf Fischer zu und riefen um Hilfe.

»Hilfe«, sagte Simba.

»Hilfe«, sagte Chi. »Ajuto, ajuto! Sie müssen uns helfen, denn Sie sind ein Mann Gottes, ein Hüter des Himmels, und wir brauchen Ihren Schutz. Da drin im Wasser liegen zwei Leichen, wir sind Zeugen eines zweifachen Mordes und es liegt auf der Hand, dass wir in großer Gefahr sind. In Lebensgefahr.«

»In Todesgefahr, denn wir sind als Geflüchtete illegal hier«, erklärte Simba. »Wenn uns die Polizei schnappt, werden wir zurückgeschickt in unsere Heimat. Dort bringen sie uns um. Wenn uns vorher der Mörder erwischt, bringt er uns auch um.«

»Du musst in Gottes Namen tun, mein Sohn, was der Herr Jesus dir befiehlt«, sagte die Oma, die aus dem Nichts kam, zu Justus Fischer. »Leite deine Kinder aus der Dunkelheit ins Licht. Los, jetzt mach schon, nimm sie halt mit in unsere Hütte.«

»Und ihr seid sicher, dass ihr keinen Dreck am Stecken habt?«, fragte Fischer, der die Großmutter, ehe sie wieder entwischen konnte, fest an der Hand nahm.

»Völlig sicher«, meinte Chi.

»Absolut sicher«, bekräftigte Simba.

Die Oma flüsterte Chi etwas zu. In der Gur-Sprache.

Chi spürte den Speichel auf seiner Wange. »Erfolgreich abgemeldet«, sagte er. »Disconnesso con successo. Ciao, Bella Italia. Ab nach Konstanz. Vom Gardasee zum Bodensee.«

So hatte die Großmutter den entscheidenden Anteil daran, dass Simba und Chi nach Konstanz kamen und sozusagen in die Zentrale des Dealerrings vorstoßen konnten. Sie ersetzten einen Drogenkurier, der bei einer Razzia festgenommen worden war. Zwei Ghanesen für einen. Als Fischer das mitbekam, ermöglichte er den beiden mit Klaras Hilfe den Ausstieg aus dem Drogengeschäft und dem Organisierten Verbrechen. Sie bekamen eine neue Heimat, neue Namen, neue Pässe und jeweils einen Ausbildungsplatz.

Was es mit der Puppe auf sich hatte und wem sie eine neue Identität verschaffte, wurde hingegen nie aufgeklärt. Der Mann war vom Verfassungsschutz, und an diese Leute ist auch im Rentenalter noch sehr, sehr schwer heranzukommen. Da konnte Klara wirklich ein Lied davon singen. Beim nächsten Fall am Neusiedler See, der sich so ähnlich zutrug, wurden dann allerdings Socken gefunden. Es steht zu vermuten, dass Klaras Beschwerde an der richtigen Stelle Erfolg gehabt hatte.

1 Der Lungolago zwischen Lazise und Garda: Die gut befestigte Strandpromenade ist rund zehn Kilometer lang und geht von Lazise über Bardolino bis ins nördlich gelegene Garda. Sie führt direkt am See entlang und wird gesäumt von Bars, Kiosken, Eisdielen, Badestellen und Campingplätzen. Der Strandabschnitt zwischen Bardolino und Garda ist besonders schön. Hier sind viele Spaziergänger, Jogger, Radfahrer und Skater unterwegs – von früh morgens bis in den späten Abend hinein. Zahlreiche Parkbänke laden zum Verweilen ein.

2 Von hier aus hat man einen zauberhaften Blick auf Bardolino, und man kann schon aus der Ferne den »schiefen Turm von Bardolino« erkennen. Der mittelalterliche massive Befestigungsturm am Ufer des Gardasees ist ein Wahrzeichen von Bardolino. Im dahinter liegenden Hotel Catullo ist ein Ristorante mit Bar und Pizzeria untergebracht, wo man draußen sitzen kann – inmitten von Palmen, nah am Wasser und mit Blick auf die bunten Boote in einem kleinen Hafen. Empfehlenswert ist dort die Holzofen-Pizza.

3 Dieser Campingplatz ist erfunden. Es gibt in Bardolino direkt in Seenähe mehrere ansprechende Campingplätze, einer der unkompliziertesten ist der Camping Serenella. Mit etwas Glück bekommt man dort auch kurzfristig noch einen Platz und das Einchecken geht ganz geschwind. Der Camping San Nicolò wirbt mit behindertengerechter Ausstattung – was das heißt, sollte man vorher gegebenenfalls genauer erfragen. In jedem Fall sollte man möglichst vorher reservieren – auch außerhalb der Saison!

4 Die falschen Bücher eingepackt? Strandlektüre schon ausgelesen? Kein Krimi im Gepäck? Da kann es brenzlig werden. Obwohl es in Bardolino und Garda durchaus Buchhandlungen gibt und man bisweilen auch an Tankstellen fündig werden kann, wird es zum Problem, wenn man des Italienischen oder wenigstens des Englischen nicht mächtig ist. Da es an deutschsprachiger Literatur in den Geschäften mangelt, ist Fantasie gefragt. Immer öfter gibt es auf Campingplätzen und in Bars öffentliche Bücherschränke, die frei zugänglich sind. Jeder kann dort abgeben und mitnehmen, was er möchte. Oftmals liegen Schätze darin, die nur darauf warten, entdeckt und gelesen zu werden. Deshalb: Augen offen halten!

5 Dass am Gardasee von jeher viele Maler leben, ist augenfällig. Die Auswahl an Bildern und Kunstgegenständen ist entsprechend groß. Auch wenn man unterwegs unweigerlich damit in Berührung kommt, lohnt sich ein gezielter Besuch der Kunstgalerie in der Via S. Martino 24. Die Galleria d'Arte Benaco hat noch eine kleinere und preiswertere Außenstelle in Lazise. In beiden Galerien finden sich beileibe nicht nur Landschaftsmotive vom Gardasee. Mit etwas Glück entdeckt man qualitätsvolle Exponate herausragender Künstler – werthaltige Arbeiten, die dennoch erschwinglich sind.

6 Wanderung: Garda – Rocca di Garda – Eremo San Giorgio – Garda. Die Strecke, die auf dem direkten Weg (einfach) nur 4,5 Kilometer lang ist, führt von Bardolino zum Aussichtspunkt Rocca di Garda. Bardolino liegt direkt unter der Südseite. Der herrliche Blick über den See reicht bis zur Halbinsel Sirmione. In Garda lohnt sich die Besichtigung der Kirche San Maria Maggiore, auf dem Rückweg ein Abstecher in die Klosterkirche von Eremo di San Giorgio. Die Wanderung ist leicht: Garda liegt auf einer Höhe von 67 Metern, Rocca di Garda auf 291 Metern.

7 Die Region Bardolino ist ein Paradies für Radfahrer. Es gibt 50 bis 60 verschiedene Radrouten für Radfahrer, Rennradfahrer und Mountainbiker. Die spektakulärste und schwerste Route führt rund um den See. Die Tour verläuft im Uhrzeigersinn. Sie ist 142 Kilometer lang; geübte Fahrer benötigen dafür (ohne Pause) sechs Stunden. Aufstieg und Abstieg betragen 3.587 Höhenmeter. Achtung: Vorder- und Rücklicht und das Tragen von reflektierenden Schultergurten sind Vorschrift. Genug Wasser und ein Vesper mitnehmen!

8 Diese Trattoria ist erfunden. Ausgezeichnete Calamari fritti bekommt man in der Pizzeria La Formica, die im historischen Ortskern von Bardolino liegt. Die Piazza Lenotti ist umgeben von Geschäften, die bis in den späteren Abend hinein geöffnet haben. Neben den üblichen Souvenirshops gibt es ein breites Angebot an Schuh-, Mode-, Design- und Weinläden. Es ist lohnenswert, sich beim Shoppen etwas Zeit zu lassen. Viele Produkte sind »Made in Italy« und nur dort zu bekommen. Das gilt für Lederwaren und Kleider ebenso wie für regional angebaute Weine, Teigspezialitäten und getrocknete Steinpilze. Obwohl das Preisniveau nicht niedrig ist, stößt man dabei immer wieder auf Schnäppchen.

9 Wer in Bardolino Wein, Grappa und Olivenöl einkaufen möchte, der findet im Umland etliche ortsansässige Winzer, bei denen sich ein Besuch lohnt. Ein Beispiel ist das Weingut Azienda Agricola Cà Bottura. Es liegt an der Straße zwischen Bardolino und Albaré, an einer malerischen Strecke, die zwischen Weinbergen und Olivenhainen durch das Anbaugebiet führt. Das Unternehmen ist ein Familienbetrieb, der in seinen Verkaufsräumen verschiedene Bardolino-Weine zum Probieren ausschenkt – vom Bardolino Superiore DOCG über den Bardolino Classico DOC, den Bardolino Chiaretto DOC bis zum Bardolino Chiaretto Spumante DOC.

10 Bardolino ist ein idealer Ort, um das italienische Dolcefarniente zu üben. Dieses lustvolle Nichtstun wird gemeinhin als angenehm, erholsam und erquicklich empfunden und mündet nicht selten in die Neigung zu spontanen philosophischen Gedanken. Den daraus entstehenden Assoziationsströmen lässt man am meisten Raum, wenn man dabei auf das inspirierende Wasser des Gardasees blickt. Einer der wundersamsten Erträge eines gelungenen Urlaubs ist somit der Genuss der Langeweile und das (Wieder)erlernen des Müßiggangs – was mitunter in eine Erleuchtung mündet.

MICHAEL KIBLER
VERFLOSSENES WASSER

VERONA UND LAZISE

Der Moment, in dem die Räder des kleinen Jets auf der Roll-
bahn des Flughafens Verona aufsetzen, ist wie immer der
Moment, in dem ich Angst vor dem Tod habe. Der erste
Schlag von unten gegen das Fahrwerk fühlt sich jedes Mal
wie das letzte Mal an. Ich zucke zusammen.

Ein Taxi bringt mich in die Altstadt. Das Hotel, ein kleiner Altbau, quetscht sich zwischen zwei imposantere Bauten. Das Zimmer liegt im vierten Stock – es ist dasselbe, in
dem ich die vergangenen vier Male gewohnt habe. Ich kann
direkt auf die Arena von Verona ❶ schauen, und wenn ich den
Spielplan recht im Gedächtnis habe, werde ich heute Abend
sogar akustisch schnorren können: Sie spielen »La Traviata«
von Verdi. Eine Oper über eine Kurtisane, die ausgerechnet
denselben Namen trägt wie ich: Violetta.

Mein eigentlicher Auftrag beginnt erst morgen. Ich habe
mir den Luxus gegönnt, einen Tag früher anzureisen. Schließlich habe ich hier mit ihm vor 15 Jahren *jene* Woche verbracht. Ich war 20, er 35, und das, was mir an Lebenserfah-
rung fehlte, glich ich mit einem Übermaß an Naivität aus.
Umso erstaunter bin ich, dass mich ausgerechnet seine Frau
Eva für den Job engagiert hat. Einer jener Zufälle im Leben,
die einen glauben lassen, dass Gott wahrlich Sinn für schwarzen Humor besitzt.

Ich beschließe, die verbleibenden Stunden des Tages auf den Spuren der Vergangenheit zu wandeln. Ich ziehe mir mein knappes Schwarzes an, nicht dasselbe, das ich vor 15 Jahren getragen habe. Doch die Zahl auf dem Schildchen für die Kleidergröße ist heute noch dieselbe. Das kostet mich bedeutend mehr sportliches Engagement und Disziplin als der jungen Frau von früher. Aber das Ergebnis kann sich sehen lassen. Nach wie vor.

Ich schlendere durch die Altstadt. Mein Lieblingscafé an der Piazza delle Erbe **2** existiert noch. Ich bestellte einen Espresso – und ja, warum nicht, einen Garda Chardonnay vom Weingut La Bagatta **3**. Der Wein schmeckt so vertraut. Seit rund zehn Jahren lasse ich mir jedes Jahr sechs Flaschen nach Hause liefern, voll mit Erinnerungen bis unter den Korkenrand.

*

»Ja, da bin ich ganz sicher. Ich bin gut in meinem Job. Und er vertraut mir. Sonst hätte er mir das kaum erzählt. Im Club wird ja meist eher wenig über Privates gesprochen.« Während er redete, zeichnete er mit seinem Finger die Linie hinab von ihrem Hals, zwischen den Brüsten entlang, mit einem kleinen Schlenker um den Bauchnabel hinunter bis kurz vor ihre Scham.

Obwohl das, was er gesagt hatte, schmerzte wie ein Schlag ins Gesicht, spürte sie dennoch eine neue Woge der Erregung.

Auch ihre Hand ging auf Wanderschaft, aber das Gehirn gönnte ihr keine Pause. »Findest du heraus, wer er ist?«

Der Vorhut des Fingers, die den Weg erforscht hatte und für sicher befand, ließ er seinen Mund folgen, dessen Zunge über ihre Haut tanzte. Als diese dann kurz vor der Weggabelung verharrte, hob er den Kopf und sagte: »Ja. Für dich tue ich alles.«

Sekunden später war ihr Denken ausgeschaltet.

Nur der Schmerz, der pochte nach wie vor.

*

Der Wein hat gerade so viel Alkohol, um ein wenig mehr Leichtigkeit in Kopf und Herz zu zaubern, aber nicht so viel, als dass er den Verstand benebeln würde. Ab morgen gibt es gar keinen Alkohol mehr, bis ich meine Mission vollendet habe.

Leichten Fußes flaniere ich in Richtung der Ponte Scaligero **4**. Jene ehrwürdige Brücke über die Etsch bedeutete damals 133 Meter Glück. Ich hätte sogar die Augen schließen können und den Weg dorthin blind gefunden. Arm in Arm sind wir sie entlanggeschlendert, und ich habe keinen der anderen Menschen wahrgenommen, die sie gleichzeitig mit uns bevölkerten. Ich hatte nur Augen für ihn.

Für den Weg hin und zurück gönnten wir uns mehr als eine Stunde. Immer wieder haben wir uns auf einem der beidseitigen Podeste niedergelassen. Zehn Meter von uns entfernt stimmte der Akkordeonspieler »Azzuro« an, als er zu mir sagte: »Du bist die Frau, mit der ich leben möchte!« Dass seine Hand dabei unter meinen Rock und unter meinen Slip glitt, empfand ich als kühn, erregend und als Bestätigung dafür, dass wir beide eine märchenhafte Zukunft vor uns haben würden. Naja. Hat nicht ganz geklappt.

Ich stelle mich auf eines der Podeste und schaue durch die Zinnen auf den Fluss hinab. Das Wasser wälzt sich unter der Brücke hindurch, träge und konstant. Es gibt wohl kaum ein besseres Bild für den Lauf der Zeit, denke ich, und mir fällt diese Redensart ein: »è acqua passata« – das ist verflossenes Wasser –, die italienische Entsprechung unseres »Schnee von gestern«.

Ich bummle zurück, hole mein iPad aus dem Hotel. Mit dem elektronischen Begleiter in der Handtasche suche ich die kleine Trattoria um die Ecke auf. Ich bestelle mir eine Portion Spaghetti mit Meeresfrüchten und abermals ein Glas Weißwein.

Nach dem Mahl gehe ich meine Notizen und Aufzeichnungen durch. Erik wird morgen mit dem gleichen Flug eintreffen, den ich heute genommen habe. Eriks Frau Eva hat mich mit einem perfekten Informationspaket ausgestattet. Eine Sorgfalt, die ich von meinen Klienten, besonders den privaten, nicht gewohnt bin. Mit privaten Auftraggebern – meist sind es ja eher Auftraggeberinnen – habe ich als Privatermittlerin ein grundsätzliches Problem: Sucht mich eine betrogene Ehefrau auf und wünscht, dass ich die Fehltritte des Gatten dokumentiere, mache ich das schnell, effizient und gut. Die Gemahlinnen begleichen die Rechnung stante pede, verlassen mein Büro – und danach sind sie nie wieder meine Kundinnen. In diesem Business macht es nur die Masse. In München gibt es zum Glück für mich genug gehörnte Gattinnen, die für Belege statt Vermutungen bereit sind zu zahlen. Zumal ich auf meiner Webseite aktiv für diese Art von Dienstleistung werbe.

Dennoch bevorzuge ich Kunden aus der Wirtschaft. Sie sorgen für eine gewisse Konstanz und für Grundauslastung, ohne die eine Freiberuflerin wie ich nicht über die Runden käme. So habe ich zum Beispiel drei Rahmenverträge mit größeren Unternehmen. Da beschatte ich ebenfalls Personen und dokumentiere ihre Aktivitäten fotografisch. Im Monat der vielen Brückentage habe ich Hochsaison: Krankmeldungen beim Arbeitgeber am Freitag zwischen Feiertag und Wochenende gehen schlecht einher mit einem Kurzurlaub in den Alpen. Diebstahl im Unternehmen ist auch immer ein Thema, ebenfalls Betriebsspionage.

Nachdem Erik am Flughafen gelandet ist, nimmt er bestimmt ein Taxi zum Hotel »Il Sogno di Giulietta«. Auch wir haben damals dort eine Nacht verbracht. Es liegt in der Via Capello, ist irrsinnig teuer, hat aber ein unvergleichliches Alleinstellungsmerkmal, wie es ein BWLer ausdrücken würde: Aus einigen Zimmern hat man einen direkten Blick auf Julias Balkon **5** im Innenhof des Hauses mit der Nummer 23. Übrigens auch auf die kleine Bronzestatue der shakespeareschen Julia. Streicht man über ihre rechte Brust, so die Legende, wird einem eine glückliche Liebe beschert. Dass das nicht funktioniert, dafür bin ich der wandelnde Beleg.

Eriks Gespielin wird ein wenig später mit dem Zug in Verona eintreffen, ebenfalls zum Hotel fahren und dann zu ihm in die Suite eilen. Eva hat mir ein Bild der Dame gezeigt. Im Gegensatz zu Eriks fortschreitendem Lebensalter bleibt jenes seiner Kurtisanen – ja, ich denke, der Begriff trifft hier zu – offensichtlich immerwährend knapp über der 20. Eva hat mir gesagt, dass es jedes Jahr eine andere sei. Und dass sie es endgültig leid wäre. Diesmal habe ihr Mann zudem einen Fehler begangen: Der Vater der jungen Dame namens Denise ist einer der größten Konkurrenten in derselben Branche, in der Erik sein Imperium errichtet hat. Sex seiner Tochter mit der Heuschrecke, die scharf ist auf seinen Laden – das würde dem Herrn Papa bestimmt nicht schmecken. Mit einem Inflagranti-Bild hätte Eva endlich genügend Munition gegen ihren Mann in der Hand, um eine für sie lukrative Scheidung einzuleiten. Ihr gehöre die Hälfte der Firma – aber sie wünsche sich jetzt eine definitive Trennung auch bei Tisch, nachdem sich das mit dem Bett seit fünf Jahren ohnehin erledigt hat. Manchmal neigen meine Kundinnen dazu, ihre ganze Lebensgeschichte zu erzählen.

*

Er hatte sie verwöhnt – und sie liebte es, dass er dabei niemals auf die Uhr schaute. Danach gab sie sich ihm hin, und es dauerte nicht lange, bevor er ermattet neben sie sank. »Ich liebe dich«, hauchte er. Ein Satz, den sie nicht erwidern wollte.

Der Schmerz war nicht gewichen.

»Ich werde dich für deine Dienste bezahlen«, sagte sie.

»Degradierst du mich gerade zum Callboy?«

»Nein mein Liebster, dafür werde ich niemals bezahlen. Höchstens in gleicher Münze«, gurrte sie und ließ ihre Hand für die Dauer eines Augenaufschlags seine Körpermitte entlangstreifen. »Ich meine, ich werde dich für deine Nachforschungen bezahlen.«

»Was genau willst du wissen? Bislang hat er ja nur Andeutungen gemacht.«

»Ich will den Namen wissen. Ich will wissen, wo er wohnt. Und ich will wissen, ob er etwas davon weiß, wessen Sohn er ist. Und, das wäre das Sahnehäubchen: Liefere mir den Namen der Mutter.«

Er rollte sich auf den Rücken, sie schmiegte sich an ihn, legte ihren Kopf auf seiner trainierten Brust ab.

Sie hatte immer eigene Kinder gewollt – ihr Mann nicht. Am Anfang ihrer Beziehung, vor 20 Jahren, war sie damit einverstanden gewesen. Als sie es vor zehn Jahren nicht mehr war, hatte er nur mit den Schultern gezuckt. Als sie dann vor zwei Jahren entdeckt hatte, dass er sich unmittelbar danach die Samenleiter hatte durchknipsen lassen, hatte sie begonnen, ihn zu hassen. Kurz hatte sie erwogen, sich einfach von einem

Fremden schwängern zu lassen – aber sie hatte ja nicht nur ein Kind gewollt, sondern eine Familie. Doch dieser Traum war ausgeträumt.

Ein paar Tränen rannen über ihr Gesicht, landeten auf seiner Brust. Nie hatte sie darüber geweint. Warum jetzt? Nun ja. Sie hatte gerade erfahren, dass er vor dem Eingriff mit der Zange mit einer anderen einen Sohn gezeugt hatte.

»Schatz, weinst du?«

»Ja. Weil ich so glücklich bin mit dir, Jan.« Eine schale Lüge erstickt unnötige Diskussionen oftmals im Keim.

*

Ich sitze im Bereich des Flughafens, in dem die Menschen ihre Liebsten abholen. Eine Perücke aus tiefschwarzem Haar verdeckt meinen blonden Pagenschnitt.

Eine Großmutter wird von der gesamten Sippe abgeholt, sie wird von 13 Mündern geküsst und von 26 Armen geherzt. Geschäftsreisende werden in Empfang genommen, auf einem der hochgehaltenen Pappschilder steht »Mr. Błaszczykowski«. Ich frage mich, ob der Mann, der das Schild in die Luft hält, diesen Namen jemals wird richtig aussprechen können.

Dann kommt er: Erik. Behauptete ich, er sähe noch genauso aus wie vor 15 Jahren, würde ich lügen. Aber wenn diese blöde Floskel auf irgendeinen Mann zutrifft, dann auf ihn: Er ist nicht gealtert, er ist gereift. Die Fältchen stehen ihm gut.

Er geht aufrecht, mit diesem leicht federnden Schritt, gerade so, dass es dynamisch wirkt und nicht affektiert. Er trägt inzwischen Dreitagebart. Hinter sich her zieht er einen schwarzen Rollkoffer. Als er zur Seite schaut, stößt er versehentlich mit einer jungen Frau in rosafarbenem Kleid zusammen, entschuldigt sich charmant und sein Lachen ist genauso einnehmend, wie es immer schon war. Und obwohl er nur um Verzeihung bittet, errötet die Frau. Würde er nicht seine Geliebte erwarten – es hätte nur fünf gewinnender Sätze bedurft, um den Abend und gewiss auch die Nacht nicht allein zu verbringen.

Im Weitergehen wenden sich beide nochmals um. Wieder ein Lächeln. Dann entschwinden sie aus dem Leben des anderen.

Ich habe mir den Job völlig unangestrengt vorgestellt. Ich würde die beiden Turteltäubchen drei Tage begleiten, würde ihre Liaison dokumentieren. Und am letzten Tag würde ich Denise kurz aus dem Verkehr ziehen und ihn erpressen. Eine Masche, die mir in den vergangenen Jahren oft eine Menge Geld eingebracht hat.

Es ist simpel: Die Ehefrau schickt mich auf die Pirsch. Ich pirsche. Kurzhaarperücke, ungepflegt, Schlabberjeans, abgetragenes, weites, aber kein schmutziges T-Shirt, darunter ein Kissen, das mich dicker erscheinen lässt als ich bin, dazu Turnschuhe und statt einer Handtasche einen Beutel oder Rucksack. Dieses Outfit ist Männern gegenüber so effizient wie eine Tarnkappe. Ich spüre die süßen Geheimnisse der Gatten auf, doch mein Stundenlohn dafür ist, da ich mit den Preisen der Konkurrenz mithalten muss, ziemlich niedrig. Deshalb gibt es bei reichen Männern einen Plan B: Wenn ich ihnen die Fotos zeige, die ich von ihnen gemacht habe, sind die Gemahle oft bereit, das Zehnfache dessen zu zahlen, was mir ihre Ehefrau schuldet. Ich habe es erst einmal erlebt, dass ein Mann nicht bezahlt hat. Die Scheidung kam ihn dann deutlich teurer. Und ich bin mir sicher, dass Erik auch bezahlen wird. Denn er kann es nicht riskieren, dass kompromittierende Bilder von ihm an die Öffentlichkeit gelangen.

Das Einzige, was mir in die Quere kommen könnte, wäre meine Eifersucht, die mir ins Herz gestochen hat, als er Fräulein Rosakleid angelächelt hat. Völlig irrational. Ich habe Erik seit 15 Jahren nicht mehr gesehen. Und ich habe ihn, so glaube ich, seit zehn Jahren nicht mehr vermisst – auch wenn ich seinen Lebensweg zumindest in groben Zügen im Internet verfolgt habe. Aber ihn jetzt zu sehen, dieses Lachen, diese Hände, die gleich eine andere betatschen werden, so wie er in den vergangenen Jahren viele andere betatscht hat – ja, der Stich geht tiefer als erwartet, und Brennnesselgift scheint sich unter meiner gesamten Hautfläche auszubreiten.

Jetzt sitze ich in der Lobby des Hotels, habe eine andere Perücke auf, ebenfalls dunkle Haare, streng zurückgekämmt, zu einem Dutt gebunden. Ich trage einen Hosenanzug, Typ strenge Chefsekretärin.

Denise betritt das Hotel. Sie ist eine Schönheit, das muss ich ihr zugutehalten. Ich habe Fotografien von ihr gesehen – aber Fotografien geben die Ausstrahlung eines Menschen nur ansatzweise wieder. Und als die vom lieben Gott verteilt wurde, muss die kleine Denise wohl sehr eindringlich mit beiden Händchen gewunken haben, wahrscheinlich sogar mit den Füßchen.

Zur Eifersucht gesellt sich ein weiteres Gefühl: Mitleid. Denn die Art, wie sie strahlt, zeugt davon, wie sehr die Hormone in ihrem Körper Achterbahn fahren.

Eva hat bereits vor einem Jahr, bei Eriks letztem Trip, sein Handy mit einer Tracking-Software infiziert. Als sie mir die Route gezeigt hat, die er – wohl gemeinsam mit seiner damaligen Flamme – genommen hat, zuckte ich zusammen, als ich sie sah. Es waren exakt dieselben Orte, zu denen er mich einst mitgenommen hatte. Sogar die Reihenfolge war dieselbe.

Insofern muss ich am nächsten Morgen nur auf »unserer« Brücke warten – und tatsächlich turteln die beiden an mir vorbei, ohne mich wahrzunehmen. Ich habe drei unterschiedliche Varianten von Schlabberlook, die mich Männern gegenüber unsichtbar machen – und bei Frauen höchstens ein kurzes, zutiefst mitleidiges Stirnrunzeln provozieren.

Sie brauchen eineinhalb Stunden. Und allein auf der Brücke gelingen mir 135 Schnappschüsse an sieben Stellen. Ich habe mir von einem Feinmechaniker drei Teleobjektive anfertigen lassen, die auf den ersten Blick nicht auffallen, wenn ich sie an mein Smartphone vor die Kameralinse stecke. Die Bilder sprechen für sich – besonders die, auf denen Eriks Finger Regionen berühren, von denen man in der Öffentlichkeit eben jene lassen sollte.

*

Sie las die wenigen Worte auf dem DIN-A4-Blatt. Eriks Sohn hieß Thomas Mueller. Ein an Trivialität kaum zu überbietender Name. Für den Nachnamen konnte er nichts, die Adoptiveltern hießen so. Wenigstens Mueller mit »ue« …

Jan hatte mit dem Adoptivvater Kontakt aufgenommen, aber nur per Telefon: Nein, der Junge wusste nicht, wer seine leiblichen Eltern waren. Er und seine Frau ebenfalls nicht – es hatte sie nie interessiert.

Ihr Mann Erik war der leibliche Vater. Und Jan hatte es tatsächlich herausgefunden: Darunter stand der Name der Mutter. Violetta Röwedes.

»Bist du zufrieden?«, fragte Jan sie. Er umfasste sie von hinten, seine Hände strichen über ihren Bauch, dann wanderte die eine gen Himmel, die andere gen Erde – und es war das erste Mal, dass sie seine Berührungen nicht genoss.

Sie drehte sich zu ihm um. Küsste ihn. Das war besser, als

von ihm angefasst zu werden. Zumindest ein wenig. »Ja, mein Liebster, das bin ich.«

Sie bezahlte ihm 15.000 Euro in bar. Er wehrte sich nur pro forma.

»Ist schon irre, dass die Mutter des Kindes eine Kollegin von mir ist.«

»Eine Kollegin?«

»Ja. Ziemlich talentiert. Hat sich sogar ausgerechnet auf Ehebruch spezialisiert. Lustig, was? Willst du, dass ich Kontakt zu ihr aufnehme?«

»Nein, lass gut sein. Ich wollte nur wissen, wer sein Sohn ist. Jetzt weiß ich es. Belassen wir's dabei.«

»Und du willst gar nichts unternehmen?«

»Ach, Jan, wir haben doch uns. Was soll ich mich über alte Geschichten grämen!«

Mit Jan Kinder haben? In ein paar erbärmlichen Momenten hatte sie sich das vorstellen können. Doch die Vernunft gewann immer die Oberhand: Sie war 15 Jahre älter als er. Natürlich behauptete er, er würde immer bei ihr bleiben. Aber spätestens, wenn sie die 60 erreicht hätte, vermutlich schon zehn Jahre davor, wäre er verschwunden. Vielleicht sollte sie es künftig so halten, wie ihr Gatte: pro Sommer einen Lover.

Sie wandte sich wieder dem Fenster zu, zählte rückwärts. Bei fünf lag seine rechte Hand auf ihrem Busen, bei fünfeinhalb die Linke in ihrem Schritt. Auch jetzt war ihr die Berührung nicht angenehm. Augen zu und durch. Sie brauchte ihn noch.

Selbstverständlich würde sie etwas unternehmen.

Aber davon musste Jan nichts wissen.

*

Von der Brücke aus bummeln Erik und Denise zurück ins Hotel. Meine Gemütsverfassung ist derzeit alles andere als professionell. Ich bin traurig, gekränkt, wütend auf die beiden und wütend auf mich selbst, dass ich traurig und gekränkt und wütend bin. Und ich habe im Moment keine Ahnung, wie ich mich am Riemen reißen soll.

Ich kenne den Weg, den sie jetzt fahren werden: Zunächst geht es zur Terme di Colà **6**. Colà gehört zu Lazise, liegt im venetischen Hinterland. Die beiden Seen des Thermalbads sind eingebettet in eine paradiesische Landschaft, laden ein zum Planschen – und zum Poussieren. Unter Wasser sieht niemand, wo die Finger sind.

Am Abend werden sie ihr Luxushäuschen in Lazise beziehen. Eine Anlage mit mehreren Ferienhäuschen, alle mit exklusiver Ausstattung und Blick auf den Gardasee. Ich habe mit Erik damals ebenfalls in dieser Anlage gewohnt. Und in der ersten Nacht, da habe ich meinen Sohn empfangen. Die fruchtbaren Tage hätten genau hinter mir liegen sollen, aber offensichtlich hatten sich meine Hormone ebenfalls in diesen Mann verliebt, sodass sie gesagt haben, kommt Jungs, lasst das Ei mal ein bisschen langsamer rollen.

Alles in mir sträubt sich, den beiden zu folgen. Doch ich gebe nach. Es reicht auch noch, wenn ich morgen in Lazise ankomme. Kompromittierende Fotos sind mir ja schon gelungen. Ich gönne mir noch einen Tag in Verona, auf Evas Spesen. Ich besuche meinen lächelnden Ritter zu Pferde im Hof des Museums Castelvecchio, lasse mich durch die Gemäldesammlung treiben, grüße die neun Musen von Tintoretto und zum Schluss das Steinrelief von Sankt Martin. Die Geschichte des Mannes, der seinen Mantel teilt – als Mädchen hat sie mich deutlich mehr berührt als alle Geschichten über Jesus zusammen.

Etwas später bin ich ruhiger. Ich entscheide mich, doch noch nach Lazise zu fahren, miete einen Wagen. Kurz erwäge ich, ein Cabrio zu leihen – aber ein Coupé, in dem ein Hardtop mein Gesicht verdeckt, ist unauffälliger.

Auf dem Weg nach Lazise habe ich die Fenster in den Türen versenkt und genieße die unverwechselbare norditalienische Luft. Als ich in dem kleinen Hafenörtchen ankomme, miete ich mich in einer Pension ein. Es ist nicht die Pension, in der ich zuvor immer gewohnt habe. Jetzt benötige ich eine Unterkunft, bei der ich mein Auto in einem Hinterhof abstellen kann.

Ich checke ein, dann wandle ich durch den Ort, der mir so teuer geworden ist. Zunächst gelange ich durch einen Turm der altehrwürdigen Stadtmauer **7** in den Stadtkern. Meine Schritte führen mich zuerst zum Lungolago Marconi, dem Platz unmittelbar am Seeufer. Am alten Hafen **8** suche ich mir ein kleines Restaurant und bestelle mir eine leckere Fischplatte mit Lavarelli **9**, die quasi direkt neben mir aus dem See gefischt wurden. Und ich ordere – pfeif drauf – ein Glas Weißwein. Ich weiß, dass Erik und Denise heute Abend nicht in den Hafen kommen werden. Da er sein Programm offenbar stets nach demselben Drehbuch abspult, steht erst eine lange Runde im Bett an, dann ein perfektes Abendessen im Restaurant der Ferienhausanlage, um danach direkt wieder auf die Spielwiese in den Schlafgemächern umzusiedeln.

Mein Blick fällt auf die Dogana Vecchia **10**, die alte Zollstelle aus dem 14. Jahrhundert. Für ein paar Minuten gelingt es mir, das Gedankenkarussell im Kopf anzuhalten. Inzwischen dämmert es. Ich bummele weiter und stehe wenige Schritte später vor dem Eingang der Kirche San Nicolò **11**. Ich drücke die Klinke, obwohl die Pforte um diese Uhrzeit verschlossen sein sollte. Ist sie aber nicht.

Ich betrete das heilige Gemäuer, lasse mich auf einer der Bänke nieder. Bin allein. Und als ich das Fresko der stillenden Madonna sehe, lösen sich die Tränen.

Das Schluchzen schüttelt mich, ich beiße in meinen linken Unterarm, denn ich möchte keinen Mucks von mir geben.

Nachdem Erik und ich aus Italien zurückgekehrt waren, habe ich ihn nur noch viermal gesehen. Beim dritten Mal hat er zu mir gesagt, dass die Geschichte mit uns zu Ende wäre, es wäre eine erquickliche Zeit gewesen – genauso hat er sich ausgedrückt –, aber das mit uns habe keine Zukunft. Er sei verheiratet, er würde seine Frau niemals verlassen. Trotz der Demütigung habe ich ihn nochmals aufgesucht, einen Tag, nachdem ich wusste, dass ich schwanger war. Von ihm. Da hätte ich dann Pech gehabt, wenn ich nicht aufgepasst hätte, sagte er, er würde so ein Balg nie anerkennen. Und ich solle es wegmachen lassen. Er öffnete seine Brieftasche, drückte mir sieben 500-Euro-Scheine in die Hand und sagte: »Das dürfte genügen.« Und – Achtung, ein weiteres Zitat: »Jetzt verpiss dich.«

Als mir das Blut vom Unterarm läuft, beiße ich in den rechten Arm.

Ich konnte meinen Jungen nicht töten. Für meine Eltern, die in einem tief katholischen, bayerischen 3.000-Seelen-Dorf wohnten, in dem auch ich groß geworden war, hätte ich mich mit einem unehelichen Kind nie blicken lassen können. Vielleicht habe ich mich damals getäuscht, aber mit meinen 20 Lebensjahren habe ich das so gesehen. Aber Abtreibung? Niemals. Also habe ich den Jungen bekommen und ihn sofort zur Adoption freigegeben.

Auch mein rechter Arm blutet jetzt. Aber das Schluchzen hat aufgehört. Vielleicht könnte ich meinen Sohn ja aufspüren? Wenn ich es nur wollte? Ich meine, ich bin eine private Ermittlerin. Wem, wenn nicht mir, sollte das gelingen? Komisch, dass mir dieser Gedanke heute zum ersten Mal kommt. Ja. Ich werde ihn finden. Ganz sicher.

Ich verweile noch ein paar Momente in der Kirche. Das Tageslicht ist fast völlig verschwunden. Immer noch zielt mein Blick in Richtung des Freskos, auch wenn ich die stillende Madonna kaum mehr sehen kann.

Ich schlafe miserabel, frühstücke spärlich, dann gehe ich in einen Klamottenladen, kaufe mir zwei langarmige Blusen, die die Bisswunden verdecken. Sodann fahre ich zum Areal der Ferienhausanlage. Es hat den großen Vorteil, dass es nicht durch einen Zaun abgesperrt ist.

Bereits 30 Minuten, nachdem ich eingetroffen bin, brechen die beiden auf. Ich folge unerkannt in wohlbemessenem Abstand, Schlabberlook Nummer drei macht's möglich. Zumal ich die Route kenne, zumindest erahne. Erik und Denise besuchen die Burg **12** von Lazise, dann schlendern sie entlang der gleichen Orte, die auch ich gestern aus Nostalgie besucht habe. Einzige Abweichung von meinem gestrigen Weg, aber nach wie vor bis auf den Wochentag analog zu meiner Woche mit Erik: Heute am Mittwoch findet der Wochenmarkt statt, über den sie gemächlich flanieren. Ich komme mir vor wie in »Zurück in die Zukunft«, sehe *mich* eingehakt in seinen Arm. Und auch dort wie schon zuvor: Küsse, Küsse, Tausend Küsse. Von mir natürlich fotografisch eingefangen. Zum Glück habe ich seinerzeit das Smartphone mit extra großem Speicherplatz gekauft.

Jetzt weiß ich auch, wann mir die entscheidenden Bilder gelingen werden, jene, die keinerlei Fehlinterpretation oder Ausflüchte mehr zulassen werden. Als die beiden am frühen Abend wieder ihr Ferienhäuschen betreten, beladen mit zwei gefüllten Papiertüten voller Gemüse, Fisch, Wein und anderer Leckereien, weiß ich, dass ich nur noch 15 Minuten warten muss. Jetzt habe ich einen Blaumann an, mit dickem »assistenza tecnica«-Aufdruck, einer schmuddeligen Baseballkappe und einer Werkzeugkiste. Sollte mich jemand ansprechen, würde ich erklären, dass ich mich um einen verstopften Abfluss kümmern muss.

Ich stelle mich an die Außenwand des Ferienhauses. Dasselbe, das er mit mir seinerzeit bewohnt hat. Und somit weiß ich genau, dass ich durch das Fenster, neben dem ich stehe, in die Wohnküche blicken kann. Ich halte das Handy an den Rand des Fensterrahmens, sodass nur der kleine Teil mit dem Kameraobjektiv über den Rahmen hinausragt. Ich mache zwei Bilder, ziehe das Handy zurück, schau mir die Fotos an – Volltreffer. Unsere Versuche, ein leckeres Essen zu zaubern, wurden damals ebenfalls durch mehrfache heftige Kopulationsintermezzi unterbrochen. Nun sitzt sie auf der Anrichte wie ich damals, er in voller Aktion vor ihr. Die Anrichte wackelt wie bei einem Erdbeben. Ein Video von zehn Sekunden hätte genügt, doch ich nehme eine halbe Minute auf. Daraufhin schultere ich meine Werkzeugtasche, und während ich das Gelände verlasse, schaue ich mir das Video an. Meine Professionalität kehrt zurück: Sein Gesicht ist klar zu erkennen, ihres ebenfalls – sowie all die anderen relevanten und minder relevanten anatomischen Details.

Ich fahre zurück in meine Pension. Abermals schlafe ich schlecht und wache schweißgebadet auf. Im Bad versuche ich, der Augenringe mit Make-up Herr zu werden, ziehe wieder mein kurzes Schwarzes an. Dann fahre ich ein letztes Mal zur Ferienhaussiedlung.

Nun folgt der banale Teil. Ich rufe Erik auf dem Handy an, in dem Moment, als er abnimmt, lege ich auf. Schicke ihm das Bild, auf dem zu sehen ist, wie er Denise beglückt. »Wenn du nicht willst, dass deine Frau diese Bilder sieht, dann schick Denise zum Frühstück und sag ihr, du kommst in ein paar Minuten nach.« Das Ganze von einem Prepaidhandy aus. Mit dabei habe ich meinen Laptop, darauf die bereits geöffnete Software, die die Überweisungen auf das Konto auf den Cayman-Inseln möglich macht. WLAN brauche ich nicht, im Laptop steckt eine SIM-Karte, selbstredend Prepaid vom Flohmarkt, nicht zurückverfolgbar.

Drei Minuten später verlässt Denise das Ferienhaus – im Türrahmen streiten sich die beiden. Wütend dreht sie sich um, stolziert davon. Ach, Mädchen, mach dir nichts draus, er wird dich nach diesem Trip sowieso entsorgen.

Sekunden später steige ich aus dem Wagen, klopfe an die Eingangstür. Er öffnet, seine Stirn legt sich in Falten: »Wer, zur Hölle, sind Sie?«

»Lass uns reingehen, Erik.«

»Sie kennen mich?«

»Ja. Du hast mich auch schon gevögelt.«

Sein Gesichtsausdruck verändert sich. »Vio-*letta?*«

Sollte ich jetzt gerührt sein, dass er sich an meinen Namen erinnert? Bin ich nicht. Ich stelle den Laptop auf die Anrichte, auf der noch am Abend zuvor … Hoffentlich haben sie die Holzplatte wenigstens abgewischt. Ein kleines Bildschirmfenster, das sich über einen Teil des Fensters der Banking-Software legt, zeigt das Video. Dann sage ich zu ihm: »100.000 Euro. Jetzt. Auf das Konto, das hier angezeigt wird.«

Er schaut mich fassungslos an. »Violetta, das ist nicht dein Ernst, oder?«

»Deine Frau wird sich über das Video und auch die Fotos freuen, von denen gibt es reichlich.«

Er zieht die Luft ein, hörbar. Langsam wird er wütend.

»Bevor du jetzt anfängst zu diskutieren: Wenn der Mann, dessen Tochter du da fickst und dessen Imperium du zu übernehmen gedenkst, dieses Video sieht, kostet es dich das Zehnfache, wenn nicht das Hundertfache. Basta. Und wenn Eva von deinem Sohn erfährt, zu dem du dich nie bekannt hast –

unserem Sohn –, ich glaube, dann hast du ganz schön Scheiße an der Backe.« So pflege ich mich gemeinhin nicht auszudrücken. Was mir nur zeigt, dass meine Contenance gerade dabei ist, unter der Hitze der Emotionen zu verdampfen.

Dann sehe ich sie.

Eva.

Wie sie von hinten auf Erik zutritt, sich blitzschnell halblinks neben ihm positioniert, die Faust emporschnellen lässt.

Bevor Erik den Kopf auch nur einen Millimeter gedreht hat, trifft sie ihn an der Schläfe. Und bevor er auch nur im Ansatz begreift, was hier passiert, geht er zu Boden. Er hat seine Frau wahrscheinlich nicht einmal erkannt. Und ich sehe die komischen Plastiküberzüge über Evas Schuhen.

»Eva …?«, stammele ich.

Bevor ein weiteres Wort aus meinem Mund dringt, richtet sie eine Pistole auf mich.

*

Eva drückte ab. Dreimal. Alle Eintrittswunden lagen weniger als zwei Zentimeter voneinander entfernt. Da, wo das Herz zu diesem Zeitpunkt noch schlug. Das Schießtraining hatte sich gelohnt.

Auf der Anrichte stand der Laptop – und auch Violettas Handy musste irgendwo in der Nähe sein, wo es die Polizei finden würde. Genug Beweise.

Die Investitionen des letzten halben Jahres hatten sich alle auf einen Schlag bezahlt gemacht. Ihr Kampfsportkurs. Der Eintritt in den Schützenverein. Der Kauf der Pistole, die man nicht zurückverfolgen konnte. Das Geld für einen weiteren Privatdetektiv, der das Leben von Violetta durchleuchtet hatte und anhand der Geldflüsse auch die Masche mit der Erpressung der Ehemänner aufdecken konnte. Violetta war gut darin gewesen, andere Leute zu beschatten. Aber sie, Eva, hatte in den vergangenen Monaten viel gelernt.

Eva drückte ihrem Mann die Pistole in die Hand. Erik stöhnte. Es würde nicht mehr lang dauern, dann würde er wieder aufwachen.

Alles war perfekt. Sie hatte sich gerächt. An der Frau, die an ihrer statt sein Kind ausgetragen hatte. Sie war tot. Und für diesen Tod würde Erik lebenslang ins Gefängnis wandern. Es hatte sich ausgehurt. Sein Motiv war klar: Violettas Erpressung.

In ungefähr zwei Minuten würde die Polizei auftauchen, danach auch Denise. Die ganze schmutzige Wäsche würde in aller Öffentlichkeit gewaschen werden. Evas Rolle: die trauernde und entsetzte Ehefrau. Sie würde ihre Anteile an der Firma verkaufen, würde sich vom Mörder, als der ihr Mann nun galt, scheiden lassen. Und könnte den Rest ihres Lebens in Wohlstand genießen.

Ab und zu vielleicht einmal einen wie Jan – mein Gott, der hatte es wirklich nicht akzeptieren wollen, dass sie ihm vor einem halben Jahr den Laufpass gegeben hatte. So ein großer, lieber Junge, aber zu naiv. Obwohl er im Bett durchaus Maßstäbe gesetzt hatte. Aber dass er und ihr Mann sich im Golfclub angefreundet hatten – dafür musste sie ihm wohl ewig dankbar sein. Wenn es letztlich auch sie gewesen war, die Jan erst in ihr Bett eingeladen und dann auf das Grün geschickt hatte. Investitionen in private Ermittler hatten sich für sie durch die Bank gerechnet.

Eva ließ einen letzten Blick durch den Raum schweifen. Die tote Violetta, unter der sich die Blutlache zu einem See ausweitete. Erik, der langsam wieder das Bewusstsein erlangte. Zeit zu gehen. Na gut, noch ein Tritt in die Nieren.

Sie joggte zu ihrem Wagen. Setzte sich hinter das Steuer, drehte den Zündschlüssel. Der Motor des Twingo sprang an.

Dann nahm sie die Bewegung auf der Rücksitzbank wahr.

Sie drehte sich um.

Schaute in ein grinsendes Gesicht.

»Hallo, Eva«, sagte Jan.

1 Arena von Verona: Sie ist das drittgrößte der erhalte-
nen antiken Amphitheater. Schon 2.000 Jahre alt wird
das Theater seit 100 Jahren wieder als Aufführungs-
ort genutzt, nicht zuletzt aufgrund der hervorragenden Akustik. Heute finden vor allem in den Monaten
Juni, Juli und August Opernaufführungen und Rock-
konzerte statt.

2 Piazza delle Erbe: Historische Fassaden aus verschiedenen Jahrhunderten umgeben die Piazza delle Erbe,
Marktplatz und Versammlungsort der mittelalterlichen
Stadtrepublik. An der Nordseite des Platzes stehen
der wuchtige, an römische Barockbauten erinnernde
Palazzo Maffei von 1668 und der mittelalterliche Uhr-
turm Torre del Gardello aus dem 14. Jahrhundert. Davor
ragt eine Marmorsäule mit dem geflügelten Markuslö-
wen empor.

3 Weingut La Bagatta: eines der vielen Weingüter rund
um den Gardasee. Dieses hier ist besonders idyllisch,
bietet Ferienwohnung, einen Yachthafen, nebenan die
Weinberge und einen malerischen Park. Ach ja: Auch
der Wein ist lecker.

4 Ponte Scaligero: Die Ponte Scaligero (Scaligerbrücke) ist
eine mittelalterliche Brücke in Verona über die Etsch –
und ganz subjektiv die schönste aller Brücken. Vor mehr
als 700 Jahren errichtet, hatte sie nur eine Funktion:
einen sicheren Fluchtweg aus der gleichnamigen Burg
zu verschaffen. Im Zweiten Weltkrieg zerstört, wurde

sie bis 1951 wieder fast gänzlich originalgetreu aufgebaut. Heute ist sie eine reine Fußgängerbrücke.

5 Julias Balkon: Von der Piazza delle Erbe sind es nur wenige Schritte zum Haus der Julia (Casa di Giulietta) mit dem berühmtesten Balkon der Literaturgeschichte, auf dem Shakespeares Julia ihrem Romeo lauschte. Zwar gab es kein historisches Vorbild für Julia, ebenso wenig wie für den Balkon, aber in den 1930er-Jahren nachträglich angebaut ist er heute Touristenmagnet.

6 Terme di Colà: Im Ortsteil Colà di Lazise befindet sich ein großer Park namens Villa dei Cedri. Er beherbergt ein Thermalbad mit zwei Seen, einer ist rund 5.000 m² groß. Die Therme verfügt über viele unterschiedliche Brunnen und ein Hydro-Massage-Becken. Ach ja: Das Wasser ist 37 Grad warm.

7 Stadtmauer: Sie macht ganz schön was her, die trummige Wehrmauer, die die Altstadt von Lazise umgibt. Die ehemaligen Herren von Verona, die Skalinger, meinten während ihrer Herrschaftszeit, es wäre eine gute Idee, das kleine Städtchen dermaßen abzuriegeln. Doch mit Schwalbenschwanzzinnen und verzierten Toren sieht die Mauer an einigen Stellen ganz hübsch aus.

8 Hafen von Lazise: Der heutige Fischerhafen diente einstmals als Liegeplatz venezianischer Galeeren. Ihre Aufgabe: das Veroneser Südostufer zu bewachen und zu beschützen. Heute ist das Hafenbecken einfach nur noch ein pittoresker Ort, der sich tief landeinwärts zieht – und den man unbedingt gesehen haben sollte.

9 Lavarello (Mehrzahl: Lavarelli) ist ein schmackhafter Fisch des venezianischen Ufers am Gardasee. Aber er schwimmt nicht nur dort: Am Westufer des Sees heißt er Coregone, am Bodensee Felchen und ansonsten Renke. Wie auch immer er genannt wird – gut zubereitet auf dem Teller ist er eine Delikatesse.

10 Dogana Vecchia: Zum Glück ist es Geschichte, dass Besucher des schönen Lazice Zoll bezahlen müssen. Das war früher den Händlern vorbehalten, die in diesem venezianischen Zollhaus aus dem 14. Jahrhundert ihre Abgaben leisteten. Heute löhnt man höchstens Eintritt: bei kulturellen Veranstaltungen im Innern des Gebäudes.

11 Kirche San Nicolò: Ebenfalls am Hafen steht diese romanische Kirche aus dem 12. Jahrhundert. Interessant sind besonders die Fresken aus dem 14. Jahrhundert – auch die in der Geschichte angesprochenen. Highlight für deutsche Touristen: Gottesdienste in der eigenen Muttersprache während des Sommers.

12 Burg in Lazise: Sie wurde gegen Ende des 9. Jahrhunderts zur Verteidigung gegen die Hunnen erbaut und zählt zu den besterhaltenen Festungsanlagen am Gardasee. Da in Privatbesitz, kann man sie nur von außen bestaunen. Doch schon das lohnt sich.

MANUELA OBERMEIER

EIEIEI

GARDONE RIVIERA

Traudl spürte, wie ein Schweißtropfen ihre Wirbelsäule entlang nach unten rann und sich zu den vielen anderen gesellte, die bereits im Bund ihrer Jeans versickert waren. Unter ihren Achseln sah es ganz sicher nicht besser aus. Bestimmt hatte ihre Bluse dort schon dunkle Flecken. Hoffentlich müffelte sie nicht auch noch.

Verstohlen betrachtete sie die anderen Frauen, die auf der Passeggiata **1** an ihr vorbeiflanierten. Sie sah tief ausgeschnittene Tops, kurzärmelige Blusen und modisch bunte T-Shirts – alle ohne einen einzigen Schweißfleck.

Sie dagegen … Traudl entfuhr ein leiser Seufzer. Sie war ein wandelnder Schweißfleck. Der Inbegriff der Transpiration. Der pummelige Härtetest für jedes Deo. Was hatte sie sich nur dabei gedacht, ausgerechnet an den Gardasee zu fahren? Hätte es Deutschland nicht auch getan? Aber dort gab es eben keinen Ort mit einem so wunderbar klingenden Namen: Gardone Riviera. Wer dachte da nicht automatisch an laue Sommernächte unter duftendem Jasmin? An Sonnenstrahlen, die sich funkelnd auf azurblauem Wasser brachen? An Pasta, Rotwein und italienische Musik?

Natürlich hatte sie damit gerechnet, dass es hier wärmer war als zu Hause. Aber doch nicht gleich *so* viel wärmer! Als sie aus dem Zug gestiegen war und ihr Gepäck zum nächsten Taxi gezerrt hatte, wäre sie in ihrem Pulli fast umgekommen. 26 Grad hatte das Thermometer gezeigt. 26! Am Tag vor ihrer Abreise hatte sie in Deutschland noch mit einer Decke über den Schultern und einer dampfenden Tasse Tee in den Händen am Fenster gesessen und zugesehen, wie der Juni in endlosen Regengüssen ertrank.

»Jetzt mach aber mal einen Punkt, Traudl«, murmelte sie. »Du wünschst dich doch nicht ernsthaft in die deutsche Schafskälte zurück, oder?«

Sie schüttelte den Kopf. Nein. Selbstverständlich tat sie das nicht. Sie war ja kein Schaf. Und Kälte mochte sie schon gleich gar nicht. Deshalb hatte sie ja immer nach Italien gewollt. Und nur nach Italien. Nicht nach Spanien, nicht nach Frankreich und schon gar nicht auf die Malediven. Dorthin musste man fliegen, und Flugzeuge waren ihr zutiefst suspekt. Dass so schwere Dinger fliegen konnten, widersprach in ihren Augen sämtlichen physikalischen Gesetzen.

Deshalb hatte sie auch gedacht, dass sie und Hubert einfach perfekt zusammenpassten. Hubert war nämlich ein strikter Gegner von Flugreisen. Allerdings aus ganz anderen Gründen. Er wollte einfach nicht, dass ihm andere Menschen so nahe kamen wie zwangsläufig in einem Flugzeug. »Da sitzt man Ellenbogen an Ellenbogen. Wie Schlachtvieh in einem Transporter.« Deshalb weigerte er sich auch, mit der Bahn zu fahren. Zu teuer. Zu unzuverlässig. Zu viele Menschen, die unangenehm rochen, auf zu engem Raum. Und man wusste nie, wer vor einem auf den Sitzen gesessen hatte. »Stell dir nur vor, wie viele Köpfe mit ungewaschenen Haaren schon diese Lehnen berührt haben. Was, wenn jemand Läuse gehabt hat? Oder eine ansteckende Krankheit? Willst du dir vielleicht einen Ausschlag holen?«

Für Hubert gab es einzig und allein das Auto als Transportmittel. Was Traudl sehr schade fand. Sie liebte das Zugfahren, und sie liebte Bahnhöfe. Früher – vor Hubert – hatte sie oft auf ihrer Lieblingsbank im Bahnhof gesessen, die Leute mit ihren Taschen und Koffern beobachtet und sich gefragt, wohin sie alle fuhren und warum. Zu manchen Menschen hatte sie sich Geschichten ausgedacht. Fast immer war es dabei um Liebe gegangen. Heimliche Liebe. Unerwiderte Liebe. Zerbrochene Liebe. Seltsamerweise fast nie um erfüllte Liebe.

Wieder entfuhr ihr ein leises Seufzen.

Dann hatte sie selbst mit ihrem Gepäck am Bahnhof gestanden. Allein. Ohne Hubert. Als wäre nun sie selbst die Hauptperson in einer ihrer Geschichten.

Etwas Dunkles wand sich bei diesem Gedanken in ihrem Magen wie ein dicker Regenwurm. Das war das erste Mal, dass sie ohne Hubert verreiste. Und das erste Mal, dass sie nicht in Deutschland Urlaub machte.

Obwohl Hubert ihre Vorschläge, einmal nach Venedig oder Rom oder an die Riviera zu fahren, von Anfang an abgeblockt hatte, war sie zuversichtlich gewesen, ihn irgendwann doch umstimmen zu können. Steter Tropfen höhlt den Stein, hatte sie gedacht. Doch stattdessen hatte Hubert von Jahr zu Jahr abweisender reagiert, und als sie diesen Februar noch einmal einen Vorstoß gewagt hatte, war er so gemein geworden, dass sie sich mit Tränen in den Augen in ihr Kellerzimmer geflüchtet hatte.

Am nächsten Tag hatte sie den Reiseführer, aus dem sie Hubert mit glühenden Wangen vorgelesen hatte, im Abfalleimer gefunden, begraben unter den Resten seines Frühstückseis und einem aufgeplatzten Kaffeefilter.

Und doch war sie nun hier.

Allein.

Ohne Hubert.

Zwei Männer in blauen Uniformen kamen die Promenade entlang: Polizisten.

Der schwarze Regenwurm in Traudls Magen wurde zu einem fetten, glitschigen Aal. Am liebsten wäre sie von ihrer Parkbank aufgesprungen und davongelaufen. Sie umklammerte den Griff des Einkaufstrolleys, den sie die ganze Zeit über keine einzige Sekunde losgelassen hatte, noch eine Spur fester. Dann erhob sie sich und setzte sich betont gemächlich in Bewegung. Mit unrundem Klackerdiklackerdiklacker holperten die Räder über die Pflasterfugen. War das Geräusch schon immer so laut gewesen? Traudl hatte das Gefühl, als würden sich alle Augen auf sie richten. Ob es die beiden Polizisten auch schon auf sie aufmerksam gemacht hatte?

Sie biss sich auf die Lippe. Der Trolley war eine riesige Schnapsidee gewesen. Damit stach sie aus den Touristen heraus wie ein rosa Nilpferd in der Zebraherde. Niemand außer ihr zog so ein Ding hinter sich her. Aber was hätte sie sonst nehmen sollen? In einer Umhängetasche könnte sie das Gewicht nie den ganzen Tag tragen, und alles im Hotel zu lassen, war viel zu gefährlich.

Und außerdem: Was sahen die Leute denn schon? Nichts weiter als eine dickliche Frau mit grauem Haaransatz und verschwitzter Kleidung, die eine Einkaufstasche auf Rädern mit sich herumkarrte. Noch dazu war sie der Typ Mensch, den man anschaute, aber nicht wirklich wahrnahm und nach spätestens zehn Sekunden wieder aus seinem Gedächtnis gelöscht hatte.

So war es schon immer gewesen. Schon seit der Schulzeit. Sie war so gut wie nie an die Tafel gerufen worden, weil alle Lehrer irgendwie über sie hinweggeblickt hatten. Das hatte sie eigentlich ganz gut gefunden, aber leider war es später mit den Jungs und noch später mit den erwachsenen Männern genauso gewesen. Deshalb hatte sie es auch kaum glauben können, dass Hubert sie nicht nur wahrgenommen, sondern sich bei ihrer nächsten Begegnung auch noch an sie erinnert hatte. In diesem Moment hatte sie sich geschworen, ihn zu halten, koste es, was es wolle.

Aber dass es sie so viel kosten würde, das hatte sie damals natürlich nicht ahnen können.

Sie wagte einen raschen Blick über ihre Schulter. Die beiden Polizisten waren immer noch hinter ihr, und sie hatten aufgeholt. Der Trolley rumpelte über eine Unebenheit, machte einen Satz und stieß gegen ihre Ferse. Traudl stolperte und der Griff entglitt ihrer schweißnassen Hand. Das Wägelchen verharrte einen Moment schwerelos auf einem Rad wie eine Primaballerina, um im nächsten Augenblick ganz und gar nicht mehr schwerelos zur Seite zu kippen.

Aus weit aufgerissenen Augen starrte Traudl ihn an. Die Zeit schien es auf einmal gar nicht mehr eilig zu haben und dehnte sich so sehr, dass Traudl wie in Zeitlupe beobachten konnte, wie der Trolley auf dem Boden aufschlug und sich die Klappe der rot karierten Tasche mit einem satten »Flapp« öffnete.

Ihr wurde schlecht. Gleich würden alle Leute auf der Passeggiata einschließlich der beiden Polizisten sehen, was sie seit Tagen hinter sich herschleppte, und dann … Ja dann würde ihr wahr gewordener Traum von einer Sekunde auf die andere platzen. Sie würde sich nicht länger zwischen den Touristen verstecken können, sondern ihr Zimmer im Grand Hotel 2 Hals über Kopf räumen müssen, diesem wunderbaren Palast aus einer anderen Zeit mit seinen bernsteinfarbenen Parkettböden und den blütenweißen, gestärkten Servietten, in dem sie sich wie ein Filmstar aus den 50ern gefühlt hatte.

Zu keiner Bewegung fähig erwartete Traudl das Unvermeidliche. Und es geschah – nicht. Der Trolley behielt seinen Inhalt für sich.

Natürlich. Der Reißverschluss! Genau wegen des Reißverschlusses hatte sie sich doch für dieses Modell entschieden! Wie eine Salzkruste bröckelte die Starre von ihr ab, und sie bückte sich nach dem Plastikgriff. Aus den Augenwinkeln registrierte sie, wie die beiden Polizisten näherkamen.

Neinneinnein!

Während sie sich langsam wieder aufrichtete, raste ein Gedanke nach dem anderen durch ihren Kopf. Wenn sie nur wüsste, was sie jetzt tun sollte!

Inzwischen waren die beiden keine drei Meter mehr von ihr entfernt. Der Linke war etwa im selben Alter wie sie, der andere mindestens 20 Jahre jünger. Sie entschied sich für den Älteren, lächelte ihn – wie sie hoffte – schüchtern und zugleich peinlich berührt an. Dann zuckte sie mit den Schultern, drehte sich um und setzte ihren Weg mit dem Trolley im Schlepptau fort.

Traudl wagte kaum zu atmen. Mit jedem Schritt, den sie tat, fürchtete sie, den festen Griff einer italienischen Polizistenhand auf der Schulter zu spüren. Da entdeckte sie in den Arkaden ein Bekleidungsgeschäft. Sie schlug so abrupt einen Haken, dass der Trolley beinahe wieder umgekippt wäre, und flüchtete sich in die klimatisierte Sicherheit aus Hosen, Röcken und Riemchensandalen. Wahllos packte sie einen Strohhut mit wagenradgroßer Krempe, drückte ihn auf ihren Kopf und verbarg sich hinter einem Turm aus Handtaschen.

Mit klopfendem Herzen lugte sie hinter einem Ungetüm aus türkisblauem Straußenlederimitat hervor. Genau in diesem Moment tauchten draußen vor dem Schaufenster die beiden Polizisten auf. Gleich würden sie den Laden stürmen und sich auf sie stürzen. Traudl schluckte. Ihr Mund war wie ausgedörrt. Jetzt hatten sie die Tür erreicht. So synchron, als hätten sie es einstudiert, blieben die beiden Männer stehen und schauten ins Ladeninnere. Der Ältere sagte etwas, das Traudl nicht verstand. Eine weibliche Stimme im vorderen

Teil des Geschäftes antwortete, die beiden Polizisten lachten, tippten an ihre Mützen und schlenderten gemächlich weiter.

Traudl wurde vor Erleichterung ganz flau im Magen. Aber warum regte sie sich eigentlich so auf? Wovor hatte sie Angst? Was sollten sie schon von ihr wollen? Ihr mitteilen, dass Hubert wieder aufgetaucht war? Nein, das würden sie ganz bestimmt nicht, schließlich wusste weder die deutsche noch die italienische Polizei, dass er verschwunden war. Es reichte völlig, dass die Nachbarschaft darüber informiert war, dass Hubert nicht mehr bei ihr wohnte, sondern dass er jetzt bei Sigrid eingezogen war. Sigrid, die Physiotherapeutin mit den Wunderhänden. Die aus ischiasgeplagten Ehemännern schmerzfreie Ehebrecher machte.

Traudl spürte, wie Wut und Scham heiß über ihre Wangen krochen. Wie dumm sie gewesen war! Der Inbegriff der naiven, gutgläubigen Ehefrau schlechthin. Als sie ihm endlich auf die Schliche gekommen war, hatten es ihre Freundinnen schon längst gewusst. Und bestimmt nicht nur die. Garantiert auch die Nachbarn und seine Arbeitskollegen. Vielleicht hatte er sogar mit seinem Verhältnis geprahlt.

»Prego, signora, ecco lo specchio.«

Traudl blinzelte sich zurück in die Gegenwart. Vor ihr stand eine zierliche Frau mit fuchsrotem Pagenschnitt. Vermutlich die Verkäuferin. Sie deutete auf einen Spiegel.

»Oh … nein. Ich … ich wollte nur …«, stammelte Traudl und verstummte. Sie konnte ja schlecht zugeben, dass sie sich nur vor der Polizei hatte verstecken wollen. Abgesehen davon würde die Verkäuferin sie ohnehin nicht verstehen. Und so tat sie wie immer genau das, was die anderen von ihr erwarteten, und trat vor den Spiegel.

Der Hut war groß. Sehr groß. Riesengroß. Aber er machte etwas mit ihr und ihrem Gesicht. Traudl konnte nicht sagen, was es war, aber es gefiel ihr.

Zögerlich lächelte sie ihr Spiegelbild an, neigte den Kopf, drehte sich von einer Seite zur anderen und betrachtete sich eingehend. Ja, sie gefiel sich wirklich. In ihrem Bauch breitete sich ein warmes Kribbeln aus.

Sie sah die Verkäuferin an und zupfte an ihrer durchgeschwitzten Bluse und ihrer Jeans. Die Frau verstand sofort, taxierte Traudl kurz von oben bis unten, marschierte zielstrebig zu verschiedenen Kleiderständern, kam wenige Augenblicke später mit einem Armvoll Kleidungsstücken zurück und lotste Traudl zu den Kabinen.

Eine halbe Stunde später stand sie an der Kasse, vor sich einen riesengroßen Stapel an Röcken, Hosen und herrlich luftigen Sommerblusen. Sie hatte sich in einen wahren Rausch hineinprobiert, und die Verkäuferin hatte ein wunderbares Teil nach dem anderen angeschleppt, bis Traudl lachend abgewunken hatte.

Sie zog ihren Geldbeutel aus der Außentasche des Trolleys, öffnete ihn – und erbleichte. Ein Zehn-Euro-Schein und ein paar Münzen, das war alles.

Leider verstand die Verkäuferin auch jetzt sofort und knipste ihr strahlendes Lächeln aus.

Traudl schluckte. »Einen Moment bitte«, murmelte sie, drehte sich um und beugte sich über den Trolley. Was war sie nur für eine Idiotin! Genau so eine Situation hatte sie um alles in der Welt vermeiden wollen. Sie warf einen kurzen Blick hinter sich und vergewisserte sich, dass die Verkäuferin nichts von dem mitbekam, was sie tat. Dann öffnete sie mit zitternden Fingern den Reißverschluss.

Die Bündel, die sie so sorgfältig in die Einkaufstasche geschichtet hatte, waren völlig durcheinandergeraten. 284.000 Euro in Zwanzigern, Fünfzigern und Hundertern, insgesamt 5,2 Kilo. Geld, das Hubert heimlich gebunkert hatte und das sie nie im Leben gefunden hätte, wenn nicht zwischen den Waschbetonplatten hinter dem Gartenhäuschen ein Stück Papier hervorgeleuchtet hätte. Neugierig hatte sie es unter den Platten herausgezogen. Es war eine Rechnung. Eine Rechnung über 449 Euro für eine Damenuhr. Eine Damenuhr, die Traudl nie zu Gesicht bekommen hatte.

In diesem Moment hatte sich der schwarze Regenwurm in ihrem Magen zum ersten Mal bewegt. Sie hatte sich hingekniet, die Platte beiseitegeschoben und unter dem Fundament des Häuschens einen Hohlraum entdeckt, in dem noch weitere Rechnungen versteckt waren: über Perlohrringe für knapp 200, Parfum für 100 und Dessous für 350 Euro. Dessous in Größe 38, wohlgemerkt. Sie trug 42. Kein Wunder, dass sie die Wäsche nie in Händen gehalten, geschweige denn angezogen hatte.

Und dann war da noch das Geld. Ein Bündel nach dem anderen hatte sie ans Licht geholt und schließlich stumm und fassungslos vor einem regelrechten Schatz gekniet. Woher stammten nur all diese Scheine? Fast verzweifelt hatte sie versucht, sich einzureden, dass das Geld als Notgroschen gedacht war. Für später, wenn sie beide in Rente waren. Und wenn diese Rechnungen nicht gewesen wären, wäre ihr das sicher auch gelungen. Aber weil Hubert so ein penibler und von Grund auf misstrauischer Mensch war, hatte er selbst über die Ausgaben für seine Geliebte peinlich genau Buch geführt. Denn dass er eine Geliebte hatte, war nun ja mehr als offensichtlich.

Mit Tränen in den Augen hatte Traudl alles wieder in die geheime Schatzkammer zurückgeräumt, und natürlich hatte sie Hubert nicht darauf angesprochen. Er wäre nur fürchterlich wütend geworden, hätte ihr Vorwürfe gemacht und sich bitter enttäuscht darüber gezeigt, dass sie ihm hinterherspionierte. Er hätte sie so lange schwindlig geredet, bis sie überzeugt davon gewesen wäre, dass er im Recht war und sie im Unrecht.

So hatte sie also geschwiegen und sich bemüht weiterzumachen, als wäre nichts geschehen. Aber es gelang ihr nicht. Stattdessen hatte sie damit begonnen, das Haus systematisch unter die Lupe zu nehmen. Keine Schublade und keine noch so kleine Ritze waren vor ihr sicher, doch sie fand nichts Verfängliches und schon gar keinen Hinweis auf die Dessousgröße-38-Trägerin.

Den lieferte Hubert ihr höchstpersönlich, als er wieder einmal zur Physiotherapie ging. Mit einem fröhlichen Pfeifen auf den Lippen, obwohl Hubert sonst nie pfiff. Außer es war ihm etwas besonders Angenehmes widerfahren. Wie damals, als ihm der Kassierer im Baumarkt auf 100 Euro herausgegeben hatte, obwohl Hubert mit einem Fünfziger gezahlt hatte.

Warum pfiff er, wenn er zur Physiotherapie ging? Warum ging er überhaupt noch zur Physiotherapie? Schmerzen schien er jedenfalls schon länger nicht mehr zu haben. Rasch schlüpfte Traudl in ihre Jacke und folgte ihm. Wie im Film huschte sie mit hochgestelltem Kragen von Schatten zu Schatten und drückte sich in Hauseingänge.

Als Hubert schließlich vor der Praxis stehen blieb, war sie erleichtert und enttäuscht zugleich. Er hatte also doch einen Termin und war nicht auf dem Weg zu seiner Geliebten. Es dauerte einige Augenblicke, bis Traudl registrierte, dass alle Fenster der Praxis dunkel waren und Hubert auch nicht an der Tür klingelte, sondern sein Handy herausholte und eine Nummer wählte.

Sekunden später öffnete sich ein Fenster im ersten Stock und ein Schlüssel wurde hinuntergeworfen. Hubert hob ihn auf, sperrte die Tür auf und war gleich darauf im Haus verschwunden.

Traudl nahm ihre Umwelt erst wieder wahr, als ihr auf dem heimischen Computermonitor die Frau entgegenlächelte, die Hubert den Schlüssel zugeworfen hatte. Sigrid hieß sie also. Manuelle Therapie auf Kassen- und Privatrezept. Oder gegen Damenuhren und Perlohrringe, dann auch gern außerhalb der regulären Öffnungszeiten.

Ein Räuspern erklang in Traudls Rücken und holte sie zurück in die Boutique. Rasch streifte sie die Banderole von einem Bündel Fünfziger und stopfte die Scheine in ihren Geldbeutel.

Beim Anblick der aus dem Portemonnaie quellenden Scheine schaltete sich das Strahlen auf dem Gesicht der Verkäuferin wie durch Zauberhand wieder ein, und sie winkte Traudl beim Verlassen des Ladens sogar noch fröhlich hinterher.

Zurück in ihrem Zimmer warf Traudl die beiden riesigen Tüten auf das Bett, fischte eine weiße Leinenhose und eine bunt bedruckte Tunika heraus, setzte den Strohhut auf und verließ genau in dem Moment das Hotel, als ein junger Mann in ein Cabrio stieg, den Motor aufheulen ließ und dann mit quietschenden Reifen davonjagte. Mit funkelnden Augen schaute Traudl ihm hinterher. Das war es. Genau das wollte sie auch: in einem schicken Flitzer die Strada dei Vini **3** entlangbrausen, den Wind in den Haaren, die Sonne auf der Haut und im Ohr die raue Stimme von Gianna Nannini.

Sie ließ sich vom Hotelportier die Anschrift eines Autoverleihs geben und unterschrieb keine Stunde später den Mietvertrag für ein feuerrotes Alfa Romeo Cabrio. In Traudls Magen tanzte ein Schwarm aufgeregter Schmetterlinge, als sie den Zündschlüssel drehte, und nach nicht einmal einem Kilometer war sie diesem Auto restlos verfallen. Auch der Trolley, den sie neben sich in den Beifahrerfußraum gestellt hatte, wackelte in den Kurven begeistert von einer Seite zur anderen. Sie schenkte dem Einkaufswägelchen einen liebevollen Blick und tätschelte seine Klappe.

»Wenn wir wieder zu Hause sind, kaufen wir uns endlich ein Auto, das wirklich zu uns passt.« Mit dem schrecklichen Daihatsu, den Hubert damals als »für dich völlig ausreichend« angesehen und den er trotz ihres Protestes gekauft hatte, war sie nie warm geworden.

Bei ihr hatte er gespart, während er für Sigrid die Hunderter gar nicht schnell genug hatte ausgeben können.

Ein Kloß aus Tränen ließ Traudls Kehle eng werden. Wütend biss sie die Zähne zusammen und trat das Gaspedal durch. Erst als sie sich an der Tomba di Gabriele D'Annunzio **4** neben einen der großen steinernen Hunde setzte, sich an seine sonnenwarme Schulter lehnte und den Blick über den funkelnden See schweifen ließ, beruhigte sich ihr hämmerndes Herz. Die Zypressen, die wie stumme Wächter das Grabmal umringten, säuselten leise in der Sommerbrise. Was für ein monumentaler und zugleich friedlicher Ort. Er war das genaue Gegenteil der Prioria, der Villa auf dem Gelände des Vittoriale degli Italiani **5**, in der sich Traudl manchmal vorgekommen war wie in Hogwarts. Wenn sich die Personen auf den Gemälden bewegt hätten oder eines der alten Bücher durch die Luft geschwebt wäre, hätte sie sich keine Sekunde lang gewundert. Dieser Gabriele D'Annunzio musste ein ziemlicher Exzentriker gewesen sein.

Wobei es im Museo Il Divino Infante **6** nicht weniger seltsam gewesen war. Im einen Moment hatte sie sich noch bei knapp 30 Grad im Schatten mit einem Eiskaffee ein wenig Abkühlung verschafft und im nächsten war sie durch Ausstellungsräume voller Krippenfiguren und Jesuskinder spaziert.

Traudl stemmte sich in die Höhe und machte sich auf in Richtung Auto. Schade, dass sie für das Festival Tener-a-mente **7** hier im Vittoriale zwei Wochen zu früh dran war. Es musste wunderbar sein, unter funkelnden Sternen im Amphitheater zu sitzen und der Musik zu lauschen.

Der Trolley hinter ihr machte einen kleinen Satz, als wollte er sich und seinen Inhalt in Erinnerung rufen. Traudl blieb stehen. Ihre Lippen formten eine Schnute, wie immer, wenn sie angestrengt überlegte. Dann glätteten sich Stirn und Lippen und sie lächelte breit.

»Du hast vollkommen recht, mein karierter Freund. Hubert liegt in den Armen seiner Sigrid und vermisst weder uns noch sein Geld. Ob wir in einer Woche oder erst in einem Monat zurückkehren, wird ihm gar nicht auffallen.«

Konzentriert manövrierte Traudl den Alfa durch die engen Straßen und Haarnadelkurven von Gardone Sopra, dem oberen Stadtteil von Gardone. Allerdings hatte sie den bunten Häusern mit ihren üppig bepflanzten Balkonen und den violett blühenden Kletterpflanzen wohl den einen oder anderen Blick zu viel geschenkt, denn sie musste mehrmals falsch abgebogen und im Kreis gefahren sein. Statt der Villa Alba 8, die sie eigentlich hatte besichtigen wollen, tauchte nämlich schon wieder der Eingang zum Vittoriale vor ihr auf. Auf dem weitläufigen Gelände gab es zwar noch einiges, das sie nicht gesehen hatte, aber sie hatte heute keine Lust mehr auf lange Fußmärsche. Stattdessen würde sie viel lieber etwas essen. Wie praktisch, dass sich genau hier die Lokale beinahe auf die Zehen traten. Jetzt brauchte sie sich nur noch für eines der vielen Ristoranti entscheiden. Nur, für welches?

Da musste ihr der Zufall helfen. Sie würde die Augen schließen, bis fünf zählen, sich dabei um die eigene Achse drehen und in das Lokal gehen, das sie erblickte, wenn sie die Augen wieder öffnete.

Gesagt, getan.

»Eins – zwei – drei – vier – fünf.« Leicht schwankend blieb Traudl stehen und öffnete die Augen. Oh. Wie dumm. Statt auf eine Trattoria, Osteria oder Pizzeria fiel ihr Blick auf eine Kirche. Na gut, dann eben erst in die Kirche, das Schicksal hatte es so gewollt.

»Divo Nicolao«, stand in großen Lettern über der Kirchentür, und sie erinnerte sich, in ihrem Reiseführer darüber gelesen zu haben: Das also war die Chiesa di San Nicolò da Bari **9**.

Einer der beiden Türflügel war geöffnet. Dahinter war es stockdunkel, als wäre das nicht der Eingang zu einer Kirche, sondern zur Unterwelt. Traudls Schritte wurden zögerlicher. Auf einmal war ihr ziemlich mulmig zumute. So hatte sie sich als Kind gefühlt, als sie zum ersten Mal zur Beichte gemusst hatte. Es war ihr so peinlich gewesen, dem Pfarrer von ihren Sünden zu erzählen. Sie war sich so erniedrigt vorgekommen und hatte sich hinterher überhaupt nicht besser gefühlt, auch nicht nach den zehn Vaterunsern, die der Pfarrer ihr zur Buße mit auf den Weg gegeben hatte.

Traudl schnaubte. Zehn Vaterunser dafür, dass sie ihrer Lehrerin hinter deren Rücken die Zunge herausgestreckt und schon vor dem ersten Advent heimlich eine Handvoll Plätzchen aus der Dose genommen hatte. Welche Buße würde ihr ein Pfarrer wohl heute auferlegen? Vermutlich gab es für Fälle wie sie einen Knopf, der eine Falltür im Beichtstuhl öffnete, durch die sie direkt in das Höllenfeuer stürzte.

Dabei konnte sie doch gar nichts dafür, dass es so gekommen war. Wäre Hubert nicht so nachlässig gewesen, hätte sie nie die Rechnung gefunden und wäre ihm nie auf die Schliche gekommen. Dann hätte sie ihn vielleicht sogar bemitleidet und hätte ihm abends eine Wärmflasche gemacht, nachdem sie ihm geholfen hätte, seine Gartenstiefel auszuziehen. So aber hatte sie nicht den leisesten Hauch Mitleid empfunden, als er bis zur Hüfte in dem großen Loch im Garten gestanden hatte, das einmal ein Teich werden sollte. Den hatte Traudl sich in den Kopf gesetzt. Sie war – zu ihrem eigenen Erstaunen – stur geblieben und hatte Hubert hartnäckig bearbeitet, bis er endlich widerwillig zugestimmt hatte.

Nun – viele Wochen nach dem ersten Spatenstich – war die Grube so gut wie fertig. Hubert rammte das Schaufelblatt in die Erde und stemmte die Hände in den Rücken.

»Diese elenden Rückenschmerzen.« Stöhnend beugte er sich nach hinten. »Die gehen allein auf deine Kosten, Gertraud. Durch die Physiotherapie waren sie so gut wie weg, aber seit ich mit dieser verdammten Schaufelei angefangen habe, sind sie wieder da – und zwar schlimmer als zuvor!« Der anklagende Ton in seiner Stimme war nicht zu überhören. Natürlich war sie schuld, wer sonst? Es lag selbstverständlich nicht daran, dass er alles selbst machen wollte statt einen Landschaftsgärtner zu beauftragen. Diesen Raubrittern, die für ein Loch in der Erde horrende Summen verlangten, würde er sein sauer verdientes Geld nicht in den Rachen werfen.

Genau das waren seine Worte gewesen, und bis vor wenigen Tagen hatte sie dafür auch noch ein gewisses Maß an Verständnis aufgebracht. Dann aber hatte sie diese Rechnung gefunden, und nun wusste sie, dass *sie* es ihm nicht wert war. Sein Geld gab er lieber für Sigrid aus.

Hubert streckte die Hand nach hinten, ohne sich zu ihr umzudrehen. »Bring mir das Telefon. Ich brauche unbedingt einen außerplanmäßigen Termin, sonst bringt mein Rücken mich um.«

Traudl starrte sekundenlang auf seinen Hinterkopf mit dem immer dünner werdenden Haarkranz. Dann wandte sie sich um, um ins Haus zu gehen, blieb jedoch mit der Schuhspitze an etwas hängen und stolperte. Es war die Spitzhacke. Traudl sah sie an, als habe sie so ein Gerät noch nie gesehen.

Huberts Hinterkopf bot erstaunlich wenig Widerstand. Es gab lediglich ein kurzes Knacken – und schon war die

Metallspitze in seinem Schädel verschwunden. Hubert selbst gab fast gar keinen Laut von sich, nur so etwas wie ein überraschtes Ächzen, dann kippte er einfach nach vorne um. Die Hacke glitt mit einem leisen Schmatzen wieder aus seinem Kopf und nahm dabei ein paar Haare und weiß-rote Bröckchen mit. Gehirnmasse, vermutete Traudl. Gut, dass sie nicht auf seine Brust gezielt hatte. Dann wäre er nämlich bestimmt immer noch am Leben, denn ein Herz hatte er ja nicht.

Sie stellte die Hacke auf den Boden und stützte sich auf den Stiel. Zum ersten Mal war sie froh über diese grauenhafte Thujenhecke, die ihr Grundstück umgab wie eine grüne Mauer. So konnte sie in Ruhe überlegen, was zu tun war. Wobei sie nicht lange überlegen musste. Sie ließ die Hacke fallen und ging ins Haus.

Schon nach dem dritten Klingeln meldete sich eine weibliche Stimme.

»Physiotherapie Winter, Sie sprechen mit Sigrid Winter. Was kann ich für Sie tun?«

»Hallo, Frau Winter«, Traudl bemühte sich, aufgeregt zu klingen, obwohl sie ganz ruhig war. »Ich bin die Frau von Hubert Schettler. Bitte, Sie müssen mir helfen! Hubert hat im Garten gearbeitet und nun kommt er nicht mehr aus der Grube heraus. Er hat vorher schon gesagt, dass durch das Schaufeln seine Rückenschmerzen schlimmer geworden sind und er unbedingt einen Extratermin bei Ihnen braucht. Und jetzt …« Traudl täuschte einen weinerlichen Seufzer vor und hätte fast gekichert, weil er sich so echt anhörte. »Bitte, Frau Winter – können Sie vorbeikommen?«

Natürlich konnte sie, und keine zehn Minuten später führte Traudl Huberts Mätresse zu der Grube, in der ihr Exmann unverändert mit dem Gesicht nach unten lag. Das Loch in seinem Hinterkopf war nicht zu übersehen.

Sigrids Synapsen schienen nicht die leistungsfähigsten zu

sein und die Informationen nur sehr langsam zu befördern. Wie angewurzelt stand die Frau mit Größe 38 da und glotzte in die Grube, was Traudl genügend Zeit gab, sich hinter ihr in Position zu bringen, kurz Maß zu nehmen und dann die Hacke erneut niedersausen zu lassen.

Aufgrund des ungünstigen Winkels – Sigrid war etwas größer als sie selbst – brauchte Traudl diesmal zwei Schläge, aber dann fiel auch das Miststück einfach nach vorne und kam halb auf, halb neben Hubert zu liegen, fast wie in einer innigen Umarmung.

Es war Knochenarbeit, die beiden erst mit ein wenig Erde zu bedecken und dann die Teichfolie über ihnen auszubreiten. Fast hätte Traudl aufgegeben und das Loch einfach so wieder zugeschaufelt, aber schließlich hatte sie es doch geschafft. Am nächsten Tag hatte sie den Teich volllaufen lassen, dann die Pflanzen eingesetzt und sich dabei vorgestellt, sie wäre im Botanischen Garten von André Heller **10**.

Traudl seufzte wohlig, als ein lautes Rumpeln und eine Männerstimme sie aus ihren Fantasien rissen und in die Wirklichkeit zurückholten.

»Gertraud?«

Sie seufzte erneut, diesmal aber nicht wohlig, sondern resigniert. Ach, wenn sie doch nur den Mut hätte, ihr Schicksal im wahren Leben genauso in die Hand zu nehmen wie in ihren Träumen. Es musste ja nicht gleich eine Spitzhacke sein. Ein Föhn in der Badewanne würde es auch tun.

»Gertraud? Nun sag doch was. Wo bist du denn schon wieder?«

Wo sie war? Gerade noch im sonnigen Italien und jetzt, innerhalb eines Wimpernschlags, zurück in ihrem Haus im verregneten Deutschland bei einem Mann, der sie mit seiner Physiotherapeutin betrog und eine Riesensumme Geld vor ihr versteckte.

»Hier unten, Hubert. Im Keller.«

Sie verbarg den Reiseführer, den sie damals aus dem Mülleimer gerettet hatte, in ihrer Schürze, verließ ihr kleines Refugium und blickte die Treppe hinauf. Zwei bestrumpfte Füße standen an der obersten Stufe und machten sich auf den Weg nach unten.

»Pass auf, ich habe …«, fing sie an, wurde jedoch jäh von einem lauten Schrei unterbrochen, und dann polterte Huberts Körper auch schon vollkommen unkontrolliert die Stufen hinunter.

»… frisch gebohnert«, vollendete Traudl ihren Satz. Und wohl ziemlich gut. Huberts Kopf war in einem abenteuerlichen Winkel nach hinten verdreht, sein rechter großer Zeh ruhte entspannt auf seiner linken Schulter. Sie trat einen Schritt näher und stupste Hubert mit dem Fuß in die Seite. Keine Reaktion.

»Eieiei«, sagte sie und zog die Nase kraus. »Das wird Sigrid aber gar nicht gefallen.«

Mit einem langen Schritt stieg Traudl über Hubert hinweg und ging hinauf in die Küche. Sie füllte Wasser in den Kocher, und während sie darauf wartete, dass das Teewasser zu sprudeln begann, zog sie den Reiseführer wieder aus ihrer Schürzentasche. Ein paar vertrocknete Krümel Kaffeesatz rieselten heraus, als sich das Buch wie von selbst auf der Seite von Gardone Riviera öffnete.

Verträumt betrachtete Traudl die Fotos der malerischen Fassaden mit den wunderschönen violetten Bougainvilleen. Dann blickte sie hinaus in den Nieselregen, wo das Geld in seinem Versteck schlummerte. Aber nicht mehr lange. Sie schloss die Augen und sah sich selbst, wie sie einem Autohändler ein Bündel Scheine in die Hand drückte und dann mit ihrem eigenen, funkelnagelneuen roten Cabrio vom Hof fuhr.

»Gardasee, ich komme«, murmelte sie und lächelte.

1 Die Passeggiata bzw. der Lungolago Gabriele D'Annunzio ist eine prunkvolle Uferpromenade mit wunderschönem Blick über den See auf der einen Seite und prachtvollen Gebäuden mit Cafés und kleinen Läden auf der anderen Seite. Südlich der Promenade liegt das gebührenpflichtige Strandbad Rimbalzello, das über einen großen Pool, Tennisplätze, Tauchcenter, ein Restaurant und eine Bar verfügt sowie über einen bequemen Badesteg und einen kleinen Strand, um direkt im See schwimmen zu gehen. Liegestühle kann man mieten. Wer sich nicht scheut, ein paar Euros auszugeben, erlebt hier ein überaus stilvolles Badevergnügen.

2 Das Grand Hotel Gardone Riviera wurde 1884 auf Betreiben des Wiener Architekten Ludwig Wimmer direkt am Seeufer errichtet. Mehrere Erweiterungen machten es zu einem majestätischen Bau mit elegantem, gehobenem Ambiente und einem charakteristischen Turm. Winston Churchill übernachtete hier mehrmals, nach ihm ist die gediegene »Winnie's Bar« benannt. Die Schriftsteller Vladimir Nabokov und Somerset Maugham arbeiteten im Grand Hotel Gardone an ihren Werken. Beheizter Pool, zwei Restaurants, eigene Promenade und eigener Anleger für Motorboote, Spa u. v. m. Auch wenn man kein Hotelgast ist, sollte man sich einen Aperitif auf der eindrucksvollen Terrasse gönnen und die Belle-Époque-Atmosphäre des Hauses genießen. Oder man trinkt ein Glas Champagner in »Winnie's Bar«, am besten Pol Roger,

Churchills Lieblingsschaumwein, begleitet von Pianoklängen (live ab 21.30 Uhr).

3 Die Strada dei Vini e dei Sapori del Garda ist eine »Weinstraße« entlang des Westufers des Gardasees. Mehrere ausgearbeitete Touren führen vom Seeufer bis ins Hinterland sowie durch Oliven- und mehrere Weinanbaugebiete und bieten nicht nur landschaftliche Abwechslung, sondern auch eine große kulturelle und kulinarische Vielfalt. Das Gebiet umfasst drei DOC-Anbaugebiete: Lugana, Garda Classico bzw. Valtènesi und San Martino della Battaglia.

4 Tomba di Gabriele D'Annunzio: monumentales Grabmal des italienischen Schriftstellers Gabriele d'Annunzio auf einer Anhöhe des Museumskomplexes Il Vittoriale degli Italiani. D'Annunzio, seinerzeit der meistgelesene italienische Dichter und dem faschistischen Mussolini-Regime nahestehend, schuf sich hier in den 1920er-Jahren sein eigenes, exzentrisches Andenken.

5 Il Vittoriale degli Italiani: Siegesdenkmal des Schriftstellers Gabriele d'Annunzio. Der Museumskomplex umfasst ein neun Hektar großes Gelände und beherbergt diverse Gärten, Skulpturen und Wasseranlagen sowie ein Amphitheater und ein Militärmuseum. Die Villa (nicht so sehr das Siegesdenkmal, eine Scheußlichkeit in Beton) ist durchaus sehenswert. Bis zu seinem Tode lebte D'Annunzio hier in streng abgedunkelten Räumen, umgeben von Büchern und zahlreichen Kunstwerken. Er nannte die Villa seine »Prioria«, »Prioratskloster«. 1923 ließ er sich das gesamte Anwesen vom italienischen Staat schenken und sicherte sich Wohnrecht auf Lebenszeit.

6 Museo Il Divino Infante: das erste und bislang einzige Museum rund um das Jesuskind mit mehr als 250 Skulpturen aus vier Jahrhunderten sowie einer Krippe mit 130 Figuren; gegründet im Jahr 2005 von der Kunstsammlerin Hiky Mayr. Da das Museum nur 500 Meter vom Vittoriale entfernt ist, kann man den Besuch beider Sehenswürdigkeiten gut verbinden.

7 Das Festival Tener-a-mente ist ein jährlich in den Sommermonaten stattfindendes Musikfestival im Amphitheater des Vittoriale degli Italiani. Künstler wie Joan Baez, Lou Reed, Paolo Conte, Patti Smith oder das New York City Ballet haben hier schon die Zuschauer begeistert. Der Blick auf den Gardasee ist spektakulär. Infos über das Programm von Juni bis August: www.anfiteatrodelvittoriale.it

8 Die Villa Alba ist ein neoklassizistischer Monumentalbau, angelehnt an den Parthenon-Tempel auf der Akropolis von Athen. 1905 wurde die Villa unter dem Namen »Villa Ruhland« im Auftrag des Bauunternehmers Richard Langensiepen erbaut. Heute befindet sie sich im Besitz der Gemeinde Gardone und kann für Hochzeiten oder Kongresse gebucht, aber leider nicht besichtigt werden.

9 Chiesa di San Nicolò da Bari: Die Kirche des Heiligen Nikolaus von Bari wurde ursprünglich im 14. Jahrhundert erbaut, Anfang/Mitte des 18. Jahrhunderts abgerissen und nach Plänen des Architekten und Mönchs

Paolo Soratini wiedererrichtet. Sie beherbergt mehrere bedeutende Gemälde, unter anderem »Pietà« von Zenone Veronese.

10 Botanischer Garten Gardone – Giardino Botanico Hruska – »Heller Garden«. Wenige Minuten oberhalb des Sees liegt der äußerst sehenswerte botanische Garten, der zwischen 1912 und 1914 von dem Zahnarzt und Naturforscher Arthur Hruska angelegt wurde und seit 1988 zum Besitz des Wiener Künstlers André Heller bzw. zur André-Heller-Stiftung gehört. Auf 10.000 Quadratmetern Fläche finden sich buchstäblich Tausende Pflanzen aus aller Welt sowie Skulpturen internationaler Künstler wie Keith Haring. Es gibt einen ganzen Bambuswald, tropische, subtropische, mediterrane und alpenländische Abteilungen, künstliche Bäche, romantische Felsformationen und vieles mehr. In dem dazugehörigen Café kann man hervorragend relaxen und den Zauber des Ortes auf sich wirken lassen.

THOMAS KASTURA
DOLCE MORTE

SALÒ

Das letzte Wochenende im August, Ende der Hochsaison. Schon am Nachmittag wimmelte es in Salò, der größten Stadt am Westufer des Gardasees, von Besuchern. Sie schoben sich durch die Einkaufsmeile, die Via San Carlo und die Via Mattia Butturini ∎, sie flanierten auf der Seepromenade, dem Lungolago ∎, sie saßen in den Cafés und Bars und genossen das herrliche Wetter. Keine Wolke zeigte sich am azurblauen Himmel. Die Ora blies sanft aus Süden, wie sie es meistens tat zu dieser Tageszeit. Die Winde am Gardasee waren berechenbar, man konnte fast die Uhr danach stellen. ∎

Ideale Bedingungen für einen präzisen, sauberen Schuss, dachte Petrelli. Er ließ sich auf einer öffentlichen Bank nieder und leckte an seinem Eis. Es bestand aus je einer Kugel Torrone und Fior di Latte. Bei Gelato konnte man nicht wählerisch genug sein, dachte er zum wiederholten Mal.

Seine Zielperson, leicht erkennbar an dem pinken Polohemd und einem viel zu kleinen schwarzen Strohhütchen, befand sich knapp 30 Meter vor ihm. Ercole Niola, genannt La Mazza, die Keule, bestellte gerade ein Eis, flankiert von zwei Leibwächtern. Er hatte sich für das Casa del Dolce ∎ entschieden, eine der besten Eisdielen von Salò. Im Gegensatz zu dem Mann, der ihn beobachtete, war La Mazza eher der fruchtige Typ. Petrelli tippte auf Melone und Frutti di Bosco, süß und leicht säuerlich, eine beliebte Mischung. Und richtig, der Pate von Brescia hielt eine Waffel mit einer zartorangen und einer dunkelroten Kugel in der Hand, als er sich von der Verkaufstheke entfernte.

La Mazza schaute sich kurz um. Alle Bänke auf der Piazza Duomo waren belegt. Also setzte er sich einfach auf die Stufen vor dem Dom. Das passte seinen Bodyguards gar nicht, aber was sollten sie machen? Sie stellten sich so neben ihn, als würden sich zwei durchtrainierte junge Kerle in schicken Sommeranzügen über die Sehenswürdigkeiten unterhalten, während sie die Fenster der umliegenden Gebäude durch ihre verspiegelten Sonnenbrillen checkten. Eis aßen sie natürlich nicht.

Melone und Frutti di Bosco. Petrelli nahm seinen Beruf ernst. Dazu gehörte, sich in die *morituri*, die Todgeweihten, einzufühlen. Ihre Gewohnheiten und Marotten zu studieren. Bestimmte Routinen im täglichen Ablauf zu entdecken. Jedes Detail zu registrieren, das für den endgültigen Hit nützlich sein konnte. Bei La Mazza war es dessen Vorliebe für Eiscreme. Er war regelrecht süchtig danach.

Petrelli teilte diese Vorliebe. Eis rief Kindheitsträume wach, fand er, eine längst dahingeschmolzene Unschuld haftete ihm an. Der riesige Eisbecher, den er von den Eltern zur Belohnung nach dem ersten Schultag spendiert bekommen hatte … Die Eisbombe seiner *nonna tedesca* zur Feier des zehnten Geburtstags … Als er seine erste Freundin zum Eisessen eingeladen hatte, bevor später im Kino mehr gelaufen war … Die Unschuld war irgendwann dahin gewesen, doch die Erinnerung an den Geschmack geblieben.

Petrelli leckte am Eis, eine Angewohnheit, die er von seiner deutschen Großmutter geerbt hatte. Italiener leckten nicht, sie lutschten höchstens ein wenig und bissen kleine Stückchen ab.

So machte es auch La Mazza. Und er genoss sein Eis in der Waffel, im *cono*, statt im Becher. Auch das hatte Petrelli mit ihm gemein. Er mochte es, an dem Backwerk zu knabbern und zu spüren, wie sich die Texturen, knusprig und cremig, im Mund vermischten. Deshalb liebte er auch die Geschmacksrichtung Torrone, weißen Nougat mit Mandeln, Nüssen und Honig. Leider wurde das selten angeboten, gutes Torrone-Eis war aufwendig in der Herstellung. Manchmal wich er auf Malaga oder Nocciola Croccante aus. Und an heißen Tagen durfte es auch mal Erdbeere, der Klassiker, sein, mit grünen Äpfeln und Joghurteis obendrauf. Insofern brachte er für La Mazzas Fruchtneigung durchaus Verständnis auf.

Ansonsten gab es rein gar nichts, was ihm Ercole Niola sympathisch erscheinen ließ.

Den Spitznamen »Keule« trug La Mazza deshalb, weil er sich in früheren Zeiten möglichst eindrucksvoll hatte hochtöten müssen. Ein mit Stacheldraht umwickelter Baseballschläger war dabei zu seinem Markenzeichen geworden. Dem Hörensagen nach holte er ihn manchmal noch aus dem Schrank, um Kleinkriminelle zu massakrieren und seinen Mafiarivalen eine Botschaft zu schicken: »Schaut her, ich bin nach wie vor der Alte.«

Anders Petrelli. Am liebsten verglich er sich mit einem Chirurgen. Präzisionswaffen dienten ihm als Operationsbesteck: Scharfschützengewehre, langläufige Sportpistolen, auch Compound Armbrüste, wenn er lautlos zu Werke gehen musste. Dieses Mal würde er sich besonders viel Mühe geben. Ein befreundeter Büchsenmacher aus Cremona hatte ihn mit einer Spezialanfertigung versorgt. Es sollte ein noch nie dagewesener Kill werden, ein Kunstschuss, außergewöhnlich selbst für die Besten seiner Zunft.

Denn außergewöhnlich war auch eine Person gewesen, die nicht mehr unter den Lebenden weilte. Ihr Verlust ließ sich nicht mehr rückgängig machen. Nicht in diesem Leben und auch nicht im nächsten, falls es für Verbrecher so etwas überhaupt gab und sie nicht schnurstracks zur Hölle fuhren.

Doch es gab etwas, das die Grenzen des Todes überwand: die Rache, italienisch *la nemesi*, auf die griechische Göttin Némesis zurückgehend, die für die »Zuteilung des Gebührenden« sorgte. Oder, um einen geläufigeren Ausdruck zu benutzen: *la vendetta*.

Petrelli agierte also ausnahmsweise nicht im Auftrag eines Kunden, sondern aus eigenem Antrieb. Mit La Mazza hatte er eine ganz persönliche Rechnung offen.

Inzwischen war der Mafioso mit seinem Eis fertig, stets schlang er es gierig hinunter. So war es auch in Limone, Tremosine und Tignale gewesen, in Gargnano, Maderno und Gardone. Petrelli war ihm schon seit Wochen auf den Fersen. La Mazza machte seine Gardaseetour und sah in diesem gewinnbringenden Abschnitt seines Territoriums nach dem Rechten. Hier verteilte er Belobigungen, dort Zurechtweisungen. Allerdings nur im lombardischen Teil des Gardasees. Ins Trentino an der Nordspitze des Lago und nach Venetien auf der Ostseite begab er sich nicht, er respektierte Reviergrenzen.

Jetzt stand er auf, nahm sein Hütchen vom Kopf und ging in den Dom.

Die Leibwächter folgten ihm.

Desgleichen Petrelli. Momentan war er unbewaffnet, falls man das von einem wie ihm überhaupt sagen konnte. Im Notfall würde er diesen Schweinehund, diese *canaglia*, auch mit einem Eislöffelchen erledigen, durchs Auge ins Gehirn, kein Problem, vorausgesetzt, das Löffelchen war lang genug.

Doch noch observierte er, prägte sich die Örtlichkeiten ein. Der Schusswinkel spielte für sein Vorhaben eine entscheidende Rolle. Eine erhöhte Feuerstellung war erforderlich, das Geschoss musste von schräg oben einschlagen, aus geringer Entfernung, 20, 30 Meter, mehr durften es nicht sein entgegen seiner sonstigen Gepflogenheiten. La Mazza aus einer sicheren Distanz von beispielsweise 500 Metern den Garaus zu machen, fand Petrelli viel zu einfach. Solche Schüsse waren für ihn ein Kinderspiel. Aber gleichsam aus Steinwurfweite, das war schon etwas anderes.

Nah herangehen. Eine Herausforderung. Die er schon jetzt annahm.

Allora ... Er warf die Reste seines Eises in einen Mülleimer und betrat den Duomo di Santa Maria Annunziata **5**. Der Innenraum der Kathedrale war weitaus beeindruckender, als es die abweisende Ziegelfassade vermuten ließ. Spätgotik mit üppig verzierten Bögen und Kreuzgewölben, Fußbodenmosaike mit dreidimensionaler Wirkung, fast schon modern wie bei M. C. Escher. Petrelli hielt kurz inne und ließ diese Prachtentfaltung auf sich wirken. Überall waren Gemälde zu sehen, von Romanino, Moretto da Brescia, Zenone Veronese und Paolo Veneziano. Auch er kannte jemanden, der gern gemalt hatte.

La Mazza stand vor einem Seitenaltar und steckte eine Kerze auf. Wofür die wohl gedacht war? Damit seine Geschäfte wie geschmiert weiterliefen?

Petrelli wählte einen anderen Altar. Davor brannten ebenfalls jede Menge Lichter, kleine gelbliche Flammen, die bei jedem Luftzug flackerten und zu verlöschen drohten wie tote Seelen, die ohne ehrendes Gedenken in Vergessenheit gerieten und aus der Welt verschwanden, als hätten ihre Körper, ihre Wünsche und Sehnsüchte – und ihre Taten – niemals existiert.

Aus den Augenwinkeln schaute Petrelli zu La Mazza hinüber. Der kniete auf einer dafür vorgesehenen Gebetsbank. Seine Lippen bewegten sich unablässig, als würde er den Rosenkranz abspulen. Jeder Mafioso zeigte sich gläubig –

und war es auf eine verquere Art sogar, durfte er doch immer auf Vergebung hoffen, auch wenn er einmal nicht den Willen Gottes erfüllte, sondern dessen Missfallen erregte, sei's im Übereifer, sei's aus Versehen. Der Katholizismus war eine überaus praktische Konfession. Er verzieh so gut wie alles, sogar Todsünden.

Petrelli verzieh nicht.

Er warf einen Euro in die gusseiserne Sammelbox, nahm ein Teelicht, entzündete es an einem anderen und steckte es in eine freie Halterung. Dann ging er seinerseits auf die Knie und ließ sich in der gleichen Pose wie La Mazza nieder. Dessen Leibwächter lehnten gelangweilt an einer Säule. In einer Kirche würde niemand einen Anschlag auf ihren *padrone* wagen, der Dom galt als heiliger Boden.

La Mazza verharrte betend. Falls er seine Verbrechen Revue passieren ließ, hatte er viel zu tun.

Petrellis Verbrechen waren ebenso zahlreich. Doch er war La Mazza nicht in den Dom gefolgt, um Reue zu heucheln. Oder um sich mit dem Gedanken zu trösten, dass er zumeist die Richtigen getötet hatte. Die es mehr als verdient hatten. Er senkte den Kopf. Spürte die Wärme der Kerzenflamme an seiner Stirn. Sie brannte für seine Großmutter, seine *nonna*. Valentina hatte sie geheißen, und sie war das Beste gewesen, was ihm je in seinem Leben passiert war.

Er schloss die Augen. Sie hatte ihn aufgezogen, nachdem seine Eltern bei einem Autounfall tödlich verunglückt waren. War extra von Deutschland nach Italien umgesiedelt, nach Mantua, damit ihr Enkel in gewohnter Umgebung aufwuchs. Hatte ihm alles beigebracht, was ein neunjähriger Knirps und später dann ein junger Erwachsener wissen musste über die Menschen und ihre Schwächen, über Gut und Böse und das Schicksal, das man so selten in die eigene Hand nehmen konnte.

Valentina, die Aquarelle für Touristen malte, nicht zu ihrem Vergnügen, sondern um den Jungen und sich halbwegs über die Runden zu bringen. Valentina, die ewig Fröhliche, die ihre Sorgenfalten mit einer Handbewegung glättete und ihm ein paar Lire-Scheine zusteckte, wenn er mit seinen Freunden abends die Stadt unsicher machen wollte, nicht ohne ihm zuvor einen dicken Schmatz auf die Backe zu drücken. Valentina, die es ihm zeitlebens übel nahm, dass er sein Studium abgebrochen und sich mit den falschen Leuten eingelassen hatte.

Petrelli schaute wieder zu La Mazza hinüber. Der hatte sich inzwischen erhoben und begann, breitbeinig im Dom umherzuspazieren, als gehörte ihm der ganze Laden. Dabei tippte er wie ein Verrückter auf sein Telefonino ein. Der Mann war einfach nur peinlich. Und ragte nicht ein Zettel hinten aus seiner Hosentasche?

Am Ende hatte Valentina es geschafft, in Salò ein kleines Häuschen zu erwerben, nur für sich, weit entfernt vom Lago, in einer schwer zugänglichen Hanglage an der Straße zur Bergkapelle San Bartolomeo **6**. Petrelli war längst eigene Wege gegangen, und obwohl er ihr bei gelegentlichen Besuchen finanzielle Hilfe anbot, wollte sie sein Geld nicht nehmen, Blutgeld, um sich symbolisch freizukaufen von seinen kriminellen Machenschaften, wie sie ihm vorwarf. Knapp zehn Jahre genoss sie dort oben mit Blick auf den Golf von Salò ihr Altenteil als pensionierte Deutschlehrerin, im italienischen Schuldienst verdiente man nicht viel.

Bis La Mazza sie vertrieb. Er bestach einen Beamten, der die Katastereinträge manipulierte. Valentinas Besitzansprüche wurden angezweifelt. Angeblich hätte sie das Häuschen gar nicht erst erwerben dürfen, das Grundstück läge auf einer städtischen Wasserquelle, es sei ursprünglich illegal erbaut worden, entspräche nicht den staatlichen Normen und vieles mehr. Die Anwälte ließen sich dauernd etwas Neues einfallen.

Doch Valentina gab nicht kampflos auf. Sie wusste zwar, mit wem sie sich anlegte, aber das war ihr egal. Unermüdlich protestierte sie in aller Öffentlichkeit, scharte einen kleinen Unterstützerkreis um sich. Es kam zu Einschüchterungen, ihr Hund, ein halbblinder Labrador, wurde vergiftet. Daraufhin verglich sie La Mazza mit dem Duce. Tatsächlich hatte der faschistische Diktator unrühmliche Spuren in Salò hinterlassen **7**, und in einigen zweifelhaften Läden wurden immer noch – oder wieder – Duce-Devotionalien feilgeboten. Schließlich wurde das Ganze vor Gericht entschieden. Für La Mazza war der Konflikt zu einer Frage der Ehre geworden. Und weil er nicht das Gesicht verlieren wollte, kaufte er auch noch den zuständigen Richter, der gesinnungsmäßig ohnehin nicht weit von Mussolini und den Neuen Rechten entfernt war.

Valentina musste ihr Häuschen zu einem Spottpreis an die Stadtverwaltung abtreten. Sie zog in eine Mietwohnung direkt an der Gardesana **8**, weil sie nichts anderes fand. Die Autoabgase, der Verkehrslärm, ein feuchter Winter, Verbitterung und Erschöpfung nach dem langen Rechtsstreit – all dies trug zu einer Lungenentzündung bei, von der sich die alte Dame nicht mehr erholte. Sie starb, ohne ihren Enkel vor ihrem Tod noch einmal gesehen zu haben.

Nach einigen Tricksereien wurde Valentinas Häuschen abgerissen und das Grundstück als Baugrund ausgewiesen. La Mazza raffte es sofort an sich und ließ eine protzige Villa darauf errichten, die er gewinnbringend an einen Russen verkaufte.

Während dieser Zeit war Petrelli im Ausland tätig gewesen, viel länger als beabsichtigt. Eine verwickelte, politisch brisante Angelegenheit am Mittelmeer hatte ihn bis nach

Libyen geführt. Dabei hatte er ausnahmsweise auf der richtigen, der gerechten Seite gestanden und geholfen, eine Reihe von Schleuserbanden auszuschalten. Manchmal griff der Geheimdienst auf Männer wie ihn zurück.

Niemand kannte das Band zwischen ihm und seiner *nonna*, niemand hatte ihn von Valentinas Leidensweg und ihrem tragischen Tod verständigt. Erst als er nach Norditalien zurückgekehrt war, hatte er schrittweise erfahren, was vorgefallen war.

Der Baseballschläger mit dem Stacheldraht war nicht zum Einsatz gekommen, nicht direkt. Doch alles, was Petrelli lieb und teuer gewesen war, lag in Scherben.

Der Beginn seiner *vendetta*.

La Mazza beendete seine Besichtigungstour. Von der gedrungenen Statur her und vor allem aufgrund seines braun gebrannten Kantschädels ähnelte er wirklich dem Duce, diesem Führer im Kleinformat. Petrelli fragte sich zum wiederholten Mal, warum die Italiener einem aufgeblasenen *stronzo* wie Mussolini hinterhergelaufen waren.

Seine Zielperson verließ den Dom. Dieses Mal gingen die Leibwächter voran. Eine schöne Gelegenheit, La Mazza, der seine Totmacherfinger gerade in Weihwasser tauchte, von hinten zu erschlagen, überlegte Petrelli. Er ballte die Fäuste. Vielleicht mit einem klobigen Kerzenständer? Dann würde es jedoch schwierig werden, unbehelligt aus dieser Sache herauszukommen.

Beim Hinausgehen war er dem Mafioso etwas zu dicht auf die Pelle gerückt. Und von hinten drängte eine holländische Rentnergruppe unbarmherzig nach. Petrelli tat so, als geriete er ins Stolpern. Es gab einen kleinen Tumult. Dabei legte er La Mazza, wie um sich abzustützen und einen Zusammenprall zu vermeiden, die rechte Hand auf die Schulter. Seine Linke ging derweil auf Reisen …

In Sekundenschnelle waren die Leibwächter zur Stelle. Sie nahmen Petrelli, der »Scusi, scusi!« rief und vor La Mazza unbeholfen mit den Armen herumfuchtelte, zwischen sich und zogen ihn weg.

Die beiden verstanden ihr Handwerk. Mit routinierten, unauffälligen Griffen durchsuchten sie ihn auf Waffen.

Gut, dass er keine mitgenommen hatte. Auch gut, dass er von Kopf bis Fuß wie ein Vollidiot gekleidet war, an dem sich ohnehin nichts Lebensgefährliches ertasten ließ: verwaschene Schirmmütze, ein übergroßes Fantrikot des FC Bayern, Bermudashorts und weiße Socken in Trekkingsandalen, quasi eine Rundumbeleidigung des guten Geschmacks. Diesbezüglich war Valentina seine Lehrerin gewesen. Sie hatte die Discountversion ihrer Landsleute immer zutiefst verachtet.

»Va' al diavolo, stupido mal cacato!«, spottete einer der Leibwächter, der blonde, in der Annahme, dass Petrelli ihn nicht verstand, und schubste ihn weg.

»Scher dich zum Teufel, du schlecht geschissener Blödmann«, hieß das auf Deutsch. Doch Petrelli verkniff sich eine Erwiderung und schaute zu Boden. Er wollte vermeiden, dass die Leibwächter und vor allem La Mazza, der sich zu ihm umgedreht hatte, seine Augen sahen. Petrellis Augen konnten ihn verraten. Sie waren blau, gebirgsseeblau, wie die seiner *nonna*, er hatte sie von ihr geerbt. Aber sie waren auch kalt, Killeraugen, ungerührt, durchbohrend, auf eine intensive Weise beängstigend. Dafür war er bekannt.

»Lasst ihn!«, sagte La Mazza plötzlich und winkte ab. Offenbar hatte ihn der Kirchenbesuch gnädig gestimmt. Die Holländer strömten an ihm vorbei. »So ein Gedränge kommt schon mal vor. Dieser Dummkopf kann nichts dafür.«

Der blonde Leibwächter senkte seine Stimme. »Aber, *padrone*, Ihr wisst doch, Il Cannocchiale könnte überall lauern.«

»Doch nicht hier, lächerlich!« La Mazza setzte sein Stroh-hütchen wieder auf und ging die Treppen des Doms hinunter. »Ich habe zwei Teams am Lungolago«, zählte er auf, »zwei in der Innenstadt, ein paar Leute in meinem Motorboot auf dem See und euch Experten ständig um mich herum. Glaubt mir, ich kann mich in Salò frei und sicher bewegen.«

»Wir machen nur unseren Job«, sagte der andere, schwarz-haarige Leibwächter.

»Und den macht ihr gut! Zur Belohnung nehmen wir einen Aperitivo am Lago, am besten im Barcadero **9**.« La Mazza wies mit ausgestrecktem Arm den Weg. »Il Cannocchiale, das Fernrohr, ist keine Bedrohung, heute nicht, wegen der vie-len Leute.« Er sprach etwas leiser. »Und bald gar nicht mehr. Wegen La Strangolatrice, der Würgerin.«

»Ihr habt La Stran angeheuert, *padrone*?«, fragte der Blonde ungläubig und erbleichte mitten auf der Piazza Duomo, wo es keinen Schatten gab und die Augustsonne erbarmungs-los brannte.

»Gerade habe ich ihr letzte Anweisungen gegeben. Es gibt nicht viele Menschen, die ihre Nummer haben. Ich dachte, es wäre nicht verkehrt, ein bisschen aktiv zu werden. Den Spieß umzudrehen, wie man so sagt. La Stran ist die Beste. Wenn du denkst, du hast einen Frosch im Hals, ist es schon zu spät. Sie erwürgt dich, und du merkst es gar nicht! Ein Anflug von Atemnot – das war's.« La Mazza wurde ungeduldig. »Genug geplaudert. Wir gehen jetzt ins Barcadero. *Andiamo*!« Mit diesen Worten stapfte er Richtung Lago davon.

Petrelli hatte sich auf eine Treppenstufe vor dem Dom gekauert und sich in gebückter Haltung mit seinen Sandalen beschäftigt, nicht weiter beachtet von den Mafiosi.

Alles lief nach Plan.

Er hatte genug gehört. Mehr als genug. Aus irgendei-nem Grund wusste La Mazza, dass Petrelli ihm ans Leder wollte. Nun ja, die Welt der Kriminellen war klein. Wenn er von heute auf morgen keine Aufträge mehr annahm, musste etwas dahinterstecken. Dass er sich zuerst die Anwälte vorgeknöpft hatte, die Valentina das Leben vergällt hatten, konnte als Warnung gelten. Diese Winkeladvokaten lagen jetzt alle mit Kopfschüssen in ihren auf Hochglanz polierten Särgen. Und da La Mazza überall Informanten besaß, hatte er wohl erfahren, dass Il Cannocchiale sein Zielfernrohr nunmehr auf ihn richtete.

Doch für Letzteres war es noch zu früh an diesem Tag.

Zunächst begab sich Petrelli in seine Unterkunft. Kein Hotel, sondern ein Zimmer in der Via Ragazzi del '99, Barzahlung pro Nacht. Nichts Besonderes, anonym. Seine Operationsbasis.

Der deutsche Billigtourist hatte ausgedient. Er legte seine Verkleidung ab, die Touristenklamotten und eine Hamsterbackenmaske, die ihn fülliger als in Wirklichkeit erscheinen ließ. Sie bestand aus Latex und stammte aus einem Theaterfundus, eine professionelle Requisite, kein Karnevalsartikel. Dann schminkte er sich ab und nahm eine Dusche.

Eine knappe Stunde später war die Verwandlung komplett. Aus dem dämlichen Dicken war ein distinguierter älterer Herr im hellblauen Dreiteiler geworden. Unter der maßgeschneiderten, an den Achseln leicht geweiteten Anzugjacke trug er ein Schulterholster, in dem eine kleine sechsschüssige Walther mit Schalldämpfer steckte. Ein Panamahut und kastanienbraune Budapester rundeten das Bild des italienischen *gentiluomo* ab.

Im Spiegel überprüfte Petrelli sein Äußeres. So, so, La Mazza hatte zusätzlich eine Killerin aufs Schachbrett gestellt, eine neue Figur. La Strangolatrice …

Er kannte sie nicht persönlich, doch wie man hörte, trug sie ihren Beinamen zurecht. La Stran war eine Künstlerin. Sie erdrosselte ihre Opfer – ausschließlich und überaus fachgerecht. Niemals benutzte sie Schuss-, Hieb- oder Stichwaffen, sondern Würgedrähte, Halsketten, Kälberstricke, Stromkabel, Schals, Krawatten – was gerade zur Hand war oder sich in der jeweiligen Situation als praktisch erwies. Doch am liebsten, so hieß es, war ihr eine purpurne Samtkordel, die noch von ihrem Großvater stammte. Denn schon ihr *nonno* hatte in Diensten der Mafia gemordet, die Samtkordel war Teil des Ornats eines Bischofs gewesen. Eines qualvoll erstickten Bischofs. La Stran schien Wert auf Familientradition zu legen.

Mit so einer Kordel musste man nah herangehen. Ganz nah.

Auch das eine Herausforderung. Petrelli fühlte sich gewarnt. Deshalb die Pistole unter seiner Achsel.

Er setzte eine dezente Sonnenbrille mit Goldrand auf und verließ das Zimmer. Seine Schritte trugen ihn in die Pasticceria Vassalli **10**, eine alteingesessene Konditorei im Herzen von Salò. Bei einem doppelten Espresso überdachte er seinen Plan.

La Mazza lief ihm nicht davon. Der trank im Barcadero einen Aperol Spritz. Vielleicht aß er eine Kleinigkeit in Vorbereitung auf den bevorstehenden Abend. Und bestimmt würde sein Harem sich zu ihm gesellen. Oder Teile davon, seine derzeitige Favoritin zum Beispiel, ein Filmsternchen, ehemaliges Playmate, Cinzia (oder Cinderella?), natürlich großbusig, natürlich zigfach operiert. La Mazza würde ein bisschen mit ihr angeben, seine Rolle spielen als Macho, dem alle Frauen zu Füßen lagen. Dann würde er auf seine Motorjacht steigen, die stets an einer reservierten Anlegestelle an der Uferpromenade festmachte. Er würde sich umkleiden, wie es auch Petrelli getan hatte, um in der letzten Nacht der Saison *bella figura* zu machen. Dann würde er wieder an Land gehen, sich zur Piazza della Vittoria **11** begeben, seinen Platz auf der Tribüne einnehmen und sich offen all den Menschen zeigen, die ihn bewunderten oder verteufelten, je nachdem.

So machte er es jedes Jahr.

Sein Stolz würde ihn daran hindern, von seinen Gewohnheiten abzuweichen.

Petrelli nahm bei Vassalli noch einen hausgemachten *bacio*, einen Kuss. Diese Praline mit Haselnussfüllung schenkte man eigentlich seiner Liebsten, doch da es so jemanden in seinem Leben nicht gab, aß er den *bacio* alleine.

Er schmeckte bitter.

Zur Piazza Vittoria war es nicht weit. Er ließ sich im Strom der Touristen und zunehmend auch Einheimischen treiben, leicht angespannt, das musste er zugeben, unwillkürlich zusammenzuckend, wenn ihm jemand von hinten zu nahe kam. La Stran wäre so einer Gelegenheit sicher nicht abgeneigt.

Als er die Piazza erreichte, waren die Vorbereitungen für das Konzert bereits abgeschlossen. Die Zuschauertribüne stand, ebenso die Bühne für die wechselnden Musikgruppen. Allerlei Kabel waren verlegt und mit Isolierband fixiert worden. Die Tontechniker besaßen eine eigene Station, von der aus sie den Sound steuerten. Zum Saisonende ließ sich Salò nicht lumpen, auch dank großzügiger finanzieller Zuwendungen des Gönners der Stadt, Ercole Niola.

Doch Italien hatte nicht nur Mussolini, sondern auch eine große demokratische Vergangenheit aufzuweisen. Gleiches Recht für alle. Aus diesem Grund gab es keine Ehrenloge, sondern nur eine schnöde Platzkarte für La Mazza und seine aktuelle Gespielin.

Diese Platzkarte hatte aus der Gesäßtasche geragt, als Petrelli ihn am Dom angerempelt hatte. Il Cannocchiale, der jederzeit mit den Taschendieben von Florenz konkurrieren konnte, war es gelungen, das Ticket herauszuziehen und einen Blick darauf zu werfen, bevor er es zurückgesteckt und sich gut eingeprägt hatte, was darauf abgedruckt war.

Reihe 5, Platz 11.

Mehr musste Petrelli nicht wissen. Er identifizierte den fraglichen Schalensitz und nahm ihn ausgiebig in Augenschein. Schlenderte wie zufällig an der Tribüne vorbei. Verharrte, band die Schnürsenkel seiner Lederschuhe. Stellte dabei Berechnungen an. Schusswinkel, Schusshöhe, Distanz zwischen Schütze und Objekt.

Alles machbar von seiner Feuerstellung aus, die er schon vor Wochen ausgewählt hatte. Es handelte sich um eine Privatwohnung im dritten Stock über der Gelateria Zelini **12**, einer weiteren Eisdiele, direkt an der Piazza Vittoria. Das Gebäude war schlicht, die Etagen niedrig. Ganz normale Leute lebten hier, von Luxus keine Spur. Die Gelateria hingegen konnte als ausgesprochen touristisch gelten. Der größte Vorzug des dazugehörigen Cafés mit zahlreichen, auf der Piazza stehenden Tischen bestand in seiner zentralen Lage.

Petrellis Vorbereitungen waren so gründlich wie noch nie gewesen. Das Spezialgewehr samt Stativ befand sich längst vor Ort. Ebenso die ausgefallene Munition, sie lagerte im Kühlschrank. Die Wohnung war in den Sommermonaten zu mieten, unkompliziert über Airbnb. Petrelli hatte dafür ein Alias benutzt, das Geld war bereits von einem seiner anonymisierten Konten auf den Bahamas abgebucht worden. Den Schlüssel hatte er in einer weiteren Verkleidung beim Hausverwalter abgeholt und sich als Bankangestellter aus Bologna ausgegeben, der am Lago Zerstreuung suchte. Seit es diese Reiseportale im Internet gab, war es denkbar einfach geworden, einen Hitpoint auszusuchen und danach spurlos zu verschwinden.

Petrelli sah zu dem Fenster hoch, von dem aus er tätig werden wollte. Die Szene stand, wie man beim Theater sagte.

Zeit, nach La Mazza zu sehen.

Es war nicht schwer, ihn ausfindig zu machen. Er vergnügte sich mit der spärlich bekleideten Cinzia (oder Cinderella?) auf dem Achterdeck seines Motorboots, das am Ufer vertäut war. Champagnerkorken knallten, Gelächter schallte herüber, La Mazza gab den Lebemann.

Auf der Piazza fing eine Vorband an, mit alten Popsongs die Stimmung anzukurbeln. *Bello e impossibile* von Gianna Nannini, *L'Italiano* von Toto Cutugno und dergleichen. Nur wenige Passanten blieben stehen. Um 18 Uhr durfte man nicht mehr erwarten. Die meisten Leute saßen noch bei einem verfrühten Abendessen, etwa in der Trattoria Cantinone **13** oder der Osteria di Mezzo **14**. Ein paar Stunden dauerte es noch, bis die Top Acts kamen und La Mazza seinen Platz auf der Tribüne einnehmen würde. Um acht, spätestens um neun ging die Post ab, sogar Tiziano Ferro war mit einem Gastauftritt angekündigt. Kurz vor Mitternacht gipfelte das Spektakel dann in einem gigantischen Feuerwerk über dem See.

Tutto bene.

Nicht ganz. Etwas erregte Petrellis Aufmerksamkeit.

In dem Moment, in dem er sich von La Mazza wegdrehte, um zu einer entspannten *passeggiata* an der Uferpromenade aufzubrechen – ein Spaziergang gehörte zu seinen Ritualen, bevor es ernst wurde – gewahrte er eine ungewöhnliche Bewegung unter den Arkaden des Palazzo della Podestà.

Im Laufe der Jahre hatte er gelernt, auf kleinste Abweichungen von geläufigen Mustern zu achten, auf leichte, kaum merkliche Veränderungen der Eindrücke, die sich seinen wachsamen Augen boten, wie bei Wimmelbildern, auf denen man eine Einzelheit, die sich von allem anderen unterschied, ausfindig machen musste.

In diesem Fall war es eine Art Zur-Seite-Treten. Der Umriss einer Gestalt, die leicht verdeckt von dem Pfeiler eines

Arkadenbogens gerade noch zu ihm herübergeschaut hatte, wurde wieder eins mit den Schatten unter dem Gebäude, als verbärge sich jemand hinter einem Vorhang.

Er wurde beobachtet.

Zumindest beschlich ihn eine Ahnung davon. Petrelli war sich nicht sicher. Vielleicht hatte er sich getäuscht? Auf der Piazza waren viele Menschen unterwegs, die Sicht auf die Arkaden war immer wieder blockiert.

Doch seine Instinkte schlugen Alarm. Für einen Wimpernschlag hatte er sich exponiert gefühlt, bloßgestellt.

Identifiziert.

Vorerst tat er so, als habe er nichts bemerkt. Gleichmütig spazierte er weiter, sah woanders hin, zur Sängerin auf der Bühne, die gerade *Per Elisa* von Alice intonierte, eines seiner Lieblingslieder aus glücklicheren Tagen. Eines war klar: Er musste seinem Verdacht auf den Grund gehen.

Kurz darauf näherte er sich dem Palazzo della Podestà. Mit ein paar raschen Schritten war er am Eckpfeiler des Gebäudes angelangt und spähte an ihm vorbei zu der Stelle, wo die Gestalt gestanden hatte.

Keiner da.

Aber auf dem Boden befand sich etwas. Farbige Flecken. Noch frisch.

Eiscreme. Wer auch immer hier noch vor ein oder zwei Minuten gewesen war, er oder sie hatte dabei ein Eis gegessen.

In der Umgebung gab es nicht nur die Gelateria Zelini, sondern auch das Café Serenissima etwas den Lungolago hinunter und weitere Eisdielen. Genug Gelegenheiten, um sich ein paar Kugeln zu gönnen. Aber wer von La Mazzas Leuten war abgebrüht genug, an einem Eis zu schlecken, während er Il Cannocchiale beschattete?

La Stran, fuhr es ihm durch den Kopf.

Petrelli ging in die Hocke und untersuchte die Spuren. Grüne und gelbe Flecken waren auf den Bodenplatten zu erkennen. Grün, das konnte Minze oder Waldmeister sein. Doch es war kein kräftiges Grün, sondern ein leicht bräunliches, olivfarbenes. Pistazie? Eine Sorte, die auch er gern mochte und die in guter Qualität gar nicht so einfach herzustellen war wegen der Röstaromen, die den typischen Pistaziengeschmack erst voll zur Geltung brachten.

Er wandte sich den gelben Flecken zu. Die waren schwieriger zu interpretieren. Ein warmes Gelb, fast wie Raps ... Vanille war ein wenig heller, überlegte er, Banane ebenso. Was kam in Frage? Zuppa Inglese oder Zabaione? Crème brûlée?

Dann entdeckte er winzige Stückchen von Gebäck in einem der Flecken. Jetzt war kein Zweifel mehr möglich. Bei dem gelben Eis handelte es sich um Biscotto, Biskuit.

Petrelli richtete sich wieder auf. Er konnte La Stran zu dieser Kombination nur beglückwünschen, eine hervorragende Wahl. Was für eine Frau war das, die Pistazien- und Biskuiteis genoss, während sie ihren dunklen Geschäften nachging? Einerseits der Kern aus der Nuss des Pistazienbaums, andererseits das lockere, luftig-leichte Backwerk – eine nahezu perfekte Liaison. Schlummerte in der Würgerin eine wenn auch poetische, so doch gequälte Seele? Hatte sie sich wie er selbst aus der Gesellschaft normaler Menschen verabschiedet und vermochte sich nur mittels ihrer sonderbaren Tötungsmethoden auszudrücken? Und wie sah sie aus? Niemand, der noch lebte, war in der Lage, eine Beschreibung von La Stran zu geben. Sie war ein Geist, der unter Fremden wandelte. Die große Unsichtbare.

Dann erblickte er sie.

Groß traf zu.

La Stran zeigte sich neben der Tribüne, wo Petrelli noch kurz zuvor gestanden hatte.

Eine herbe, langbeinige Schönheit, mindestens 1,80 Meter messend vom Scheitel bis zur Sohle – das war beim Erdrosseln auch erforderlich. Sie trug ein purpurnes, figurbetontes Schlauchkleid. Ihr glattes, schwarzes Haar reichte ihr fast bis zur Hüfte.

Als sie sicher war, dass er sie erkannt hatte, machte sie eine Geste, als würde sie ein Fernrohr scharf stellen. Sie lächelte vielsagend. Ein wenig verschmitzt. Aber auch verführerisch.

Die Zeit schien stillzustehen.

Konnte sie ihm direkt ins Herz hineinschauen? Und gefiel ihr, was sie da sah?

Welche Farbe hatten ihre Augen? Würde er es je erfahren?

Dann verschmolz sie mit dem Passantenstrom.

Petrelli stand wie verzaubert. Es war einer jener herausgehobenen Momente im Leben, die einen Menschen bis ins Innerste erschüttern, auch einen todgeweihten, denn das waren Petrelli, La Mazza und auch La Stran, *morituri* allesamt. Keiner von ihnen durfte auf einen friedlichen Tod im Bett, umringt von seinen Lieben, hoffen. Früher oder später würde es auch ihn, den Killer mit dem Fernrohr, erwischen. Vermutlich früher.

Doch bis dahin blieb noch etwas Zeit. Ihm und La Stran. Er wünschte, der kostbare Augenblick, in dem sich ihre Blicke gekreuzt hatten, möge sich wiederholen. *Da capo!* Das war natürlich eine Illusion. Glück ließ sich nicht herbeizitieren. Nur Zweifel, Trauer und Melancholie kamen auf ihren schwarzen Schwingen immer wieder ungefragt bei ihm zu Besuch.

Die folgenden beiden Stunden verbrachte er auf der Suche nach der Würgerin. Er wusste nicht so recht, was er denken sollte. Veranstaltete La Stran ein Spiel, bei dem unklar blieb, wer von ihnen beiden Jäger und Gejagter war? Inszenierte sie ein Duell zwischen zwei Profikillern, bereitete ihr so etwas Vergnügen?

Er tastete nach seiner Pistole, machte sich bereit, die Walther mit einer schnellen Bewegung hervorzuziehen und abzufeuern. Hin und wieder erblickte er La Strans Hinterkopf, ihren Rücken, ihr Profil. Scheinbar ziellos bewegte sie sich durch Salò, durch Straßen und Gassen, oft auch nur durch enge Durchlässe zwischen den Häuserblöcken, aber auch über offene Plätze und am Lungolago entlang. Kein freies Schussfeld.

Immer mehr Menschen drängten in die Stadt und ans Seeufer, eine wogende Masse, durch die Petrelli und La Stran sich hindurchwanden wie zwei elegante, mit traumwandlerischer Sicherheit agierende Tänzer. Es war, als wollte sie ihm verdeutlichen, dass ihre und seine Sphäre, die Welt des einsamen Tötens, nie der alltäglichen, begreifbaren Welt angehören konnte, dass sie in einem Zwischenreich ihre Bahnen zogen, welches nur wenige betreten und keiner wieder verlassen konnte.

Petrelli wurde bewusst, wie allein sie doch waren unter vielen, und dass er in La Stran vielleicht die Einzige gefunden hatte, die diese Erkenntnis und möglicherweise noch mehr mit ihm teilte. Doch sie beide waren nicht imstande, einander näher zu kommen als auf Sichtweite. Eine Begegnung, ein Zusammentreffen würde zwangsläufig mit dem Tod enden, oder nicht?

Schließlich besann er sich wieder auf sein eigentliches Vorhaben, seine *vendetta*. Es war höchste Zeit.

Er versuchte, die so unvermutet über ihn hereingebrochenen Fragen abzustreifen wie all die Verkleidungen, die er benutzte. Das sei das Schlimmste, hatte seine *nonna* ihn einst ermahnt. Dass er sich selbst verlöre hinter seinen Masken.

In einem günstigen Moment brach Petrelli die Verfolgung von La Stran ab. Auf direktem Weg begab er sich zur Wohnung über der Gelateria Zelini.

Inzwischen war das Konzert in vollem Gange. Nach den Vorbands sang die junge Chiara Grispo ihre aktuellen Hits.

Die Räumlichkeiten waren in demselben Zustand wie am Morgen, als er eine letzte Kontrolle durchgeführt hatte. Ein vorsichtiger Blick durchs Fenster verriet ihm, dass La Mazza seinen Platz bereits eingenommen hatte, neben ihm Cinzia (oder Cinderella?).

Petrelli behielt seine Anzugjacke an, sie störte ihn nicht beim finalen Schuss. Mit bereitgelegtem Werkzeug schnitt er ein kreisförmiges Loch in die Scheibe. Vor das Fenster schob er einen Tisch, der ihm als Auflage diente. Dann brachte er das Druckluftgewehr mit dem Zielfernrohr und dem Stativ in Stellung, und zwar so, dass man den Lauf und die Mündung von der Piazza aus nicht sehen konnte. Er musste stehend schießen wegen des spitzen Winkels. Mit der Softairwaffe, die er sich hatte anfertigen lassen, war das noch relativ leicht zu bewältigen.

Zuletzt nahm er die Munition aus dem Kühlschrank. Die Rundkugeln ähnelten den Farbkugeln, die beim Paintball verschossen wurden, einer Art paramilitärischem Mannschaftssport. Früher waren diese handelsüblichen Kugeln mit einer Mischung aus Kartoffelstärke, Pflanzenöl und Lebensmittelfarbe gefüllt gewesen, mittlerweile enthielten sie gefärbtes Polyethylenglycol.

Doch nicht Petrellis Kugeln. Von außen bestanden sie zwar ebenfalls aus einer Gelatinehülle wie Paintballkugeln, aber die Hülle war farblos und gefüllt mit Saxitoxin, einem Nervengift biologischer Herkunft. Es kam in Miesmuscheln und Austern vor. Petrelli hatte sich für die synthetische Variante aus einem Labor auf den Philippinen entschieden. Saxitoxin führte in kürzester Zeit zu einer tödlichen Atemlähmung. 25 Milligramm sollten für La Mazza mehr als genügen, die doppelte Dosis.

Außerdem war es mit einem Geschmacksstoff angereichert. Waldbeeren, Frutti di Bosco.

Petrelli lud das Magazin des Gewehrs mit fünf Kugeln, mehr hatte er aus Manila nicht geliefert bekommen. Dann richtete er seine Waffe aus. Die Spezialanfertigung des Cremoneser Büchsenmachers besaß nur eine geringe Mündungsenergie, die Geschossgeschwindigkeit betrug 30 Meter pro Sekunde. Dies hatte einen Grund. Es war nämlich zwingend erforderlich, dass die Giftkugel zwar in die Eiscreme eindrang, sie aber nicht mit voller Wucht durchschlug. Die Kugel sollte in der Waffel steckenbleiben und dort das tödliche Gift freisetzen. Beim Einschlag durfte es aber nicht dazu kommen, dass La Mazza die Waffel aus der Hand gerissen wurde oder dass es über Gebühr spritzte. Der Impact musste ganz sanft erfolgen, fast wie eine Injektion, oder wie ein Messer, das durch Butter schnitt.

Tagelang hatte Petrelli auf seinem privaten Schießplatz geübt. Natürlich flog jedes Geschoss, egal welches, in einem Bogen, auch Hochgeschwindigkeitsprojektile wegen der Schwerkraft. Doch die Giftkugeln waren extrem langsam, ihre Flugbahnen stark gekrümmt. Hinzu kam der Höhenunterschied zwischen Feuerstellung und Zielobjekt.

Es war kein einfacher Schuss.

Reihe 5, Platz 11.

Petrelli brachte die Waffe in Anschlag und wartete.

Bis La Mazza ein Eis aß.

Das dauerte. Chiara Grispos Konzert wurde immer rockiger, die Zuschauer sprangen von ihren Sitzen auf und grölten mit. Cinzia (oder Cinderella?) vollführte allerlei Verrenkungen, auch La Mazza versuchte, sich rhythmisch zu bewegen. Die Piazza Vittoria wurde zur Partyzone.

Petrelli indes war ein Meister des Wartens. Sein Puls verlangsamte sich. Regungslos ließ er die Minuten verstreichen und visierte den Mann, der seine *nonna* auf dem Gewissen hatte, unentwegt an.

La Stran konnte er in der Umgebung nirgends entdecken.

Als die Sängerin von der Bühne ging, gab es tosenden Beifall. Erneut wechselten die Musiker, ein Sprecher kündigte Tiziano Ferro an.

Während des Umbaus beruhigte sich das Publikum wieder. La Mazza gab einem seiner Leibwächter, die neben der Tribüne Wache standen, ein Zeichen.

Die Gelateria Zelini verkaufte schon den ganzen Abend über ein Eis nach dem anderen. Überall waren Leute mit Bechern und Waffeln zu sehen. Man gönnte sich eine Erfrischung zwischen den Auftritten.

Nach einer Weile war es so weit. Der blonde Leibwächter drängelte sich mit einem Eis in der Waffel zu seinem *padrone* durch.

Zwei Kugeln, wie Petrelli durch das Zielfernrohr registrierte. Obenauf etwas Dottergelbes – Mango? Und darunter die vertraute Waldbeerenfarbe, dunkelrot bis magenta.

La Mazza nahm das Eis freudig entgegen und fing sofort an, es zu verspeisen. Er hielt es wie ein Mikrofon.

Petrelli kniff ein Auge zu. Das Eis erschien im Fadenkreuz.

Noch durfte er nicht schießen, nicht, wenn La Mazza gerade dabei war, das Eis zum Mund zu führen. Jetzt käme eine Ablenkung gerade recht …

… die durch Cinzia (oder Cinderella?) erfolgte. Sie sagte irgendetwas, worauf La Mazza sich ihr zuwandte und wohl so etwas wie einen Witz riss. Jedenfalls lächelte seine Favoritin anzüglich und machte ein Kunststück mit ihrer Zunge, berührte ihre Nase damit. Petrelli kümmerte es nicht, er konzentrierte sich auf den Schuss. Krümmte den Finger um den Abzug. Suchte den Druckpunkt am Abzug.

Schoss.

Ein geschultes Auge hätte die Giftkugel durch die Abendluft von Salò fliegen sehen können, so langsam war sie. Winde, Stürme, leiht mir eure Flügel! Manchmal hatte Petrelli romantische Anwandlungen.

Dann, als La Mazza noch mit Cinzia (oder Cinderella?) schäkerte, erfolgte der Einschlag.

Volltreffer. Nur ein kleiner Spritzer, eine kaum merkliche Erschütterung – die auch von La Mazzas zappelndem Sitznachbar herrühren konnte. Die Gelatinehülle des Geschosses löste sich auf, das tödliche Gift trat aus.

Der Mörder von Valentina schaute irritiert auf sein Eis. Irgendetwas hatte er wohl doch bemerkt.

Dann geschah vieles gleichzeitig.

Cinzia (oder Cinderella?) nahm La Mazza das Eis kurzerhand ab und schickte sich mit lasziv herausgestreckter Zunge an, daran zu lecken.

Zugleich schlang sich eine Kordel von hinten um Petrellis Kehle.

La Stran, durchzuckte es ihn wie ein Blitzstrahl. Sie musste das Türschloss der Wohnung lautlos geknackt und sich von hinten an ihn herangeschlichen haben. Nicht *er* hatte sie verfolgt, sondern *sie* ihn. Sie hatte nur darauf gewartet, dass er die Suche nach ihr aufgab, um ihm ihrerseits zu seiner geheimen Feuerstellung zu folgen.

Das Gewehr entglitt ihm, es polterte zu Boden.

Er schloss die Augen. Überließ es seinem Körper zu reagieren.

Mit dem Erwürgen war es so eine Sache. Die Opfer setzten sich in der Regel zur Wehr, fuhren die Ellenbogen aus, schlugen wild um sich.

Doch darauf war La Stran vorbereitet. Sie presste Petrelli so dicht an sich, dass er gar nicht in der Lage war, seine Arme einzusetzen. Das gelang ihr recht gut. Sie verfügte über erstaunliche Körperkräfte.

Die Kordel schnürte ihm die Kehle zu, die Luft wurde immer knapper. Eine tödliche Umarmung. Er brachte keinen Laut hervor.

Anders La Stran. »*Mi dispiace!*«, hauchte sie ihm ins Ohr. »Ich glaube, wir würden uns gut verstehen. Aber Auftrag ist Auftrag. Siehst du sicher genauso.«

Nein, sah er nicht so. Er zog seine Pistole, ließ den Arm nach hinten kippen und drückte die Mündung des Schalldämpfers gegen ihre Stirn.

Die Kordel lockerte sich leicht.

Petrelli rang um Atem. »Das ist kein Auftrag«, sagte er mit heiserer Stimme. »Nicht von meiner Seite.«

»Kein Auftrag?«, fragte sie verwundert.

»Es ist eine *vendetta*. Meine *vendetta*. Etwas Persönliches. Aber wir haben viele … Berührungspunkte. Davon bin ich überzeugt.«

»Seelenverwandte, wie?« Sie klang ein bisschen spöttisch.

»Etwas verbindet uns.«

»Das Töten?«

»Viel mehr als das. Hast du es nicht auch gespürt?«

Sie zögerte. »Natürlich. Ich bin nicht aus Stein.«

Da standen sie nun, aufrecht, bewegungslos, La Stran bereit, die Kordel jederzeit wieder zuzuziehen, Petrelli mit dem Finger am Abzug. Ein Patt.

Von der Piazza drang Applaus herauf. Tiziano Ferro schien die Bühne zu betreten.

»Wie lange bist du schon in der Wohnung?«, fragte er.

»Lange genug.«

»Warum hast du gewartet, bis ich die Kugel abgefeuert habe?«

»Ich wollte sehen, wie du es machst. Habe mich über die Druckluftwaffe gewundert.«

»Verschießt Kapseln mit Saxitoxin.«

La Stran dämmerte es. »La Mazza isst für sein Leben gern Eis. Du willst ihn vergiften.« So etwas wie ein Kichern drang aus ihrem Mund. »Kein schlechter Plan. Aber wozu der Aufwand?«

»Warum hast du mich nicht erwürgt, bevor ich abdrücken konnte?«

»Um La Mazza zu retten? *Das* war nicht mein Auftrag. Der gilt nur dir.«

»Du nimmst es ziemlich genau mit deinen Aufträgen«, meinte Petrelli.

»La Mazza ist ein Mistkerl. Hat meinen *nonno* im Knast schmoren lassen, bis er krepiert ist. Als er mich angeheuert hat, wusste er wohl nicht, dass ich die Enkelin bin.«

»Bei mir war es meine *nonna*. La Mazza hat sie in den Tod getrieben.«

»Mein Beileid.«

»Heißt das, wir haben beide eine *vendetta*?«

»Noch mehr Gemeinsamkeiten.«

Petrelli überlegte. »Dann können wir auch warten, wie die Sache mit dem Gift ausgeht.«

»Warum nicht?«, sagte La Stran.

Sie blieben beide stehen, ohne sich zu rühren. La Mazza war mit bloßem Auge zu erkennen, die Entfernung betrug ja nur 30 Meter. La Stran und Petrelli blickten beide in dieselbe Richtung.

Inzwischen hatte Cinzia (oder Cinderella?) das Eis fast aufgegessen. Doch die Waffel schien sie nicht zu mögen. Sie reichte das gerollte Gebäck La Mazza. Er entriss es ihr ungeduldig, leckte Reste von Frutti di Bosco heraus und biss dann herzhaft in die Waffel, um sie nach und nach vollständig zu verschlingen.

»Wie lange dauert es?«, fragte La Stran.

»Ein paar Minuten«, erklärte Petrelli. »Lähmung der Atemwege.«

»Willst du mir Konkurrenz machen?«

»Das Mädchen kann nichts dafür. Ich bedauere das sehr.«

»Sie sollte wissen, was sie tut, wenn sie sich mit der Mafia einlässt.«

»Wenn La Mazza stirbt, erlischt doch dein Auftrag?«, fragte Petrelli.

»Kann man so sehen. Aber unsere Berufsehre verlangt es, den Job durchzuziehen.«

»Da hast du recht.«

Eine längere Pause entstand. Der Lago war im späten Abendlicht zu sehen, jenseits der Menschenmenge, unbewegt, matt schimmernd wie vielfach gehärtetes Metall.

»Was jetzt?«, fragte La Stran. »Ich hätte die Pistole schon dreimal wegschlagen können.«

»Und ich hätte dreimal abdrücken können.«

»Wir können uns nicht umdrehen, ohne unseren Vorteil aufzugeben.«

»Können wir nicht.«

»Was können wir überhaupt?«

Petrelli wusste es nicht.

Er wartete. Vielleicht auf eine Eingebung seiner *nonna*.

Schließlich nahm er die Pistole langsam herunter, ließ sie auf den Boden fallen und wandte sich La Stran zu.

Er wollte wissen, welche Farbe ihre Augen hatten.

1 Einkaufen in Italien will gelernt sein. In der Via San Carlo und der Via Mattia Butturini (Fußgängerzone) kann man Shopping noch zelebrieren. Dicht an dicht reihen sich in der schmalen, für den Verkehr gesperrten Straße die Geschäfte: Lederwaren, Schuhe, Damen- und Herrenmode, Feinkostläden, Buchhandlungen, Dessous, Parfüms u.v.m. Im Gegensatz zu kleineren Gardaseeorten, in denen leider auch jede Menge Ramsch verkauft wird, sind die Geschäfte in Salò teilweise gehobener, das Angebot ist umfangreich.

2 Die Uferpromenade, der Lungolago Zanardelli, ist besonders lang und erstreckt sich vom Uhrenturm im Westen zur Piazza Vittoria im Zentrum der Altstadt bis auf Höhe der Porta San Giovanni. Auf dem Weg liegen mehrere prächtige Palazzi, unter anderem der Palazzo della Podestà, das heutige Rathaus mit einer zum See hin offenen Säulenhalle. Richtung Süden kann man bis zum neuen Yachthafen weitergehen. Immer ein schöner Spaziergang oder eine Walking-/Joggingrunde.

3 Dank seiner besonderen Lage als Bergsee mit Nord-Süd-Ausrichtung, der sich nach Süden zur Poebene hin senkt, treten am Gardasee verschiedene charakteristische Winde auf, Ergebnis der unterschiedlichen meteorologischen und thermischen Bedingungen in Bergen und Tälern. Die beiden wichtigsten Winde sind der Pelèr, der von Norden weht (etwa von 2/3 Uhr bis 11/12 Uhr), und die aus entgegengesetzter Richtung kommende Ora, die in der Regel den Pelèr ablöst, bis Sonnenuntergang weht und erhebliche Wellen verursachen kann. Außerdem gibt es den Vento da Balim oder Balinot (Fallwind vom nördlich gelegenen Ballino-Pass), den Ponal (aus dem Ledrotal, manchmal recht stark) und die Vinessa (aus Venetien, optimal fürs Windsurfen). Die Winde des Gardasees sind konstant, sie variieren in ihrer Intensität von Zone zu Zone am Morgen und am Nachmittag – ideal für Wind- und Wassersportler. Sommergewitter können jedoch zu einer drastischen Umkehrung der Winde führen.

4 Die Casa del Dolce hat vielleicht das beste Eis von Salò, hier gehen auch die Einheimischen nach dem Gottesdienst hin, oft bildet sich eine längere Schlange auf der Piazza. Das Eis wird vor Ort frisch zubereitet, die Verkäuferinnen sprechen Deutsch. Doch die Konkurrenz ist groß in Salò. Von Lage und Interieur her weniger touristisch, doch ganz in der Nähe der Casa del Dolce, sollte man auch der Contrada Gelateria Artigianale in der Via Gerolamo Fantoni, gleich gegenüber der Bäckerei von Maurizio Piccini (hervorragende Focacce und andere Snacks zum Mitnehmen!) einen Besuch abstatten.

5 Der spätgotische Dom von Salò gilt als größte und bedeutendste Kirche am Gardasee. Im Innenraum befinden sich unter anderem ein riesiger, mit viel Gold und Stuck besetzter Altar und zahlreiche Ölgemälde, darunter der »Heilige Antonius von Padua« des Künstlers Romanino. Angeblich stellt eine Marmorstatue zwischen der ersten und zweiten Seitenkapelle den Arbeiter Mometto dar, einen kleinen Buckligen, der beim Bau der Kirche im 15. Jahrhundert unglücklich zu Tode kam. »Mometto«

ist wohl eine Verkürzung des Namens »Maometto«, Mohammed. Vielleicht war Mometto einer der wenigen Muslime, für die eine Statue in einem katholischen Dom errichtet wurde? Kein Heiliger, sondern ein ganz normaler, körperlich eingeschränkter Arbeiter. Ein durchaus sympathischer Gedanke.

6 San Bartolomeo ist eine Wanderung wert! Am besten nähert man sich der Kirche in einem weiten Bogen von Norden, um dann mit herrlicher Aussicht auf den Golf von Salò Richtung Süden hinabzuschlendern. Zuerst geht man über das kleine Örtchen Renzano auf einem alten Wallfahrtsweg Richtung Madonna del Rio und steigt durch den Wald zum Passo di Bagnolo hinauf, einer rot-weißen Markierung folgend, bis man die malerische Kapelle Santuario della Madonna di Buon Consiglio auf 516 Metern Höhe erreicht. Über den Passo della Stacca gelangt man schließlich zur Kirche San Bartolomeo. Durch idyllische Wiesen und einen Pinienwald geht es über La Corna wieder zurück nach Salò. Die Tour dauert etwa vier Stunden, ist 11 km lang und hat 550 Höhenmeter.

7 Nachdem König Viktor Emanuel II. den italienischen Diktator Benito Mussolini zum Rücktritt gezwungen hatte, errichtete dieser auf Druck Hitlers eine faschistische Marionettenregierung, die »Repubblica Sociale Italiana«. In Salò waren von 1943 bis 1945 die Ministerien für Äußeres und Kultur ansässig. Mussolini selbst residierte in Gargnano im Palazzo Feltrinelli, der als Staatskanzlei diente, und wohnte in der Villa Feltrinelli, heute ein Luxushotel.

8 Als »Gardesana« bezeichnet man die am Gardasee ent-
langführende Staatsstraße, die Hauptverkehrsader des
Lago abgesehen von den Fähren. Es gibt die Gardesana
Occidentale (SS 45), die im Westen liegt und Salò mit
Riva verbindet, sowie die Gardesana Orientale (SS 249),
die an Teilen des Ostufers verläuft. Manche Strecken-
abschnitte sind spektakulär, etwa die SS 45 zwischen
Gargnano und Riva mit zahlreichen Tunneln und Gale-
riebauwerken. Dort wurde die actiongeladene Eröff-
nungssequenz des Films »James Bond 007: Ein Quantum Trost« gedreht – ein Stück Krimigeschichte.

9 Das Barcadero ist eine Bar an der Uferpromenade, zentral gelegen an der Piazza della Vittoria, mit bequemen
Sitzgruppen und den typischen Cocktails, die am Gardasee nicht fehlen dürfen: dem allgegenwärtigen Aperol
Spritz, aber auch dem traditionellen Pirlo, der ähnlich
wie der Aperol Spritz zubereitet wird, nur mit Campari
statt Aperol. Im Barcadero sind (wie eigentlich in allen
Bars und Cafés üblich) Knabbereien, Oliven und Tapas
inklusive – und natürlich die fantastische Aussicht auf
den Lago und die gegen Abend immer aufgestylteren
Passanten und Passantinnen! Hier kann man auch entspannt auf die Fähre warten. Im Hochsommer werden
Ventilatoren aufgestellt. Barcadero bedeutet »Bootsfüh-
rer«, »Fährmann« (auch Barcaiolo).

10 Das Vassalli lässt man unter Umständen links liegen,
weil es am Anfang der Einkaufsstraße von Salò liegt und
unten an der Uferpromenade die Cafés und Bars mit
Seeblick locken. Das wäre ein grober Fehler, denn die
Traditionskonditorei Vassalli kann (ein Stück weit) mit
berühmten Kaffeehäusern in Wien und anderen Metro-

polen konkurrieren. Am besten, man stellt sich an der Verkaufstheke eine Auswahl an Törtchen, Feingebäck und Petit Four zusammen und lässt sie sich an den Tisch bringen. Es gibt sowohl Confiserie-Klassiker als auch ausgefallene Kreationen. Edles, aber nicht gezwungenes Ambiente. Ein Ort zum Wohlfühlen und Schnabulieren, auch an den Tischen draußen neben einem beschaulichen kleinen Brunnen.

11 Piazza della Vittoria, Kriegerdenkmal für in den Weltkriegen gefallene Soldaten. Keine besondere Sehenswürdigkeit, aber ein idealer Ort, um sich zu verabreden.

12 Die Gelateria Zelini verfügt über zahlreiche, auf der Piazza stehende Tische unter ausladenden Sonnenschirmen. Von der Lage her eines der schönsten Cafés, sehr zentral mit Blick auf den Lago. Hier heißt es: sehen und gesehen werden – und ein bisschen urbanes Flair genießen.

13 In zweiter Reihe isst man oft man besten. Die Trattoria Cantinone befindet sich vom Lago aus gesehen sogar in dritter Reihe, etwas zurückgesetzt vom Touristentrubel an der Piazza Sant'Antonio. Hier hat man in einem behaglichen Laubengarten die Wahl unter hausgemachter Pasta, hervorragenden Fleischgerichten (Rind und Lamm) sowie diversen Seefischen – der Gardasee ist reich davon.

14 Auch empfehlenswert, noch ruhiger als das Cantinone und etwas gehobener: die Osteria di Mezzo mit Sitzplätzen in einem alten Tonnengewölbe – für die ganz heißen oder ganz kalten Tage. Der Service ist exzellent.

DIE AUTOREN

Richard Birkefeld, 1951 in Hannover geboren, Historiker und
Politologe. Er veröffentlichte zahlreiche Texte zur hanno-
verschen Stadtgeschichte und feuilletonistische Beiträge in
verschiedenen Kulturmagazinen. Gleich sein erster Roman
»Wer übrig bleibt, hat recht« wurde mit dem Deutschen Kri-
mipreis und dem Friedrich-Glauser-Preis fürs beste Debüt
ausgezeichnet sowie in Dänemark und Frankreich für natio-
nale Literaturpreise nominiert. Es folgten die Romane »Deutsche Meisterschaft« und »Entwurzelte und Verblendete« und
zahlreiche Kurzgeschichten. Birkefeld lebt heute als freier
Autor und Herausgeber in Hannover.

Angela Eßer wurde in Krefeld geboren und studierte Thea-
terwissenschaft in München. Sie ist Herausgeberin von Kri-
mi-Anthologien, veranstaltet Krimi-Kochkurse, betreut
Krimifestivals, ist Initiatorin von »Bloody Cover« und war
langjährige Sprecherin des SYNDIKATs, der Autorenver-
einigung deutschsprachiger Kriminalliteratur und als CRI-
MINALE-Beauftragte des SYNDIKATs organisiert sie bis
2018 das größte deutschsprachige Krimifestival, die CRI-
MINALE. Ihre Kurzgeschichte »6 Uhr 23 – Guten Morgen, München« war für den Friedrich-Glauser-Preis in der
Sparte Kurzkrimi nominiert und ihre »Menüthek: Krimi«
wurde mit dem österreichischen Kochbuchpreis »Prix Culi-
naire« ausgezeichnet.

Sabine Fink, geboren 1969 in Dortmund, lebt seit 2004 in Mit-
telfranken. Wenn sie gerade keine literarischen Straftaten ver-
übt, entfaltet sie ihre kreative Seite als Museumspädagogin in
einem über 500 Jahre alten Schloss. Neben einem Dutzend

krimineller Kurzgeschichten in unterschiedlichen Verlagen erschienen im Gmeiner Verlag drei Romane um die fränkische Kommissarin Maria Ammon und ihre kölsche »Azubine« Michelle Schmitz: »Kainszeichen« (2011), »Judasbrut« (2013) und »Dreikampf« (2015). www.sabine-fink.de. Unter dem Pseudonym Emma Finch »beschreibt« sie manchmal auch neue Wege. »Die Spur der Kristalle« (dp, 2018) und »Das Vermächtnis der Kristalle« (dp, Ende 2018) vermischen Spannung und Romantik in England und Wales. www.emma-finch.de

Uta-Maria Heim, geb. 1963 in Schramberg, lebt als Hörspieldramaturgin, Dozentin und Autorin in Baden-Baden. Sie studierte Literaturwissenschaft, Linguistik und Soziologie in Freiburg und Stuttgart und arbeitete ab 1983 als Journalistin, Kritikerin und Schriftstellerin. Sie schrieb zahlreiche Essays, Features, Hörspiele und Hörspielbearbeitungen. 1985 debütierte sie mit einem Gedichtband – seitdem über 30 Buchveröffentlichungen; darunter neben Lyrik, Kurzprosa und Romanen auch zwei Kinderbücher und 18 Kriminalromane, zuletzt »Toskanische Beichte« (2017) und »Toskanisches Feuer« (2018). Sie erhielt zweimal den Deutschen Krimi-Preis, außerdem den Förderpreis Literatur des Kunstpreises Berlin, ein Stipendium der Villa Massimo in Olevano Romano sowie den Friedrich-Glauser-Preis.

Thomas Kastura, geboren 1966 in Bamberg, lebt ebendort mit seiner Frau und seinen beiden Töchtern. Er studierte Germanistik und Geschichte und arbeitet seit 1996 als Autor für den Bayerischen Rundfunk. Zahlreiche Erzählungen, Jugendbücher und Kriminalromane, u. a. »Der vierte Mörder« (2007 auf Platz 1 auf der KrimiWelt-Bestenliste), »Sieben Tote sind nicht genug« (Kurzgeschichten) sowie aktuell der Thriller »Todesströmung« (2018) unter dem Pseudonym Gordon Tyrie. 2017 ist er für die Erzählung »Genug ist genug« mit dem Friedrich-Glauser-Preis, Kategorie Kurzkrimi, ausgezeichnet worden. Er hat zahlreiche Krimianthologien herausgegeben, darunter »Scotch as Scotch can. Hochprozentige Whiskykrimis«. www.thomaskastura.de

Michael Kibler wurde 1963 in Heilbronn geboren und ist Darmstädter aus Leidenschaft. Er studierte an der Johann Wolfgang Goethe Universität in Frankfurt, im Hauptfach Germanistik mit den Nebenfächern Filmwissenschaft und Psychologie. Nach dem Magister 1991 promovierte er 1998, unterstützt durch ein Stipendium der Studienstiftung des deutschen Volkes, Bonn. Schreiben ist Passion seit mehr als der Hälfte seines Lebens. Weshalb er seit 1991 als Texter, Schriftsteller und PR-Profi arbeitet – seit 2002 freiberuflich. Schwerpunkt des Schriftstellers sind Krimis. Deshalb ist er Mitglied des SYNDIKATs – der Autorengruppe deutschsprachiger Kriminalliteratur. Er schreibt nicht nur im Stillen, sondern schätzt den Kontakt zum Publikum. Deshalb bietet er in seinem Programm »Kibler live« Lesungen, Stadtführungen durch Darmstadt, Krimispaziergänge oder auch Schreib-Workshops an. Als Texter ist es seine besondere Stärke, komplizierte Dinge einfach und klar darzustellen. Weitere Informationen finden Sie hier: www.michaelkibler.com

Tessa Korber wurde 1966 in Grünstadt geboren, wuchs in Franken auf und lebt heute in Nürnberg. Die promovierte Germanistin und Historikerin arbeitet seit 1998 als freie Schriftstellerin. Neben zahlreichen historischen Romanen schrieb sie vor allem Krimis, zuletzt »Die Katzen von Montmartre« und »Schweig wie ein Grab«, daneben Jugendbücher (»Kaspar und Hauser«) sowie einen autobiografischen Bericht über das Leben mit ihrem autistischen Sohn: »Ich liebe dich nicht,

aber ich möchte es mal können«. Sie ist Trägerin des Kultur-
preises der Stadt Forchheim.

Beatrix Mannel war nach ihrem Theater- und Sprachwissen-
schaftsstudium in München knapp zehn Jahre als Redakteurin,
und später auch als Autorin für verschiedene Fernsehsender,
Produktionsfirmen und das Radio tätig. Seit 2001 schreibt
sie – auch unter dem Namen Beatrix Gurian – Bücher für
Kinder, Jugendliche und Erwachsene, die in mehr als zehn
Sprachen übersetzt wurden. Weil sie ihre Freude am Umgang
mit Sprache so gern weitergibt, unterrichtet sie seit Jahren an
Akademien, im Literaturhaus oder auch im Knast. Zusammen
mit Bettina Brömme hat sie 2016 die Münchner Schreibaka-
demie gegründet. Für die »Textmanufaktur« entwickelt sie
gerade das Aufbaustudium »Krimi und Thriller schreiben«.
Noch mehr Infos unter: www.beatrix-mannel.de

Günter Neuwirth, geb. 1966, wuchs in Wien auf. Nach einer
Ausbildung zum Ingenieur und dem Studium der Philoso-
phie und Germanistik zog es ihn für mehrere Jahre nach
Graz. Der Autor verdient seine Brötchen als Informations-
architekt an der TU Graz und wohnt am Waldrand der stei-
rischen Koralpe. Günter Neuwirth ist Autodidakt am Piano
und trat in jungen Jahren in Wiener Jazzclubs auf. Eine Schaf-
fensphase führte ihn als Solokabarettist auf zahlreiche Klein-
kunstbühnen. Seit 2008 publiziert er Romane, vornehmlich
im Bereich Krimi. www.guenterneuwirth.at

Manuela Obermeier ist gebürtige Münchnerin und begann
bereits in der fünften Klasse ihren ersten Roman, der allerdings bis heute auf seine Fertigstellung wartet. Sie dachte dennoch nie daran, das Schreiben zum Beruf zu machen, sondern
schlug nach dem Abitur eine völlig andere Richtung ein und

ging 1990 als eine der ersten Frauen in Bayern zum uniformierten Dienst bei der Polizei. Das Schreiben hat die Polizeihauptkommissarin aber nie losgelassen, und sie veröffentlichte inzwischen mehrere Kurzgeschichten sowie die beiden Krimis »Verletzung« und »Tiefe Schuld« um die Münchner Hauptkommissarin Toni Stieglitz.

Manuela Obermeier schreibt nicht nur, sondern fotografiert, spielt Harfe, malt und versucht sich in der Stein- und Holzbildhauerei. Sie lebt mit Mann, Katzen und Hühnern in einem über 100 Jahre alten Haus in der Nähe von München.

Geboren und aufgewachsen in Coburg, wurde **Friederike Schmöe** früh zur Büchernärrin – eine Leidenschaft, der die Universitätsdozentin heute beruflich nachgeht. In ihrer Schreibwerkstatt in der Weltkulturerbestadt Bamberg verfasst sie seit 2000 Kriminalromane und Kurzgeschichten; sie gibt Kreativitätskurse für Kinder und Erwachsene und veranstaltet Literaturevents, auf denen sie in Begleitung von Musikern aus ihren Werken liest. Ihr literarisches Universum umfasst u. a. die Krimireihe um die Bamberger Privatdetektivin Katinka Palfy und eine Krimiserie mit der Münchner Ghostwriterin Kea Laverde als Hauptfigur sowie Romane für Jugendliche. Ihre Kurzgeschichte »Das geheime Wissen der Zofe« erhielt den Homer 2014 für historische Literatur.

*Weitere Titel finden Sie auf den
folgenden Seiten und im Internet:*

WWW.GMEINER-VERLAG.DE

Mörderischer
Sommer

Irène Mürner
Stock, Stein, Tod
Kriminalroman
283 Seiten, 12 x 20 cm
Paperback
ISBN 978-3-8392-2406-9
€ 14,00 [D] / € 14,40 [A]

Sommerferienflaute? Nicht in diesem Jahr. Der Juli
beschert dem Polizeiermittler Andrea Bernardi gleich
drei tote Männer in Zürich. Einer stürzte am Uetliberg
in den Tod, einer kam unter den Zug und der Dritte
wurde ermordet im Gebüsch gefunden. Was haben
der angstfreie Börsenmakler, der zurückgezogene
Schwede und der arrogante Aufreißer gemeinsam? Die
Telefonnummer der attraktiven Angela Rieser. Hat
sie ein düsteres Geheimnis? Oder ist sie wirklich nur
die harmlose Fitnesstrainerin, die sie zu sein vorgibt?

GMEINER SPANNUNG

WWW.GMEINER-VERLAG.DE
Wir machen's spannend

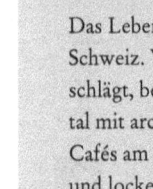
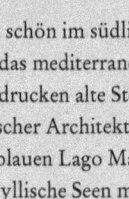
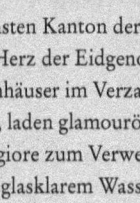
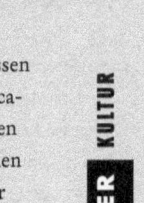
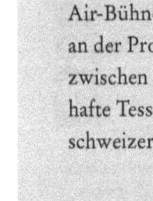
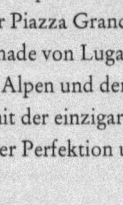
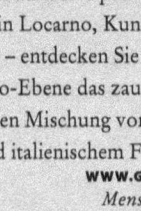
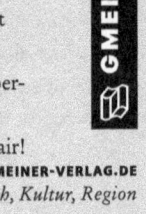

© Matthias Spalinger

Strub / Spalinger
Tessin
Lieblingsplätze
192 Seiten, 14 x 21 cm
Paperback
ISBN 978-3-8392-2159-4
€ 17,00 [D] / € 17,50 [A]

Das Leben ist schön im südlichsten Kanton der
Schweiz. Wo das mediterrane Herz der Eidgenossen
schlägt, beeindrucken alte Steinhäuser im Verzasca-
tal mit archaischer Architektur, laden glamourösen
Cafés am tiefblauen Lago Maggiore zum Verweilen
und locken idyllische Seen mit glasklarem Wasser
in den Tessiner Alpen. Weltstars auf der Open-
Air-Bühne der Piazza Grande in Locarno, Kunst
an der Promenade von Lugano – entdecken Sie
zwischen den Alpen und der Po-Ebene das zauberhafte Tessin mit der einzigartigen Mischung von
schweizerischer Perfektion und italienischem Flair!

GMEINER KULTUR

WWW.GMEINER-VERLAG.DE
Mensch, Kultur, Region